ars vivendi

William Shakespeare

Gesamtausgabe

Neuübersetzung von Frank Günther

Band 7

William Shakespeare

Der Sturm

Zweisprachige Ausgabe

Neu übersetzt und mit Anmerkungen versehen
von Frank Günther

Mit einem Essay und Literaturhinweisen
von Günter Walch

ars vivendi

Der englische Text basiert auf der Arden-Ausgabe,
London/New York 1954

Erste Auflage April 2001
ars vivendi verlag, Cadolzburg

Die Schreibweise in diesem Buch entspricht weitgehend den Regeln der Rechtschreibreform vom Juli 1996.
Umschlaggestaltung und Ausstattung: Armin Stingl, Fürth
Gesetzt aus der Bembo von Linotype
Druck: Fuldaer Verlagsagentur, Fulda
Bindung: Leipziger Großbuchbinderei, Leipzig
Gedruckt auf säurefreiem, alterungsbeständigem Papier
Printed in Germany
ISBN 3-89716-162-1

INHALT

Der Sturm
englisch – deutsch
6

ANHANG

Aus der Übersetzerwerkstatt:
Das unbegreifliche seelenalchemistische
Zeitraffer-Traumstück
oder
Als Shakespeare eines Nachmittags im Garten
unter seinem Maulbeerbaum döste …
171

Anmerkungen zum Text
182

Supermans Stürme
Essay von Günter Walch
219

Literaturhinweise
243

Der Sturm in der Musik und im Film
245

THE TEMPEST

Dramatis personæ

ALONSO, King of Naples
SEBASTIAN, his brother
PROSPERO, the right Duke of Milan
ANTONIO, his brother, the usurping Duke of Milan

FERDINAND, Son to the King of Naples
GONZALO, an honest old Councellor
ADRIAN } Lords
FRANCISCO } Lords
CALIBAN, a salvage and deformed slave
TRINCULO, a jester
STEPHANO, a drunken butler
MASTER of a ship
BOATSWAIN
MARINERS
MIRANDA, daughter to Prospero
ARIEL, an airy spirit
IRIS } Spirits
CERES } Spirits
JUNO } Spirits
NYMPHS } Spirits
REAPERS } Spirits

DER STURM

Personen

ALONSO, König von Neapel
SEBASTIAN, sein Bruder
PROSPERO, der rechtmäßige Herzog von Mailand
ANTONIO, sein Bruder, der unrechtmäßige Herzog von Mailand
FERDINAND, Sohn des Königs von Neapel
GONZALO, ein ehrlicher alter Ratsherr

ADRIAN FRANCISCO	Herrn vom Hof

CALIBAN, ein wilder und missgestalter Sklave
TRINCULO, ein Spaßmacher
STEPHANO, ein betrunkener Mundschenk
KAPITÄN eines Schiffes
BOOTSMANN
MATROSEN
MIRANDA, Tochter Prosperos
ARIEL, ein Luftgeist

IRIS CERES JUNO NYMPHEN SCHNITTER	Personen des Maskenspiels, dargestellt von Ariel und anderen Geistern

Weitere Geister im Dienst Prosperos

ACT I

Scene I

[On a ship at sea]: a tempestuous noise of thunder and lightning heard. Enter a Ship-Master and a Boatswain.

MASTER: Boatswain!

BOATSWAIN: Here, master: what cheer?

MASTER: Good: speak to th' mariners: fall to 't, yarely, or we run ourselves aground: bestir, bestir.

Exit.

Enter Mariners.

BOATSWAIN: Heigh, my hearts! cheerly, cheerly, my hearts! yare, yare! Take in the topsail. Tend to th' master's whistle. Blow till thou burst thy wind, if room enough!

Enter Alonso, Sebastian, Antonio, Ferdinand, Gonzalo, and others.

ALONSO: Good boatswain, have care. Where's the master? Play the men.

BOATSWAIN: I pray now, keep below.

ANTONIO: Where is the master, boatswain?

BOATSWAIN: Do you not hear him? You mar our labour: keep your cabins: you do assist the storm.

GONZALO: Nay, good, be patient.

BOATSWAIN: When the sea is. Hence! What cares these roarers for the name of King? To cabin: silence! trouble us not.

GONZALO: Good, yet remember whom thou hast aboard.

BOATSWAIN: None that I more love than myself. You are a counsellor; if you can command these elements to silence, and work the peace of the presence, we will not hand a rope more; use your authority: if you cannot,

ERSTER AKT

1. Szene

Auf einem Schiff auf See.
Sturmgeräusche, Blitz und Donner.
Ein Kapitän und ein Bootsmann
treten auf.

KAPITÄN: Bootsmann!

BOOTSMANN: Hier, Käptn. Was ist?

KAPITÄN: Gut. Sprich zur Mannschaft. Ranhalten, sputen, oder wir rammen Grund. Bewegung, Bewegung!

Ab.

Matrosen treten auf.

BOOTSMANN: Hussa, Kinder! Heißassa, heißassa, Kinder! Klar zum Toppsegelbergen! Fier weg! Habt Acht auf Pfiff vom Käptn! – Blas doch, bis du platzt, wenn uns nur Raum bleibt.

Alonso, Sebastian, Antonio, Ferdinand,
Gonzalo und andere treten auf.

ALONSO: Bootsmann, Bester, aufpassen, aufpassen! Wo ist der Käptn? Mannhaft, mannhaft!

BOOTSMANN: Jetzt bitte, unten bleiben.

ANTONIO: Wo ist der Käptn, Bootsmann?

BOOTSMANN: Hört ihr ihn nicht? Ihr steht im Weg. Ab in die Koje! Ihr helft dem Sturm.

GONZALO: So nicht, mein Lieber, nur ruhig.

BOOTSMANN: Wenn 's Meer auch ruhig ist, gern. Weg da! Was schert die Brecher dort der Name König? Unter Deck! Kein Wort! Los, Platz da! Weg!

GONZALO: Gut, aber denk dran, wen du an Bord hast.

BOOTSMANN: Keinen, der mir lieber wär als ich mir selber. Sie sind Rat, dann raten Sie doch mal den Elementen Ruhe an, verhandeln Sie Waffenstillstand, wenn Sie's können, packen wir kein Tau mehr an. Einfach die give thanks you have lived so long, and make yourself ready in your cabin for the mischance of the hour, if it so hap. Cheerly, good hearts! Out of our way, I say.

Exit.

GONZALO: I have great comfort from this fellow: methinks he hath no drowning mark upon him; his complexion is perfect gallows. Stand fast, good Fate, to his hanging: make the rope of his destiny our cable, for our own doth little advantage. If he be not born to be hanged, our case is miserable.

Exeunt.

Re-enter Boatswain.

BOATSWAIN: Down with the topmast! yare! lower, lower! Bring her to try with main-course.

A cry within.

A plague upon this howling! they are louder than the weather or our office.

[Re-]enter Sebastian, Antonio, and Gonzalo.

Yet again! what do you here? Shall we give o'er, and drown? Have you a mind to sink?

SEBASTIAN: A pox o' your throat, you bawling, blasphemous, incharitable dog!

BOATSWAIN: Work you, then.

ANTONIO: Hang, cur! hang, you whoreson, insolent noisemaker. We are less afraid to be drowned than thou art.

GONZALO: I'll warrant him for drowning, though the ship were no stronger than a nutshell, and as leaky as an unstanched wench.

BOATSWAIN: Lay her a-hold, a-hold! set her two courses; off to sea again; lay her off.

Enter Mariners wet.

Autorität rauskehren! Wenn's nicht klappt, danken Sie Gott für Ihr langes Leben und bereiten Sie sich in der Kajüte vor auf Ihr letztes Stündlein, wenn's denn schlagen soll. Heißassa, Leute! – Aus dem Weg, sag ich!

Ab.

GONZALO: Der Kerl ist mir eine große Beruhigung. Der sieht nicht nach Ersaufen aus, find ich; vom Gesicht her eindeutig Galgen. Wer zum Hängen geboren ist, ersäuft nicht. Schicksal, bleib standhaft, lass ihn hängen. Mach seinen Galgenstrick zu unserm Ankerseil, denn unser Tau hier taugt zu nichts. Wenn er nicht für den Galgen geboren ist, seh ich schwarz für uns.

Alle ab.

Bootsmann tritt auf.

BOOTSMANN: Runter den Toppmast! Hol dicht! Tiefer, tiefer! Gebt ihr nur Hauptsegel, versucht's! Wir drehen bei!

Geschrei von unten.

Scheiß der Himmel auf die Jaulerei! Die sind lauter als der Sturm und die Kommandos.

Sebastian, Antonio und Gonzalo treten auf.

Schon wieder? Was wollt ihr hier? Solln wir's aufgeben und absaufen? Wollt ihr zu den Fischen?

SEBASTIAN: Erstick doch an der Spucke, du Kläffer, gotteslästerlicher, Schweinkerl, rücksichtsloser!

BOOTSMANN: Dann macht doch ihr die Arbeit.

ANTONIO: Krepier, du Sauhund, geh, krepier, du Hurenbock, Schreihals, unverschämter! Vorm Ersaufen haben wir weniger Angst als du.

GONZALO: Ich garantier, dass der nicht absäuft, und wenn das Schiff wie 'ne Nussschale winzig wär und leck wie 'ne undichte Hure.

BOOTSMANN: Hol dicht Großschot! Hol dicht Großschot! Klar bei Klüver! Gebt ihr zwei! Aufs Meer, raus aufs Meer! Fier auf all über all!

Matrosen treten durchnässt auf.

MARINERS: All lost, to prayers, to prayers! all lost!
BOATSWAIN: What, must our mouths be cold?
GONZALO:
The King and Prince at prayers, let's assist them,
For our case is as theirs.
SEBASTIAN: I'm out of patience.
ANTONIO:
We are merely cheated of our lives by drunkards:
This wide-chapp'd rascal, – would thou mightst lie drowning
The washing of ten tides!
GONZALO: He'll be hang'd yet,
Though every drop of water swear against it,
And gape at wid'st to glut him.
(A confused noise within): »Mercy on us!« – »We split, we split!« – »Farewell, my wife and children!« – »Farewell, brother!« – »We split, we split, we split!«
ANTONIO: Let's all sink wi' th' King.
SEBASTIAN: Let's take leave of him.
Exeunt [Antonio and Sebastian].
GONZALO: Now would I give a thousand furlongs of sea for an acre of barren ground, long heath, broom, furze, anything. The wills above be done! but I would fain die a dry death.
Exeunt.

Scene II

[The Island. Before Prospero's Cell.]
Enter Prospero and Miranda.

MIRANDA:
If by your Art, my dearest father, you have
Put the wild waters in this roar, allay them.
The sky, it seems, would pour down stinking pitch,

MATROSEN: Aus, alles aus! betet, betet! alles aus!
BOOTSMANN: Was, heißt's jetzt Wasser saufen?
GONZALO:
König und Prinz sind im Gebet, helft mit,
Wir sind im gleichen Boot.
SEBASTIAN: Hab nicht die Ruh.
ANTONIO:
Um unser Leben glatt betrogen von so Säufern!
Das großmäulige Schwein – ich wollt, du würdst

Zehn Fluten lang verrecken!
GONZALO: Der baumelt noch,
Und würd auch jeder Wassertropfen sich verschwören
Und 's Maul aufreißen, um ihn zu verschlucken.
(von innen verworrener Lärm): »Gott sei uns gnädig!« – »Wir kentern! wir kentern!« – »Ade, Frau und Kind!« – »Ade, Bruder!« – »Wir kentern, kentern, kentern!«
ANTONIO: Wir wollen alle mit dem König sinken.
SEBASTIAN: Wir wollen Abschied von ihm nehmen.
Antonio und Sebastian ab.
GONZALO: Jetzt würd ich tausend Meilen Meer für ein halb Morgen dürres Land geben, Brennnesseln, Dornen, Disteln, was auch immer. Gottes Wille geschehe, aber ich hätt den Tod lieber trocken.
Ab.

2. Szene

Auf der Insel.
Prospero und Miranda treten auf.

MIRANDA:
Vater, wenn du mit deiner Kunst die wilden Wasser
Hast aufgepeitscht zum Aufruhr, mach sie stille.
Der Himmel, scheint's, würd stinkig Pech verschütten,

But that the sea, mounting to th' welkin's cheek,
Dashes the fire out. O, I have suffered
With those that I saw suffer! a brave vessel,
(Who had, no doubt, some noble creature in her,)
Dash'd all to pieces. O, the cry did knock
Against my very heart! Poor souls, they perish'd!
Had I been any god of power, I would
Have sunk the sea within the earth, or ere
It should the good ship so have swallow'd, and
The fraughting souls within her.

PROSPERO: Be collected:
No more amazement: tell your piteous heart
There's no harm done.

MIRANDA: O, woe the day!

PROSPERO: No harm.
I have done nothing but in care of thee,
Of thee, my dear one; thee, my daughter, who
Art ignorant of what thou art; nought knowing
Of whence I am, nor that I am more better
Than Prospero, master of a full poor cell,
And thy no greater father.

MIRANDA: More to know
Did never meddle with my thoughts.

PROSPERO: 'Tis time
I should inform thee farther. Lend thy hand,
And pluck my magic garment from me. – So:
[Lays down his mantle.]
Lie there, my Art. Wipe thou thine eyes; have comfort.
The direful spectacle of the wrack, which touch'd
The very virtue of compassion in thee,
I have with such provision in mine Art
So safely ordered, that there is no soul –
No, not so much perdition as an hair
Betid to any creature in the vessel
Which thou heard'st cry, which thou saw'st sink. Sit down;

Nur schwemmt das Meer, das an die Wolken schäumt,
Die Feuer aus. Oh, wie ich litt mit denen, die
Ich leiden sah! Ein stolzes Schiff, das doch
Manch gute Kreatur trug sicher – Stück
Um Stück zerschmettert! Oh, der Schrei schlug mir
Bis tief ins Herz! Ertrunken, arme Seelen!
Wär ich ein Gott allmächtig, ich hätt lieber
Das Meer versenkt im Erdreich, eh's mir so
Das gute Schiff hätt runterschlingen dürfen
Samt seiner Seelenfracht.

PROSPERO: Beruhig dich nur.
Nicht so verstört. Sag deinem mitleidigen Herz,
Kein Leid geschah.

MIRANDA: Ein schwarzer Tag!

PROSPERO: Kein Leid.
Ich hab's getan aus Sorge nur um dich,
Um dich, mein Liebstes, dich, die Tochter, die
Du nichts von dem weißt, was du bist, nicht ahnst,
Woher ich komm, noch dass ich Bessres bin
Als Prospero, Herr einer armseligen Zelle
Und dein gleich armer Vater.

MIRANDA: Mehr zu wissen
Kam mir nie in den Sinn.

PROSPERO: Jetzt wird es Zeit,
Dass ich dir mehr erzähl. Komm hilf, nimm mir
Den Magiermantel ab. – Gut so, da lieg nun,
(legt seinen Mantel ab)
Du meine Kunst. – Wisch dir die Augen. Mut.
Das Schauerschauspiel Schiffbruch, das in dir
Den ganzen Inbegriff des Mitleids aufrührt,
Hab ich durch meine Künste voll Voraussicht
So sicher angeordnet, dass nicht eine Seele –
Nein, nicht so viel nur als ein Haar gekrümmt
Wurd einem einzigen Geschöpf im Schiff,
Das du hast schreien hörn, hast sinken sehn.

For thou must now know farther.

MIRANDA: You have often
Begun to tell me what I am, but stopp'd,
And left me to a bootless inquisition,
Concluding »Stay: not yet.«

PROSPERO: The hour's now come;
The very minute bids thee ope thine ear;
Obey, and be attentive. Canst thou remember
A time before we came unto this cell?
I do not think thou canst, for then thou wast not
Out three years old.

MIRANDA: Certainly, sir, I can.

PROSPERO:
By what? by any other house or person?
Of any thing the image tell me, that
Hath kept with thy remembrance.

MIRANDA: 'Tis far off,
And rather like a dream than an assurance
That my remembrance warrants. Had I not
Four or five women once that tended me?

PROSPERO:
Thou hadst, and more, Miranda. But how is it
That this lives in thy mind? What seest thou else
In the dark backward and abysm of time?
If thou remembrest aught ere thou cam'st here,
How thou cam'st here thou mayst.

MIRANDA: But that I do not.

PROSPERO:
Twelve year since, Miranda, twelve year since,
Thy father was the Duke of Milan, and
A prince of power.

MIRANDA: Sir, are not you my father?

PROSPERO:
Thy mother was a piece of virtue, and
She said thou wast my daughter; and thy father
Was Duke of Milan; and his only heir

Setz dich. Du musst noch mehr jetzt wissen.
MIRANDA: Du fingst oft
An zu erzählen, was ich bin, stocktest
Dann stets und ließt mich fruchtlos meinem Grübeln
Mit kurzem: »Wart: noch nicht.«
PROSPERO: Jetzt ist die Stunde da.
Jetzt die Minute fordert Ohren spitzen.
Gehorch, gib Acht. Kannst dich noch einer Zeit
Erinnern, eh wir hier zur Zelle kamen?
Ich glaub nicht, dass du's kannst, denn damals warst du
Nicht mal drei Jahre alt.
MIRANDA: Und sicher kann ich.
PROSPERO:
An was? an andre Häuser oder Menschen?
Von irgendwas sag mir das Bild, das dir
Im Kopf geblieben ist.
MIRANDA: Weit weg ist das,
Und mehr so wie ein Traum als wie Gewissheit,
Die mein Gedächtnis mir beschwört. Hatt ich
Nicht vier, fünf Frauen einst, die für mich sorgten?
PROSPERO:
So viel – und mehr, Miranda. Doch wie kommt's nur,
Dass das lebendig blieb? Was siehst du noch
Im dunklen Damals und im Loch der Zeit?
Wenn du noch davon weißt, bevor du herkamst,
Dann wohl auch, wie du kamst.
MIRANDA: Das weiß ich eben nicht.
PROSPERO:
Zwölf Jahre sind's, mein Kind, zwölf Jahre sind's,
Herzog von Mailand war dein Vater damals und
Ein Fürst allmächtig.
MIRANDA: Bist du nicht mein Vater?
PROSPERO:
Nun, deine Mutter, Muster allen Anstands,
Sprach, du wärst meine Tochter; und dein Vater
War Mailands Herzog; du die Erbin und

And princess, no worse issued.
MIRANDA: O the heavens!
What foul play had we, that we came from thence?
Or blessed was't we did?
PROSPERO: Both, both, my girl:
By foul play, as thou say'st, were we heav'd thence,
But blessedly holp hither.
MIRANDA: O, my heart bleeds
To think o' th' teen that I have turn'd you to,
Which is from my remembrance! Please you, farther.
PROSPERO:
My brother, and thy uncle, call'd Antonio, –
I pray thee, mark me, that a brother should
Be so perfidious! – he whom next thyself
Of all the world I lov'd, and to him put
The manage of my state; as at that time
Through all the signories it was the first,
And Prospero the prime duke, being so reputed
In dignity, and for the liberal Arts
Without a parallel; those being all my study,
The government I cast upon my brother,
And to my state grew stranger, being transported
And rapt in secret studies. Thy false uncle –
Dost thou attend me?
MIRANDA: Sir, most heedfully.
PROSPERO:
Being once perfected how to grant suits,
How to deny them, who t' advance, and who
To trash for over-topping, new created
The creatures that were mine, I say, or chang'd 'em,
Or else new form'd 'em; having both the key
Of officer and office, set all hearts i' th' state

To what tune pleas'd his ear; that now he was
The ivy which had hid my princely trunk,
And suck'd my verdure out on 't. Thou attend'st not?

Prinzessin, nicht von schlechtrem Stamm.

MIRANDA: Mein Gott!
War's falsches Spiel, weil wir's verlassen haben?
Oder war's Glück für uns?

PROSPERO: Kind, beides, beides.
Ein falsches Spiel, ganz recht, trieb uns davon,
Doch half's zum Glück uns her.

MIRANDA: Wie wird das Herz mir schwer,
Dass ich den alten Kummer in dir wachruf,
Weil ich mich nicht mehr drauf besinn! Sprich, Vater.

PROSPERO:
Mein Bruder und dein Onkel – Antonio heißt er –,
Ich bitt dich, hör mich, dass ein Bruder so
Verschlagen sein kann! – er, den ich nächst dir
Über die Welt geliebt hab, ihm ließ ich
Die Leitung meines Staates, wo zu der Zeit
Von allen Staaten er der Erste war,
Und Prospero der erste Herzog, wie es hieß,
Nach Würdigkeit, und in den Wissenschaften
Wie sonst kein Zweiter; dort lag all mein Streben,
Das Staatsgeschäft drum warf ich auf den Bruder
Und wurd ein Fremder meinem Land, weitab entrückt,
Verzückt von dunklem Forschen. Dein falscher Onkel –
Hörst du mir zu?

MIRANDA: Sehr aufmerksam, mein Vater.

PROSPERO:
Hatt's kaum im Griff, wie man Gesuche billigt,
Wie abschlägt, wen man fördern muss und wen
Kleinstutzen wegen Größenwuchs, schon schuf er neu,
Was an Geschöpfen mein war, hör mich, verwandelt sie,
Ja, oder formt sie neu; die Hand am Schlüssel
Zum Amt und Amtsherrn, stimmt er jedes Herz im Staat
Zum Ton, der seinem Ohr gefiel, wurd Efeu,
Das meinen Fürstenstamm umkrochen und
Mein Mark mir ausgesogen hatt. Du hörst nicht!

MIRANDA:
O, good sir, I do.
PROSPERO: I pray thee, mark me.
I, thus neglecting worldly ends, all dedicated
To closeness and the bettering of my mind
With that which, but by being so retir'd,
O'er-priz'd all popular rate, in my false brother
Awak'd an evil nature; and my trust,
Like a good parent, did beget of him
A falsehood in its contrary, as great
As my trust was; which had indeed no limit,
A confidence sans bound. He being thus lorded,
Not only with what my revenue yielded,
But what my power might else exact, like one
Who having into truth, by telling of it,
Made such a sinner of his memory,
To credit his own lie, he did believe
He was indeed the duke; out o' th' substitution,
And executing th' outward face of royalty,
With all prerogative; – hence his ambition growing, –
Dost thou hear?
MIRANDA: Your tale, sir, would cure deafness.
PROSPERO:
To have no screen between this part he play'd
And him he play'd it for, he needs will be

Absolute Milan. Me, poor man, my library
Was dukedom large enough: of temporal royalties
He thinks me now incapable; confederates,
So dry he was for sway, wi' th' King of Naples
To give him annual tribute, do him homage,
Subject his coronet to his crown, and bend
The dukedom, yet unbow'd, – alas, poor Milan! –
To most ignoble stooping.
MIRANDA: O the heavens!

MIRANDA:
Doch, doch, ich hör.
PROSPERO: Ich bitte dich, pass auf.
Ich nun, das Weltliche missachtend, hingegeben
An Einkehr und Erweiterung des Geists,
Was eigentlich, wenn's weltflüchtig nicht wär,
Das Alltagsmaß weit übertrumpft, stach ich nun so
Böse Natur im falschen Bruder an;
Und mein Vertraun, gleich wie ein guter Vater,
Zog eine Falschheit aus ihm umgekehrt, so groß
Wie mein Vertraun, das ohne End war wirklich,
Ein Zutraun unbegrenzt. Er, Fürst geworden,
Nicht nur durch das, was ihm mein Staatsschatz bot,
Durch das auch, was sonst meine Macht gebiert,
Wie einer, der – sich selbst belügend – sein
Gedächtnis so zum Wahrheitsfrevler macht,
Dass es die eignen Lügen glaubt, dacht er,
Er wär der Herzog wirklich durch die Stellvertretung
Und Ausübung der äußren Form der Hoheit,
Samt jedem Vorrecht. Draus wuchs nun sein Ehrgeiz –
Hörst du?
MIRANDA: Deine Geschichte könnte Taubheit heilen.
PROSPERO:
Dass keine Trennwand zwischen jener Rolle, die
Er spielt, und ihm, für den er sie spielt, steh,
Will er partout der unumschränkte Mailand
Nun selbst sein. Mir, mir Armen war mein Büchersaal
Als Herzogtum genug. Zum Weltfürst findet er
Mich nunmehr unbrauchbar, verbündet sich –
So gierig ging's um Macht – dem König von Neapel
Und darf Tribute zahlen, Buckel krümmen,
Den Fürstenhut der Krone unterwerfen und
Ein nie bezwungnes Herzogtum – o Mailand! –
Schmählichst zum Dienern zwingen.
MIRANDA: O mein Gott!

PROSPERO:
Mark his condition, and th' event; then tell me
If this might be a brother.
MIRANDA: I should sin
To think but nobly of my grandmother:
Good wombs have borne bad sons.
PROSPERO: Now the condition.
This King of Naples, being an enemy
To me inveterate, hearkens my brother's suit;
Which was, that he, in lieu o' th' premises
Of homage and I know not how much tribute,
Should presently extirpate me and mine
Out of the dukedom, and confer fair Milan,
With all the honours, on my brother: whereon,
A treacherous army levied, one midnight
Fated to th' purpose, did Antonio open
The gates of Milan; and, i' th' dead of darkness,
The ministers for th' purpose hurried thence
Me and thy crying self.
MIRANDA: Alack, for pity!
I, not rememb'ring how I cried out then,
Will cry it o'er again: it is a hint
That wrings mine eyes to 't.
PROSPERO: Hear a little further,
And then I'll bring thee to the present business
Which now's upon 's; without the which, this story
Were most impertinent.
MIRANDA: Wherefore did they not
That hour destroy us?
PROSPERO: Well demanded, wench:
My tale provokes that question. Dear, they durst not,
So dear the love my people bore me; nor set
A mark so bloody on the business; but
With colours fairer painted their foul ends.
In few, they hurried us aboard a bark,
Bore us some leagues to sea; where they prepared

PROSPERO:
Hör den Vertrag samt Folgen; sag mir dann,
Ob das ein Bruder ist.
MIRANDA: Ich würde sündigen,
Wenn ich von Großmutter was Schlechtes dächt.
Am besten Baum gibt's faule Frucht.
PROSPERO: Zum Pakt.
Der König von Neapel, als mein Feind
Seit alters, schenkt ein Ohr dem Plan des Bruders,
Nämlich, dass er für die besagten Punkte
Von Lehnseid und ich weiß nicht, was an Zins,
Sofort vom Herzogtum mich und die Meinen
Ausrotten und dem Bruder Mailand samt
Den Würden übertragen sollt. Wonach,
Ein Heer Verräter fand sich, eines Nachts,
Zur Schicksalsnacht bestimmt, da öffnete Antonio
Die Tore Mailands; und im schwarzen Schweigen
Verschleppten schnell die Schergen seiner Ränke
Mich und dich weinend Kind.
MIRANDA: Erbarm dich doch!
Ich, die ich nichts mehr weiß vom Weinen damals,
Wein jetzt wie neu darum. Ein Augenblick,
Der mich in Tränen treibt.
PROSPERO: Hör noch was mehr,
Dann komm ich dir zum gegenwärtgen Vorgang,
Der uns nun anliegt; weil sonst die Geschichte
Ganz unnütz wär.
MIRANDA: Warum hat man uns damals nicht
Gleich umgebracht?
PROSPERO: Klug mitgedacht, mein Mädchen:
All das erzwingt die Frage. Kind, sie wagten's nicht,
So stark trug mich des Volkes Liebe; auch nicht, so
Blutrot die Tat zu stempeln, sondern tünchten
Mit schönern Farben ihren üblen Zweck.
Nun kurz, sie hievten uns auf eine Bark an Bord,
Fuhrn raus aufs Meer ein Stück und hatten dort

A rotten carcass of a butt, not rigg'd,
Nor tackle, sail, nor mast; the very rats
Instinctively have quit it: there they hoist us,
To cry to th' sea that roar'd to us; to sigh
To th' winds, whose pity, sighing back again,
Did us but loving wrong.

MIRANDA: Alack, what trouble
Was I then to you!

PROSPERO: O, a cherubin
Thou wast that did preserve me. Thou didst smile,
Infused with a fortitude from heaven,
When I have deck'd the sea with drops full salt,
Under my burthen groan'd; which rais'd in me
An undergoing stomach, to bear up
Against what should ensue.

MIRANDA: How came we ashore?

PROSPERO:
By Providence divine.
Some food we had, and some fresh water, that
A noble Neapolitan, Gonzalo,
Out of his charity, who being then appointed
Master of this design, did give us, with
Rich garments, linens, stuffs and necessaries,
Which since have steaded much; so, of his gentleness,
Knowing I lov'd my books, he furnish'd me
From mine own library with volumes that
I prize above my dukedom.

MIRANDA: Would I might
But ever see that man!

PROSPERO: Now I arise:

Sit still, and hear the last of our sea-sorrow.
Here in this island we arriv'd; and here
Have I, thy schoolmaster, made thee more profit
Than other princess' can, that have more time
For vainer hours, and tutors not so careful.

Ein morsches Wrack von Kahn bereit, kein Want,
Kein Segel, Tau noch Mast. Sogar die Ratten
Warn wohlweislich von Bord. Da setzten sie uns aus,
Dem Meer zu jammern, das uns schrie, dem Wind
Zu seufzen, der uns seufzte und voll Mitgefühl
Ganz liebevoll uns nur erschrak.

MIRANDA: Was ich
Dir eine Last war damals!

PROSPERO: Oh, ein Cherub warst
Du mir, der mich erhielt. Gelächelt hast du,
Erfüllt von einer Stärke aus dem Himmel,
Wo ich aufs Meer den Tränenteppich warf,
Aufschrie unter der Last, dass draus die Kraft
Des Duldens mir erwuchs, um standzuhalten
All dem, was kommen sollt.

MIRANDA: Wie kamen wir an Land?

PROSPERO:
Göttliche Vorsehung.
Wir hatten Nahrung, frisches Wasser, das
Ein nobler Neapolitaner, hieß Gonzalo,
Aus Nächstenliebe, den man zum Vollstrecker
Des Plans damals gemacht, uns gab, sowie
Bekleidung, Leintuch, Zeug, das Nötigste,
Was nützlich kam seither. Und so, aus seiner Güte,
Er wusst, was Bücher für mich warn, steckt er
Mir Bände aus dem Buchsaal zu, die ich
Mehr schätze als mein Herzogtum.

MIRANDA: Könnt ich
Den Mann nur einmal sehn!

PROSPERO: Nun geh ich's an.
(Prospero beginnt seinen Mantel wieder anzuziehen.)
Sitz still und hör den Schluss der Meeresmarter.
Hier an das Eiland kamen wir, und hier
Hab ich, dein Lehrer, weiter dich gebildet
Als die Prinzessin sonst, die mehr an Zeit
Für leere Stunden hat und sorglosere Meister.

Miranda:
Heavens thank you for 't! And now, I pray you, sir,
For still 'tis beating in my mind, your reason
For raising this sea-storm?
Prospero: Know thus far forth.
By accident most strange, bountiful Fortune,
(Now my dear lady) hath mine enemies
Brought to this shore; and by my prescience
I find my zenith doth depend upon
A most auspicious star, whose influence
If now I court not, but omit, my fortunes
Will ever after droop. Here cease more questions:
Thou art inclin'd to sleep; 'tis a good dulness,
And give it way: I know thou canst not choose.
[Miranda sleeps.]
Come away, servant, come. I am ready now.
Approach, my Ariel, come.
Enter Ariel.
Ariel:
All hail, great master! grave sir, hail! I come
To answer thy best pleasure; be 't to fly,
To swim, to dive into the fire, to ride
On the curl'd clouds, to thy strong bidding task
Ariel and all his quality.
Prospero: Hast thou, spirit,
Perform'd to point the tempest that I bade thee?
Ariel:
To every article.
I boarded the king's ship; now on the beak,
Now in the waist, the deck, in every cabin,
I flam'd amazement: sometime I'd divide,
And burn in many places; on the topmast,
The yards and boresprit, would I flame distinctly,
Then meet and join. Jove's lightnings, the precursors
O' th' dreadful thunder-claps, more momentary
And sight-outrunning were not: the fire and cracks

MIRANDA:
Der Himmel lohn's dir. Jetzt sag, Vater, bitte,
Denn immer noch quält's mich im Kopf: dein Grund,
Den See-Sturm aufzuwühlen.
PROSPERO: Davon dies.
Seltsam zufällig hat des Schicksals Güte,
Das meine Fee heut ist, all meine Feinde
An diesen Strand gebracht; und in der Schau
Der Zukunft seh ich, mein Zenit hängt ab
Von einem guten Stern jetzt, dessen Einfluss,
Wenn ich's vertu statt nutz, hernach mein Glück
Für immer sinken lässt. Hier ist ein End der Fragen.
Du möchtest schlafen. Gut ist sie, die Schwere,
Und gib ihr nach. Ich weiß, du kannst nicht anders.
Miranda schläft.
Komm, komm, Diener, komm! Ich bin bereit.
Erschein, mein Ariel! Komm!
Ariel tritt auf.
ARIEL:
Zum Gruß, mein Meister! Herr, zum Gruß! Ich komm
Willfährig deinem Wollen, sei's zu fliegen,
Zu schwimmen, in die Feuer tauchen, reiten auf
Den Wolkenschafen. Arbeit durch dein mächtig Wort
Gib Ariel und den Seinen.
PROSPERO: Und hast du, Geist,
Den Sturm genau gebaut, wie ich dich bat?
ARIEL:
Und bis ins Kleinste.
Ich ging an Bord beim König. Bald am Bug
Und bald im Bauch, an Deck, in jede Koje
Brenn ich Entsetzen. Reiß mich mal entzwei
Und flamm gleich hier wie dort. Am Masttopp hoch,
An Rah und Klüver züngel ich getrennt
Und loder dann in eins. Zeusblitze, Boten
Brüllenden Donnerkrachs, warn blickflüchtig
Schnellzuckender niemals. Feuer und Schlag

Of sulphurous roaring the most mighty Neptune
Seem to besiege, and make his bold waves tremble,
Yea, his dread trident shake.

PROSPERO: My brave spirit!
Who was so firm, so constant, that this coil
Would not infect his reason?

ARIEL: Not a soul
But felt a fever of the mad, and play'd
Some tricks of desperation. All but mariners
Plung'd in the foaming brine, and quit the vessel,
Then all afire with me: the King's son, Ferdinand,
With hair up-staring, – then like reeds, not hair, –
Was the first man that leap'd; cried, »Hell is empty,
And all the devils are here.«

PROSPERO: Why, that's my spirit!
But was not this nigh shore?

ARIEL: Close by, my master.

PROSPERO:
But are they, Ariel, safe?

ARIEL: Not a hair perish'd;
On their sustaining garments not a blemish,
But fresher than before: and, as thou bad'st me.
In troops I have dispers'd them 'bout the isle.
The King's son have I landed by himself;
Whom I left cooling of the air with sighs
In an odd angle of the isle, and sitting,
His arms in this sad knot.

PROSPERO: Of the King's ship,
The mariners, say how thou hast dispos'd,
And all the rest o' th' fleet.

ARIEL: Safely in harbour
Is the King's ship; in the deep nook, where once
Thou call'dst me up at midnight to fetch dew

Vom Schwefelknall, das scheint sogar Neptun,
Den mächtig Großen, zu erschüttern, lässt
Ihm seine wilden Brecher zittern, ja,
Den Schreckensdreizack beben.

PROSPERO: Braver Geist!
Wer war so fest, so standhaft, dass er nicht
Im Aufruhr den Verstand verlor? Sag?

ARIEL: Keine Seele,
Die nicht das Wahnsinnsfieber fühlte und
Verzweiflungstaten trieb. Bis auf die Mannschaft
Sprang alles in die Brodelflut vom Schiff,
Aus meinem Feuerball. Der Sohn des Königs,
Ferdinand,
Mit wild gesträubtem Haar – nicht Haar, wie Binsen –
Sprang vorneweg als Erster, schrie: »Die Höll
Ist leer, und hier sind alle Teufel!«

PROSPERO: Mein Teufelsgeist!
Das war doch dicht am Strand?

ARIEL: Ganz nah, mein Meister.

PROSPERO:
Sie sind doch sicher, Ariel?

ARIEL: Kein Haar ging drauf;
Kein Fleck an ihren Kleidern, die wie Flöße
schwammen,
Nein, frischer als zuvor: und wie du batest,
Hab ich sie trüppchenweis zerstreut im Eiland.
Einzeln an Land zog ich den Königssohn,
Den ich verließ in einem düstern Winkel,
Wo er die Luft mit Seufzern kühlt und sitzt,
Die Arme so in Knoten.

PROSPERO: Und mit dem Königsschiff,
Der Mannschaft, sag, wie bist du da verfahren,
Und mit dem Rest der Flotte?

ARIEL: Gut verankert liegt
Das Schiff des Königs in der dunklen Bucht,
Wo du mich einst um Mitternacht nach Tau

From the still-vex'd Bermoothes, there she's hid:
The mariners all under hatches stow'd;
Who, with a charm join'd to their suffer'd labour,
I have left asleep: and for the rest o' th' fleet,
Which I dispers'd, they all have met again,
And are upon the Mediterranean flote,
Bound sadly home for Naples;
Supposing that they saw the King's ship wrack'd,
And his great person perish.

PROSPERO: Ariel, thy charge
Exactly is perform'd: but there's more work.
What is the time o' th' day?

ARIEL: Past the mid season.

PROSPERO:
At least two glasses. The time 'twixt six and now
Must by us both be spent most preciously.

ARIEL:
Is there more toil? Since thou dost give me pains,
Let me remember thee what thou hast promis'd,
Which is not yet perform'd me.

PROSPERO: How now? moody?
What is 't thou canst demand?

ARIEL: My liberty.

PROSPERO:
Before the time be out? no more!

ARIEL: I prithee,
Remember I have done thee worthy service;
Told thee no lies, made no mistakings, serv'd
Without or grudge or grumblings: thou did promise
To bate me a full year.

PROSPERO: Dost thou forget
From what a torment I did free thee?

ARIEL: No.

PROSPERO:
Thou dost, and think'st it much to tread the ooze
Of the salt deep,

Geschickt hast von den stürmischen Bermudas;
Matrosen alle unter Deck verstaut,
Wo die Erschöpfung und mein kleiner Zauber
Sie tief im Schlaf hält. Und der Rest der Flotte,
Die ich zerstreut hab: die sind alle noch
Vereint und ziehen übers Mittelmeer
Trüb heimwärts nach Neapel; glauben fest,
Man hätt das Schiff des Königs kentern sehn
Und Seine Hoheit sinken.

PROSPERO: Dein Auftrag, Ariel,
Ist haargenau erfüllt, doch noch mehr Arbeit gibt's.
Wie spät sind wir im Tag?

ARIEL: Schon über Mittag.

PROSPERO:
Zwei Glas bestimmt. Von jetzt bis sechs die Zeit
Muss kostbar ausgenutzt sein von uns zwein.

ARIEL:
Mehr schuften noch? Wo du mir so viel Müh machst,
Lass dich erinnern an dein Ehrenwort,
Das mir noch nicht erfüllt ist.

PROSPERO: Was denn! launisch?
Was kannst denn du verlangen?

ARIEL: Meine Freiheit.

PROSPERO:
Vor Ablauf deiner Zeit? Sei still.

ARIEL: O bitte,
Denk dran, ich hab dir schweren Dienst getan,
Dich nie belogen, nie dir was verpatzt, gedient
Ganz ohne Murrn und Maulen. Du versprachst
Mir Nachlass um ein Jahr.

PROSPERO: Vergisst du wohl,
Von welcher Qual ich dich befreit hab?

ARIEL: Nein.

PROSPERO:
Du tust's; und denkst weiß Gott wie groß vom Waten
Im salzgen Schlamm der Tiefe,

To run upon the sharp wind of the north,
To do me business in the veins o' th' earth
When it is bak'd with frost.

ARIEL: I do not, sir.

PROSPERO:
Thou liest, malignant thing! Hast thou forgot
The foul witch Sycorax, who with age and envy
Was grown into a hoop? hast thou forgot her?

ARIEL:
No, sir.

PROSPERO: Thou hast. Where was she born? speak; tell me.

ARIEL:
Sir, in Argier.

PROSPERO: O, was she so? I must
Once in a month recount what thou hast been,
Which thou forget'st. This damn'd witch Sycorax,
For mischiefs manifold, and sorceries terrible
To enter human hearing, from Argier,
Thou know'st, was banish'd: for one thing she did
They would not take her life. Is not this true?

ARIEL:
Ay, sir.

PROSPERO:
This blue-ey'd hag was hither brought with child,
And here was left by th' sailors. Thou, my slave,
As thou report'st thyself, was then her servant;
And, for thou wast a spirit too delicate
To act her earthy and abhorr'd commands,
Refusing her grand hests, she did confine thee,
By help of her more potent ministers,
And in her most unmitigable rage,
Into a cloven pine; within which rift
Imprison'd thou didst painfully remain
A dozen years; within which space she died,
And left thee there; where thou didst vent thy groans
As fast as mill-wheels strike. Then was this island –

Vom Laufen auf dem scharfen Wind des Nord,
Vom Schaffen meines Werks im Adergrund der Erde,
Wenn sie im Klirrfrost backt.

ARIEL: Gewiss nicht, Herr.

PROSPERO:
Du lügst, boshaftes Ding! Hast du vergessen
Die üble Hexe Sycorax, die Neid und Alter
Krumm wachsen ließ zum Reif? Hast sie vergessen?

ARIEL:
Nein, Herr.

PROSPERO: Du hast. Wo kam sie her? Red! Sag's!

ARIEL:
Aus Algier, Herr.

PROSPERO: Ach, wirklich! Jeden Monat
Muss ich dir einmal sagen, was du warst,
Weil du's vergisst. Da, diese Hexe Sycorax,
Du weißt's, wurd wegen ungezählter Frevel
Und Zauberei zu schaurig für ein Menschenohr
Verbannt aus Algier. Man ließ ihr das Leben
Für ihre einzge Wohltat. Ist's nicht wahr?

ARIEL:
Doch, Herr.

PROSPERO:
Dies Aas wurd hergebracht, gedunsen-schwanger,
Hier ausgesetzt von Schiffern. Du, mein Knecht,
Wie du selbst sagst, warst zu der Zeit ihr Diener.
Und weil du ein zu zarter Luftgeist warst
Für ihre erdig-scheußlichen Befehle,
Die großen Ränke weigertest, schloss sie
Mit Hilfe ihrer stärkeren Gesellen
In unerbittlich höchster Wut dich ein
Im Stamm der blitz-geborstnen Fichte; dort,
Im Spalt gefangen, bliebst du voller Pein
Zwölf Jahre lang, in welcher Zeit sie starb
Und ließ dich dort, wo du wie Mühlradklappern
Dein Stöhnen hören ließt. Da war die Insel –

Save for the son that she did litter here,
A freckled whelp hag-born – not honour'd with
A human shape.

ARIEL: Yes, Caliban her son.

PROSPERO:
Dull thing, I say so; he, that Caliban,
Whom now I keep in service. Thou best know'st
What torment I did find thee in; thy groans
Did make wolves howl, and penetrate the breasts
Of ever-angry bears: it was a torment
To lay upon the damn'd, which Sycorax
Could not again undo: it was mine Art,
When I arriv'd and heard thee, that made gape
The pine, and let thee out.

ARIEL: I thank thee, master.

PROSPERO:
If thou more murmur'st, I will rend an oak,
And peg thee in his knotty entrails, till
Thou hast howl'd away twelve winters.

ARIEL: Pardon, master:
I will be correspondent to command,
And do my spriting gently.

PROSPERO: Do so; and after two days
I will discharge thee.

ARIEL: That's my noble master!
What shall I do? say what; what shall I do?

PROSPERO:
Go make thyself like a nymph o' th' sea:
Be subject to
No sight but thine and mine; invisible
To every eyeball else. Go take this shape,
And hither come in 't: go: hence
With diligence.

Exit [Ariel].

Awake, dear heart, awake! thou hast slept well;
Awake!

Bis auf den Sohn, den sie hier warf, den Balg,
Gescheckt, den Vettel-Auswurf – nicht beehrt
Mit menschlicher Gestalt.

ARIEL: Ja, Caliban, ihr Sohn.

PROSPERO:
Sag ich doch, Dummkopf! Er, der Caliban,
Den ich in Dienst hab jetzt. Du weißt am besten,
In welcher Marter ich dich fand. Dein Schrein
Ließ Wölfe heulen und zerriss das Herz
Fletschender Bären: Das war eine Qual,
Wie für verdammte Seelen, die dir Sycorax
Nicht enden konnte. Es war meine Kunst,
Als ich hierher kam und dich hörte, die
Die Fichte aufbrach und dich freiließ.

ARIEL: Danke, Meister.

PROSPERO:
Maulst du noch weiter, spalt ich eine Eiche
Und pflock dich in ihr knotiges Gedärm,
Bis du zwölf Winter wegheulst.

ARIEL: Herr, verzeih.
Ich will mich den Befehlen fügen und
Mein Geisterhandwerk tun.

PROSPERO: Tu das, und nach zwei Tagen
Lass ich dich frei.

ARIEL: So kenn ich meinen Meister!
Was soll ich tun? Sag, was! Was soll ich tun?

PROSPERO:
Geh, wandel dich in eine Meeresnymphe.
Sei Form
Für meinen Blick und deinen, unsichtbar
Für jedes Auge sonst. Geh. Nimm Gestalt
Und komm in ihr zurück. Geh! Fort, und schnell!

Ariel ab.

Liebchen, wach auf, wach auf! Hast gut geschlafen.
Wach auf!

MIRANDA: The strangeness of your story put
Heaviness in me.

PROSPERO: Shake it off. Come on;
We'll visit Caliban my slave, who never
Yields us kind answer.

MIRANDA: 'Tis a villain, sir,
I do not love to look on.

PROSPERO: But, as 'tis,
We cannot miss him: he does make our fire,
Fetch in our wood, and serves in offices
That profit us. What, ho! slave! Caliban!
Thou earth, thou! speak.

CALIBAN *(within):* There's wood enough within.

PROSPERO:
Come forth, I say! there's other business for thee;
Come, thou tortoise! when?

[Re-]enter Ariel like a water-nymph.

Fine apparition! My quaint Ariel,
Hark in thine ear.

ARIEL: My lord, it shall be done.

Exit.

PROSPERO:
Thou poisonous slave, got by the devil himself
Upon thy wicked dam, come forth!

Enter Caliban.

CALIBAN:
As wicked dew as e'er my mother brush'd
With raven's feather from unwholesome fen
Drop on you both! a south-west blow on ye
And blister you all o'er!

PROSPERO:
For this, be sure, to-night thou shalt have cramps,
Side-stitches that shall pen thy breath up; urchins
Shall, for that vast of night that they may work,
All exercise on thee; thou shalt be pinch'd

MIRANDA: Die Seltsamkeit deiner Geschichte
Hat mich so schwer gemacht.
PROSPERO: Abschütteln. Komm;
Wir gehn zu Caliban, dem Knecht, der uns
Nie freundlich Antwort schenkt.
MIRANDA: Er ist ein Böser, Vater,
Ich mag ihn nicht gern ansehn.
PROSPERO: Doch wie's steht,
Ist er uns nötig. Er macht unser Feuer,
Holt unser Holz und dient in vielen Dingen,
Die uns von Nutzen sind. He, Sklave, Caliban!
Du Erdkloß, red!
CALIBAN *(von innen):* Holz ist genügend drin.
PROSPERO:
Komm vor, sag ich! Hier gibt's noch mehr zu tun.
Schildkröte, komm! Wird's bald?
Ariel tritt auf in Gestalt einer Wassernymphe.
Schön, die Erscheinung! Zarter Ariel,
Ein Wort ins Ohr.
ARIEL: Mein Herr, es soll geschehn.
Ab.
PROSPERO:
Giftiger Knecht, vom Satan selbst gezeugt
Auf deiner Hexenmutter, komm!
Caliban tritt auf.
CALIBAN:
Gifthexentau, wie meine Mutter je
Mit Rabenfedern strich vom Fäulnismoor,
Fall auf euch zwei! Ein Südwest pfeif euch an
Und blas euch Pusteln auf!
PROSPERO:
Dafür, hör, solln dich Krämpfe heut Nacht krümmen,
Herzstiche dir den Atem staun. Die Zeit
Der Nacht, wo Igel umgehn dürfen, solln
An dir sie üben. Stechen soll's dich dicht

As thick as honeycomb, each pinch more stinging
Than bees that made 'em.

CALIBAN: I must eat my dinner.
This island's mine, by Sycorax my mother,
Which thou tak'st from me. When thou cam'st first,
Thou strok'st me, and made much of me; wouldst give me
Water with berries in 't; and teach me how
To name the bigger light, and how the less,
That burn by day and night: and then I lov'd thee,
And show'd thee all the qualities o' th' isle,
The fresh springs, brine-pits, barren place and fertile:
Curs'd be I that did so! All the charms
Of Sycorax, toads, beetles, bats, light on you!
For I am all the subjects that you have,
Which first was mine own King: and here you sty me
In this hard rock, whiles you do keep from me
The rest o' th' island.

PROSPERO: Thou most lying slave,
Whom stripes may move, not kindness! I have us'd thee,
Filth as thou art, with human care; and lodg'd thee
In mine own cell, till thou didst seek to violate
The honour of my child.

CALIBAN:
O ho, O ho! would 't had been done!
Thou didst prevent me; I had peopled else
This isle with Calibans.

MIRANDA: Abhorred slave,
Which any print of goodness wilt not take,
Being capable of all ill! I pitied thee,
Took pains to make thee speak, taught thee each hour
One thing or other: when thou didst not, savage,
Know thine own meaning, but wouldst gabble like
A thing most brutish, I endow'd thy purposes
With words that made them known. But thy vile race,

Wie Honigwaben, Stich um Stich scharf wie
Von Bienen, die sie baun.

CALIBAN: Muss Mittag essen. Diese Insel
Ist mein, von meiner Mutter Sycorax,
Du stiehlst sie mir. Als du zu Anfang kamst,
Hast mich gestreichelt, von mir hergemacht, gabst mir

Wasser mit Beeren drin und lehrtest mich
Das große Licht benennen wie das kleine,
Die brennen tags und nachts. Da hab ich dich geliebt
Und alle Inselwunder dir gezeigt,
Die süßen Quelln, Salzbrunnen, Fruchtland, Wüste.
Verflucht ich, dass ich's tat! All die Magie
Der Sycorax – Lurch, Kauz und Kröte über euch!
Denn ich bin, was ihr habt an Untertanen,
Und war mein eigner König; eingestallt werd ich
Ins Felsenloch, indes ihr mir den Rest
Von meiner Insel wehrt.

PROSPERO: Verlogner Schuft,
Der Prügel braucht, nicht Güte! Ich hab dich,

Dreck, der du bist, mit Menschlichkeit umsorgt,
Nahm dich ins eigne Haus, bis du versucht hast,
Der Ehre meines Kinds Gewalt zu tun.

CALIBAN:
Oho, oho! Wär's mir doch bloß gelungen!
Du kamst dazwischen. Sonst hätt ich die Insel
Mit Calibans bestückt.

MIRANDA (PROSPERO?): Schreckliches Scheusal,
Das nie das Gute in sich prägen lässt,
Empfänglich allem Bösen! Mitleid hatt ich,
Hab mich gequält, dir Sprechen beizubringen,
Dich stündlich dies und das gelehrt. Und als
Du wilder Mann noch von dir selbst nichts wusstest,
Geschnattert hast nur wie ein Vieh, da gab
Ich deinem Wollen Worte, dich andern kundzutun.

Though thou didst learn, had that in't which good natures
Could not abide to be with; therefore wast thou
Deservedly confin'd into this rock,
Who hadst deserv'd more than a prison.

CALIBAN:
You taught me language; and my profit on 't
Is, I know how to curse. The red plague rid you
For learning me your language!

PROSPERO: Hag-seed, hence!
Fetch us in fuel; and be quick, thou 'rt best,
To answer other business. Shrug'st thou, malice?
If thou neglect'st, or dost unwillingly
What I command, I 'll rack thee with old cramps,
Fill all thy bones with aches, make thee roar,
That beasts shall tremble at thy din.

CALIBAN: No, 'pray thee.
[Aside] I must obey: his Art is of such pow'r,
It would control my dam's god, Setebos,
And make a vassal of him.

PROSPERO: So, slave; hence!

Exit Caliban.
Re-enter Ariel, invisible, playing and singing; [Ferdinand following.]

Ariel['s] song.

Come unto these yellow sands,
And then take hands:
Courtsied when you have and kiss'd
The wild waves whist:
Foot it featly here and there,
And sweet sprites bear
The burthen. Hark, hark.
(Burthen dispersedly) Bow-wow.

ARIEL: The watch dogs bark:

Doch deine elende Natur, obwohl
Du lerntest, trug das Etwas in sich, was
Den höheren Naturen unvereinbar ist.
Verdienterweis drum bist du dort im Fels gefangen,
Ob du gleich mehr verdient hast als Gefängnis.

CALIBAN:
Sprache hast mich gelehrt, und mein Gewinn
Ist, dass ich fluchen kann. An Pest krepier
Fürs Lehren deiner Sprache!

PROSPERO: Weg, Hexenbalg!
Hol Brennholz – und sei schnell, ich rat dir gut,
Für andre Arbeit. Achselzucken, Satan?
Wenn du's nicht tust, ja auch nur bockig tust,
Was ich befehl, dann quäl ich dich mit Krämpfen,
Verschaff dir Gliederreißen, mach dich schrein,
Dass wilde Tiere schaudern vor dem Lärm.

CALIBAN *(apart):* Nein, bitte!
Ich muss gehorchen. Seine Kunst ist mächtig,
Könnt Setebos bezwingen, meiner Mutter Gott,
Und zum Vasallen machen.

PROSPERO: Sklave, so, nun fort!

Caliban ab. Ariel tritt unsichtbar auf, singend und musizierend. Ferdinand folgt ihm.

ARIEL *(singt):*
Kommt auf diesen gelben Sand,
Legt Hand in Hand,
Knickst ihr dann, küsst euch reihum,
Schweigt Sturmwind stumm;
Tanzt im Taumel hier und dort,
Geister, singt die Weise fort.
Horch, horch!
(Chor, zerstreut) Wau-wau!
Der Wachhund bellt.
Horch, horch!

(Burthen dispersedly) Bow-wow.

ARIEL: Hark, hark! I hear
The strain of strutting chanticleer
Cry –
[Burthen dispersedly] Cock a diddle dow.

FERDINAND:
Where should this music be? i' th' air or the 'arth?
It sounds no more: and, sure, it waits upon
Some god o' th' island. Sitting on a bank,
Weeping again the King my father's wrack,
This music crept by me upon the waters,
Allaying both their fury and my passion
With its sweet air: thence I have follow'd it,
Or it hath drawn me rather. But 'tis gone.
No, it begins again.

Ariel['s] song.

Full fadom five thy father lies;
Of his bones are coral made;
Those are pearls that were his eyes:
Nothing of him that doth fade,
But doth suffer a sea-change
Into something rich and strange.
Sea-nymphs hourly ring his knell:
(Burthen) Ding-dong.

ARIEL: Hark! now I hear them, – Ding-dong, bell.

FERDINAND:
The ditty does remember my drown'd father.
This is no mortal business, nor no sound
That the earth owes: – I hear it now above me.

PROSPERO:
The fringed curtains of thine eye advance,
And say what thou seest yond.

MIRANDA: What is 't? a spirit?
Lord, how it looks about! Believe me, sir,
It carries a brave form. But 'tis a spirit.

(Chor, zerstreut) Wau-wau!
Ihm beigesellt
Der Gockel-Gackel-Kikriki,
Gagockelt Kikriki wie nie!
Kikiriki! Kikiriki!

FERDINAND:
Wo ist bloß die Musik? Im Wind? Im Grund?
Sie klingt nicht mehr; und tönt ganz sicherlich
Für einen Inselgott. Die Sandbankbucht –
In Tränen nach dem König, meinem Vater –,
Da schlich Musik sich zu mir über die Gewässer,
Besänftigt ihre Wut und meinen Schmerz
Mit warmem Klang. Von dort lief ich ihr nach,
Vielmehr sie zog mich mit. Nun ist sie fort.
Nein, da fängt's wieder an.

ARIEL *(singt):*
Fünf Faden tief dein Vater liegt,
Sein Skelett wird zu Koralle,
Seine Augen Meerkristalle,
Nichts Lebendiges versiegt,
Geht Verwandlungen des Meeres
Ein in Seltsames und Hehres.
Nymphen tönen Glockenklang:
(Chor) Ding-dong.
Horch! Ding-dong klang im Wellensang.

FERDINAND:
Das Liedchen singt von meinem toten Vater.
Das ist nichts Sterbliches und auch kein Ton
Von dieser Welt. Jetzt hör ich's über mir.

PROSPERO:
Den Schleiervorhang deiner Augen heb
Und sag, was du erkennst.

MIRANDA: Was ist's? Ein Geist?
Gott, wie sich's um und um schaut! Wirklich, Vater,
Ein Wunder an Gestalt. Jedoch ein Geist.

PROSPERO:
No, wench; it eats and sleeps and hath such senses

As we have, such. This gallant which thou seest
Was in the wrack; and, but he's something stain'd
With grief (that's beauty's canker) thou mightst call him
A goodly person: he hath lost his fellows,
And strays about to find 'em.

MIRANDA: I might call him
A thing divine; for nothing natural
I ever saw so noble.

PROSPERO *(Aside):* It goes on, I see,
As my soul prompts it. Spirit, fine spirit! I'll free thee
Within two days for this.

FERDINAND: Most sure the goddess
On whom these airs attend! Vouchsafe my prayer
May know if you remain upon this island;
And that you will some good instruction give
How I may bear me here: my prime request,
Which I do last pronounce, is, O you wonder!
If you be maid or no?

MIRANDA: No wonder, sir;
But certainly a maid.

FERDINAND: My language! heavens!
I am the best of them that speak this speech,
Were I but where 'tis spoken.

PROSPERO: How? the best?
What wert thou, if the King of Naples heard thee?

FERDINAND:
A single thing, as I am now, that wonders
To hear thee speak of Naples. He does hear me;
And that he does I weep: myself am Naples,
Who with mine eyes, never since at ebb, beheld
The King my father wrack'd.

MIRANDA: Alack, for mercy!

PROSPERO:
Nein, Kind. Es isst und schläft und hat die gleichen Sinne
Wie wir, ganz gleich. Der Junge, den du siehst,
War auch in Seenot; und wär er nicht leicht
Versehrt vom Leid, dem Krebs der Schönheit, könntst

Ihn stattlich nennen. Er verlor die Freunde
Und irrt umher nach ihnen.
MIRANDA: Ich könnte ihn
Auch göttlich nennen, nichts Natürliches
Von solchem Adel kenn ich.
PROSPERO *(apart):* Ja, es geht, ich seh's,
Wie meine Seele vorsagt. – Geist, lieber Geist, wirst in
Zwei Tagen frei dafür!
FERDINAND: Bestimmt die Göttin,
Der dieses Singen gilt! Erlaub mir gnädig
Zu wissen, ob du wohnst auf diesem Eiland,
Und gönn mir freundlichst die Belehrung, wie
Ich mich betragen muss. Die erste Frage,
Die ich zuletzt stell, ist – du Wunder, du! –,
Sag, bist du Mädchen oder nicht?
MIRANDA: Kein Wunder, Herr,
Doch ganz gewiss ein Mädchen.
FERDINAND: Meine Sprache? Herrgott!
Ich bin der Höchste aller, die sie sprechen,
Wär ich, wo man sie spricht.
PROSPERO: Der Höchste? Wie?
Was wärst du wohl, wenn dich Neapels König hörte?
FERDINAND:
Ein Waise, so wie jetzt, der staunt, dass du
Ihm von Neapel sprichst. Er hört mich gut,
Und dass er's tut, drum wein ich. Bin der König selbst,
Der vor den Augen, die seither nicht ebbten,
Den König untergehn sah, meinen Vater.
MIRANDA: O mein Gott!

FERDINAND:
Yes, faith, and all his lords; the Duke of Milan
And his brave son being twain.
PROSPERO *[Aside]:* The Duke of Milan
And his more braver daughter could control thee,
If now 'twere fit to do 't. At the first sight
They have chang'd eyes. Delicate Ariel,
I'll set thee free for this. *[To Ferdinand]* A word, good sir;
I fear you have done yourself some wrong: a word.
MIRANDA:
Why speaks my father so ungently? This
Is the third man that e'er I saw; the first
That e'er I sigh'd for: pity move my father
To be inclin'd my way!
FERDINAND: O, if a virgin,
And your affection not gone forth, I'll make you
The Queen of Naples.
PROSPERO: Soft, sir! one word more.
[Aside] They are both in either's pow'rs: but this swift business
I must uneasy make, lest too light winning
Make the prize light. *[To Ferdinand]* One word more; I charge thee
That thou attend me: thou dost here usurp
The name thou ow'st not; and hast put thyself
Upon this island as a spy, to win it
From me, the lord on 't.
FERDINAND: No, as I am a man.
MIRANDA:
There's nothing ill can dwell in such a temple:
If the ill spirit have so fair a house,
Good things will strive to dwell with 't.
PROSPERO: Follow me.
Speak not you for him: he's a traitor. Come;

FERDINAND:
Ja, samt dem Hofstaat, und der Herzog Mailands
Mit seinem großen Sohn dazu.
PROSPERO *(apart):* Der Herzog Mailands
Mit seiner größren Tochter könnten dich belehren,
Wenn jetzt die Zeit wär. Gleich beim ersten Ansehn
Tauschten sie Blicke aus. Mein zarter Ariel,
Dafür lass ich dich frei. – Ein Wort, mein Herr.

Ich fürcht, Sie haben sich vertan. Ein Wort!
MIRANDA:
Was spricht mein Vater denn so grob? Das ist
Der dritte Mann, den ich je sah; der erste auch,
Für den ich seufze. Dass doch Mitleid Vater
Auf meine Seite zieh!
FERDINAND: Oh, wenn noch Jungfrau,
Und wenn dein Herz noch frei ist, mach ich dich
Zur Königin Neapels.
PROSPERO: Sachte. Noch ein Wort.
(apart) Schon sind sie sich verfallen. Doch den schnellen Handel
Muss ich erschweren, dass zu leichter Sieg
Den Preis nicht leicht macht. – Hör mich! Ich befehl,

Dass du mir folgst. Du führst hier falsche Namen,
Die dir nicht zustehn, und kommst als Spion
Geschlichen, um die Insel mir, dem Herrn
Darüber, abzunehmen.
FERDINAND: Nein, auf Ehre!
MIRANDA:
In solchem Tempel kann nichts Böses wohnen.
Denn hätt das Böse solche schöne Wohnung,
Dann würd das Gute bei ihm leben wolln.
PROSPERO: Komm mit.
(zu Miranda) Sprich du nicht für ihn. Das ist ein Betrüger. – Komm.

I'll manacle thy neck and feet together:
Sea-water shalt thou drink; thy food shall be
The fresh-brook mussels, wither'd roots, and husks
Wherein the acorn cradled. Follow.

FERDINAND: No;
I will resist such entertainment till
Mine enemy has more pow'r.
He draws, and is charmed from moving.

MIRANDA: O dear father,
Make not too rash a trial of him, for
He's gentle, and not fearful.

PROSPERO: What! I say,
My foot my tutor? Put thy sword up, traitor;
Who mak'st a show, but dar'st not strike, thy conscience
Is so possess'd with guilt: come from thy ward;
For I can here disarm thee with this stick
And make thy weapon drop.

MIRANDA: Beseech you, father.

PROSPERO:
Hence! hang not on my garments.

MIRANDA: Sir, have pity;
I'll be his surety.

PROSPERO: Silence! one word more
Shall make me chide thee, if not hate thee. What!
An advocate for an impostor! hush!
Thou think'st there is no more such shapes as he,
Having seen but him and Caliban: foolish wench!

To th' most of men this is a Caliban,
And they to him are angels.

MIRANDA: My affections
Are then most humble; I have no ambition
To see a goodlier man.

PROSPERO: Come on; obey:

An Hals und Füßen leg ich dich in Ketten.
Meerwasser wirst du trinken; essen nur
Miesmuscheln, morsche Wurzeln und die Hülsen
Längst ausgefallner Eicheln. Folg mir!

FERDINAND: Nein!
Solcher Behandlung widersetz ich mich,
Bis mein Feind mehr Gewalt hat.

Er zieht und wird in Erstarrung gezaubert.

MIRANDA: Lieber Vater,
Verurteil ihn nicht vorschnell, denn er ist
Von Adel und kein Feigling!

PROSPERO: Was! das Ei
Wird klüger als die Henne? Weg das Schwert, Betrüger,
Du spielst dich auf, doch wagst den Schlag nicht, Schuld
Drückt nämlich dein Gewissen. Lass doch die Parade!
Mit diesem Stab hier kann ich dich entwaffnen
Und dir das Schwert entreißen.

MIRANDA: Vater, bitte!

PROSPERO:
Fort! Häng mir nicht am Rock!

MIRANDA: Hab Mitleid, Vater!
Ich bürg für ihn.

PROSPERO: Still! Noch ein Wort, und ich
Müsst dich beschimpfen, wenn nicht hassen. Was!
Hochstaplern noch den Anwalt machen? Ruhig!
Du glaubst, es gäb sonst keine so Figuren da wie den,
Weil du nur ihn kennst und den Caliban. Verrücktes Ding!
Gegen die meisten ist da der ein Caliban,
Die gegen ihn sind Engel.

MIRANDA: Mein Anspruch dann
Ist halt bescheiden. Ich hab keinen Ehrgeiz,
Einen bessern Mann zu sehn.

PROSPERO: Komm mit, gehorch!

Thy nerves are in their infancy again,
And have no vigour in them.

FERDINAND: So they are:
My spirits, as in a dream, are all bound up.
My father's loss, the weakness which I feel,
The wrack of all my friends, nor this man's threats,
To whom I am subdued, are but light to me,

Might I but through my prison once a day
Behold this maid: all corners else o' th' earth
Let liberty make use of; space enough
Have I in such a prison.

PROSPERO *[Aside]:* It works. *[To Ferdinand]* Come on.
[To Ariel] Thou hast done well, fine Ariel! Follow me;

Hark what thou else shalt do me.

MIRANDA: Be of comfort;
My father's of a better nature, sir,
Than he appears by speech: this is unwonted
Which now came from him.

PROSPERO: Thou shalt be as free
As mountain winds: but then exactly do
All points of my command.

ARIEL: To th' syllable.

PROSPERO:
Come, follow. Speak not for him.

Exeunt.

Die Muskeln sind dir wie im Säuglingsbett
Kraftlos und ohne Saft.

FERDINAND: Genau so ist's.
Die Lebensgeister, wie im Traum, sind mir gebannt.
Des Vaters Tod, die Schwäche, die mich lähmt,
Das Ende aller Freunde noch die Drohung
Des Mannes da, der mich beherrscht, das zählt mir nichts,
Dürft ich nur aus dem Kerker einmal täglich
Dies Mädchen sehn. Soll Freiheit auf der Welt
Allüberall ruhig herrschen; Raum genug
Hab ich in solchem Kerker.

PROSPERO *(apart):* Es klappt. *(zu Ferdinand)* Folg mir.
(zu Ariel) Das hast du gut gemacht, mein Ariel.
(zu Ferdinand) Komm mit.
(zu Ariel) Hör, was du sonst noch tun musst.

MIRANDA: Fass nur Mut.
Mein Vater, Herr, ist besserer Natur,
Als ihn sein Reden ausweist. Ungewohnt,
Was da jetzt von ihm kam.

PROSPERO *(zu Ariel):* Frei sollst du sein
Wie Bergeswinde; doch in allen Stücken
Vollzieh mir den Befehl.

ARIEL: Bis auf den Punkt.

PROSPERO:
Komm, folg! *(zu Miranda)* Red du ihm nicht das Wort.

Alle ab.

ACT II

Scene I

[Another part of the Island.]
Enter Alonso, Sebastian, Antonio,
Gonzalo, Adrian, Francisco,
and others.

GONZALO:
Beseech you, sir, be merry; you have cause,
So have we all, of joy; for our escape
Is much beyond our loss. Our hint of woe
Is common; every day, some sailor's wife,

The masters of some merchant, and the merchant,
Have just our theme of woe; but for the miracle,
I mean our preservation, few in millions
Can speak like us: then wisely, good sir, weigh
Our sorrow with our comfort.

ALONSO: Prithee, peace.

SEBASTIAN *[Aside to Antonio]:* He receives comfort like cold porridge.

ANTONIO *[Aside to Sebastian]:* The visitor will not give him o'er so.

SEBASTIAN *[Aside to Antonio]:* Look, he's winding up the watch of his wit; by and by it will strike.

GONZALO: Sir, –

SEBASTIAN *[Aside to Antonio]:* One: tell.

GONZALO:
When every grief is entertain'd that's offer'd,
Comes to th' entertainer –

SEBASTIAN: A dollar.

GONZALO: Dolour comes to him, indeed: you have spoken truer than you purpos'd.

ZWEITER AKT

1. Szene

Anderswo auf der Insel.
Alonso, Sebastian, Antonio,
Gonzalo, Adrian, Francisco und
andere treten auf.

GONZALO:
Herr, bitt Sie, lächeln Sie. Sie haben Grund –
Wir allesamt – zur Freude; unsre Rettung
Vergilt unsern Verlust doch. Unser Klagelied
Klingt überall. Tagtäglich irgendwo
Hat eine Seemannsfrau, ein Schiffspatron
Von einem Kaufmann und ein Kaufmann selbst
Zu unsrer Klage Grund. Jedoch ein Wunder,
Hier unsre Rettung, wer schon von Millionen
Erfuhr's wie wir. Drum wägen Sie in Weisheit
Dies unser Leid an unserm Trost.

ALONSO: Still bitte.

SEBASTIAN *(apart zu Antonio):* Stillen mit kaltem Brei? Das haut auf den Magen.

ANTONIO *(apart zu Sebastian):* Der Betbruder nimmt ihn an die Brust.

SEBASTIAN *(apart zu Antonio):* Da schau, er holt geistig Anlauf. Gleich schlägt er zu.

GONZALO: Herr –

SEBASTIAN: Eins – mitzählen.

GONZALO:
Wer selbstmitleidig jeden Leidenskelch
Zur Neige austrinkt, kriegt –

SEBASTIAN: – den Kater.

GONZALO: – den Katzenjammer in der Tat. Sie haben wahrer gesprochen, als Sie wollten.

SEBASTIAN: You have taken it wiselier than I meant you should.
GONZALO: Therefore, my lord, –
ANTONIO: Fie, what a spendthrift is he of his tongue!
ALONSO: I prithee, spare.
GONZALO: Well, I have done: but yet, –
SEBASTIAN: He will be talking.
ANTONIO: Which, of he or Adrian, for a good wager, first begins to crow?
SEBASTIAN: The old cock.
ANTONIO: The cockerel.
SEBASTIAN: Done. The wager?
ANTONIO: A laughter.
SEBASTIAN: A match!
ADRIAN: Though this island seem to be desert, –
ANTONIO: Ha, ha, ha!
SEBASTIAN: So: you're paid.
ADRIAN: Uninhabitable, and almost inaccessible, –
SEBASTIAN: Yet, –
ADRIAN: Yet, –
ANTONIO: He could not miss 't.
ADRIAN: It must needs be of subtle, tender and delicate temperance.
ANTONIO: Temperance was a delicate wench.
SEBASTIAN: Ay, and a subtle; as he most learnedly deliver'd.

ADRIAN: The air breathes upon us here most sweetly.
SEBASTIAN: As if it had lungs, and rotten ones.
ANTONIO: Or as 'twere perfum'd by a fen.
GONZALO: Here is everything advantageous to life.
ANTONIO: True; save means to live.
SEBASTIAN: Of that there 's none, or little.
GONZALO: How lush and lusty the grass looks! how green!
ANTONIO: The ground, indeed, is tawny.
SEBASTIAN: With an eye of green in 't.
ANTONIO: He misses not much.

SEBASTIAN: Sie haben's klüger genommen, als Sie sollten.

GONZALO *(zu Alonso):* Und deshalb, gnädger Herr –
ANTONIO: Igitt, wie der mit Worten um sich schmeißt!
ALONSO: Bitte, lass.
GONZALO: Nun, ich bin fertig. Nur –
SEBASTIAN: Er kann's nicht lassen.
ANTONIO: Was wetten, er oder Adrian, wer kräht jetzt zuerst?
SEBASTIAN: Der alte Gockel.
ANTONIO: Der junge Hahn.
SEBASTIAN: Topp. Um was?
ANTONIO: Ein dreifaches »Ha-ha-ha«!
SEBASTIAN: Gekauft.
ADRIAN: Zwar scheint die Insel völlig unbewohnt –
ANTONIO: Ha, ha, ha!
SEBASTIAN: Gut, drei Ha-ha-ha-s gewonnen.
ADRIAN: Unbewohnbar und so gut wie unzugänglich –
SEBASTIAN: Jedoch –
ADRIAN: Jedoch –
ANTONIO: Das musste kommen.
ADRIAN: – sie muss im Klima sanft und delikat sein, sehr gelinde.
ANTONIO: Jaja, Gerlinde war ein delikates Ding.
SEBASTIAN: Sozusagen eine Delikatesse, klimaxmäßig, wie er mit Kennerblick darlegt.
ADRIAN: Die Luft weht uns sehr duftig an.
SEBASTIAN: Als hätt sie Maulfäule, richtig.
ANTONIO: Oder Jauche gesoffen, jawohl.
GONZALO: Die Insel bietet hier dem Leben alle Mittel.
ANTONIO: Sehr wahr, nur keine Lebensmittel.
SEBASTIAN: Davon hat's wenig oder nichts.
GONZALO: Wie das Gras satt und saftig ist! Wie grün!
ANTONIO: Der Boden ist in Wahrheit braun verbrannt.
SEBASTIAN: Das einzig Grüne hier ist sein Star.
ANTONIO: Ihm entgeht fast nichts.

SEBASTIAN: No; he doth but mistake the truth totally.

GONZALO: But the rarity of it is, – which is indeed almost beyond credit, –

SEBASTIAN: As many vouch'd rarities are.

GONZALO: That our garments, being, as they were, drenched in the sea, hold, notwithstanding, their freshness and glosses, being rather new-dyed than stained with salt water.

ANTONIO: If but one of his pockets could speak, would it not say he lies?

SEBASTIAN: Ay, or very falsely pocket up his report.

GONZALO: Methinks our garments are now as fresh as when we put them on first in Afric, at the marriage of the King's fair daughter Claribel to the King of Tunis.

SEBASTIAN: 'Twas a sweet marriage, and we prosper well in our return.

ADRIAN: Tunis was never grac'd before with such a paragon to their Queen.

GONZALO: Not since widow Dido's time.

ANTONIO: Widow! a pox o' that! How came that widow in? widow Dido!

SEBASTIAN: What if he had said »widower Æneas« too? Good Lord, how you take it!

ADRIAN: »Widow Dido« said you? you make me study of that: she was of Carthage, not of Tunis.

GONZALO: This Tunis, sir, was Carthage.

ADRIAN: Carthage?

GONZALO: I assure you, Carthage.

ANTONIO: His word is more than the miraculous harp.

SEBASTIAN: He hath rais'd the wall, and houses too.

ANTONIO: What impossible matter will he make easy next?

SEBASTIAN: Nein. Nur die Wahrheit entgeht ihm vollkommen.

GONZALO: Aber das Wunder ist – und das ist wirklich fast unglaublich –

SEBASTIAN: Wie die meisten Wunder.

GONZALO: – dass unsre Kleider, klitschnass wie sie warn vom Meer, nichtsdestotrotz die Frische und den Glanz bewahren, eher wie neu gefärbt sind als vom Salzwasser fleckig.

ANTONIO: Wenn Taschen reden könnten, würd seine nicht sagen, er hätt sie vollgelogen?

SEBASTIAN: Wer in die eigne Tasche lügt, ist selber blöd.

GONZALO: Mir ist, als wärn unsre Kleider jetzt so frisch wie damals in Afrika, als wir sie zuerst anzogen bei der Hochzeit der schönen Tochter des Königs, Claribel, mit dem König von Tunis.

SEBASTIAN: Eine entzückende Hochzeit und die Heimreise die reinste Lustpartie.

ADRIAN: Tunis konnt sich noch nie zu so einer musterhaften Königin gratulieren.

GONZALO: Nicht seit den Zeiten der Witwe Dito.

ANTONIO: Die Witwe Dito? Ich lach mich weg! Die Witwe Dito dito! Witwe Dito!

SEBASTIAN: Dito und Äneas! Witwe Dito und der verwitwete Anus wär auch nicht schlecht. Gott, krieg dich wieder ein!

ADRIAN: Sie sagten »Dido«? Das gibt mir jetzt zu denken. Sie war aus Karthago, nicht aus Tunis.

GONZALO: Dieses Tunis, Herr, war Karthago.

ADRIAN: Karthago???

GONZALO: Glauben Sie mir, Karthago.

ANTONIO: Ein Wort vom ihm wirkt Wunder.

SEBASTIAN: Simsalabim verpflanzt er zwei Städte.

ANTONIO: Was für Unmöglichkeiten schüttelt er jetzt aus dem Ärmel?

SEBASTIAN: I think he will carry this island home in his pocket, and give it his son for an apple.

ANTONIO: And, sowing the kernels of it in the sea, bring forth more islands.

GONZALO: Ay.

ANTONIO: Why, in good time.

GONZALO: Sir, we were talking that our garments seem now as fresh as when we were at Tunis at the marriage of your daughter, who is now Queen.

ANTONIO: And the rarest that e'er came there.

SEBASTIAN: Bate, I beseech you, widow Dido.

ANTONIO: O, widow Dido! ay, widow Dido.

GONZALO: Is not, sir, my doublet as fresh as the first day I wore it? I mean, in a sort.

ANTONIO: That sort was well fish'd for.

GONZALO: When I wore it at your daughter's marriage?

ALONSO:
You cram these words into mine ears against
The stomach of my sense. Would I had never
Married my daughter there! for, coming thence,
My son is lost, and, in my rate, she too,
Who is so far from Italy removed
I ne'er again shall see her. O thou mine heir
Of Naples and of Milan, what strange fish
Hath made his meal on thee?

FRANCISCO: Sir, he may live:
I saw him beat the surges under him,
And ride upon their backs; he trod the water,
Whose enmity he flung aside, and breasted
The surge most swoln that met him; his bold head
'Bove the contentious waves he kept, and oared

Himself with his good arms in lusty stroke
To th' shore, that o'er his wave-worn basis bowed,

SEBASTIAN: Ich vermute, er trägt die Insel in der vollgelogenen Tasche nach Hause und bringt sie seinem Sohnemann als Apfel mit.

ANTONIO: Und wo er die Kerne ins Meer spuckt, wachsen neue Inseln.

GONZALO: Jawohl. *(zu Adrian oder Alonso)*

ANTONIO: Da siehst du.

GONZALO *(zu Alonso)*: Herr, wir sprachen grade drüber, dass unsre Kleider jetzt so neu wirken wie damals in Tunis bei der Hochzeit Ihrer Tochter, die jetzt Königin ist.

ANTONIO: Die mustergültigste, die's dort je gab.

SEBASTIAN: Verzeihung, bis auf Dito.

ANTONIO: Was denn dito? Ach so, Dito!

GONZALO: Ist meine Weste nicht frisch wie am ersten Tag, Herr? Ich meine gewissermaßen.

ANTONIO: Gewissermaßen fiel ihm grad noch ein.

GONZALO: Am Hochzeitstag von Ihrer Tochter trug ich sie.

ALONSO:
Ihr rammt mir das Geschwätz da in den Kopf
Bis hin zum Ekel. Hätt ich meine Tochter
Dort nie vermählt! Denn auf dem Rückweg ging
Mein Sohn verloren, und ich sag, sie auch,
Die so weit weg ist von Italien, dass
Ich sie mein Lebtag nicht mehr seh. O du mein Erbe
Von Mailand, von Neapel, welches Viech
Im Meer fraß deinen Leib?

FRANCISCO: Er müsst noch leben, Herr.
Ich sah ihn, wie er eindrosch auf die Wellen,
Auf ihrem Rücken ritt. Er trat die Wogen,
Schlug ihren Hass beiseit, und volle Brust
Nahm er die höchsten Brecher, die er traf.
Stolz hielt er seinen Kopf aus allen Strudeln
Und ruderte mit starkem Armschlag zäh
Sich selbst zum Strand, der ihm entgegenfloss
Gleichsam über dem ausgewaschnen Fels,

As stooping to relieve him: I not doubt
He came alive to land.

ALONSO: No, no, he's gone.

SEBASTIAN:
Sir, you may thank yourself for this great loss,
That would not bless our Europe with your daughter,
But rather loose her to an African;
Where she, at least, is banish'd from your eye,
Who hath cause to wet the grief on 't.

ALONSO:
Prithee, peace.

SEBASTIAN:
You were kneel'd to, and importun'd otherwise,
By all of us; and the fair soul herself
Weigh'd between loathness and obedience, at
Which end o' th' beam should bow. We have lost your son,
I fear, for ever: Milan and Naples have
Mo widows in them of this business' making
Than we bring men to comfort them:
The fault's your own.

ALONSO: So is the dear'st o' th' loss.

GONZALO:
My lord Sebastian,
The truth you speak doth lack some gentleness,
And time to speak it in: you rub the sore,
When you should bring the plaster.

SEBASTIAN: Very well.

ANTONIO:
And most chirurgeonly.

GONZALO:
It is foul weather in us all, good sir,
When you are cloudy.

SEBASTIAN: Fowl weather?

ANTONIO: Very foul.

Wie um zu helfen. Zweifellos kam er
Lebendig bis ans Land.

ALONSO: Nein, er ist tot.

SEBASTIAN:
Herr, den Verlust verdanken Sie sich selbst,
Wollten Ihr Kind unserm Europa ja nicht gönnen,
Verlieren lieber an den Afrikaner,
Wo sie weiß Gott fern Ihren Augen ist,
Die jetzt mit Grund die Reuetränen weinen.

ALONSO:
Sei bitte still.

SEBASTIAN:
Wir alle hatten Sie bestürmt und angefleht
Auf Knien; und das arme Ding, zerquält
Von Pflicht und Abscheu, bangte, welche Schale
Sich senken würd. Wir haben Ihren Sohn verloren,

Ich fürcht, für immer. In Neapel, Mailand
Schafft Ihr Geschäft mehr Witwen auf die Straßen,
Als wir zum Trösten Männer bringen. Sie
Trifft alle Schuld.

ALONSO: Und auch der schmerzlichste Verlust.

GONZALO:
Mein Prinz Sebastian,
Der Wahrheit, die Sie sprechen, mangelt Nachsicht und
Der rechte Augenblick: Sie reiben in
Der Wunde, wo's am Pflaster fehlt.

SEBASTIAN: Wie schön.

ANTONIO:
Und sehr chirurgisch.

GONZALO *(zu Alonso):*
Schlecht Wetter herrscht gleich bei uns allen, Herr,
Wenn Sie verhangen schaun.

SEBASTIAN *(apart zu Antonio):* Schlecht Wetter?

ANTONIO *(apart zu Sebastian):* Oberschlecht.

GONZALO:
Had I plantation of this isle, my lord, –
ANTONIO:
He'd sow 't with nettle-seed.
SEBASTIAN: Or docks, or mallows.
GONZALO:
And were the King on 't, what would I do?
SEBASTIAN:
'Scape being drunk for want of wine.
GONZALO:
I' th' commonwealth I would by contraries
Execute all things; for no kind of traffic
Would I admit; no name of magistrate;
Letters should not be known; riches, poverty,

And use of service, none; contract, succession,
Bourn, bound of land, tilth, vineyard, none;
No use of metal, corn, or wine, or oil;
No occupation; all men idle, all;
And women too, but innocent and pure:
No sovereignty; –
SEBASTIAN: Yet he would be King on 't.
ANTONIO: The latter end of his commonwealth forgets the beginning.
GONZALO:
All things in common Nature should produce
Without sweat or endeavour: treason, felony,
Sword, pike, knife, gun, or need of any engine,
Would I not have; but Nature should bring forth,
Of it own kind, all foison, all abundance,
To feed my innocent people.
SEBASTIAN: No marrying 'mong his subjects?

ANTONIO: None, man; all idle; whores and knaves.

GONZALO *(zu Alonso):*
Hätt ich die Insel hier zu kultivieren –
ANTONIO *(apart zu Sebastian):*
Brennnesseln würd er säen.
SEBASTIAN *(apart zu Antonio):* Ja, Löwenzahn und Kletten.
GONZALO:
– und wär der König hier, was würd ich tun?
SEBASTIAN *(apart zu Antonio):*
Dem Suff entgehn, weil's fehlt am Wein.
GONZALO:
Im neuen Staat würd ich die Dinge alle
Von Grund auf anders regeln. Keinerlei Geschäfte
Würd ich erlauben, keine Ämterei.
Die Wissenschaft wär unbekannt. Kein Reichtum, Armut,
Gebrauch von Dienern, nichts. Verträge, Erbschaft,
Einzäunung, Grenzmark, Weinbau, Äcker, nichts.
Und kein Gebrauch von Korn, Wein, Öl, Metall,
Und keine Arbeit: alle Männer müßig,
Und auch die Fraun, ganz unschuldig und rein.
Keine Regierung –
SEBASTIAN *(apart zu Antonio):* Aber König sein.
ANTONIO *(apart zu Sebastian):* Am Ende seines Volksstaats vergisst er den Anfang.
GONZALO:
Dem Allgemeinwohl müsst Natur von sich aus liefern,
Ganz ohne Schweiß und Müh. Verrat, Betrug,
Schwert, Spieß, Dolch, Flinte und Bedarf an Waffen
Gäb's nicht bei mir; nur aus sich selbst müsst die
Natur den Überfluss, die Fülle schaffen,
Mein unschuldiges Volk zu nähren.
SEBASTIAN *(apart zu Antonio):* Keine Heirat zwischen den Untertanen?
ANTONIO *(apart zu Sebastian):* Nichts dergleichen, Mann, alle müßig – Huren und Halunken.

GONZALO:
I would with such perfection govern, sir,
T' excel the Golden Age.
SEBASTIAN: 'Save his Majesty!

ANTONIO:
Long live Gonzalo!
GONZALO: And, – do you mark me, sir?
ALONSO:
Prithee, no more: thou dost talk nothing to me.

GONZALO: I do well believe your highness; and did it to minister occasion to these gentlemen, who are of such sensible and nimble lungs that they always use to laugh at nothing.

ANTONIO: 'Twas you we laughed at.

GONZALO: Who in this kind of merry fooling am nothing to you: so you may continue, and laugh at nothing still.

ANTONIO: What a blow was there given!

SEBASTIAN: An it had not fallen flat-long.

GONZALO: You are gentlemen of brave mettle; you would lift the moon out of her sphere, if she would continue in it five weeks without changing.

Enter Ariel [invisible] playing solemn music.

SEBASTIAN: We would so, and then go a bat-fowling.

ANTONIO: Nay, good my lord, be not angry.

GONZALO: No, I warrant you; I will not adventure my discretion so weakly. Will you laugh me asleep, for I am very heavy?

ANTONIO: Go sleep, and hear us.

[All sleep except Alonso, Sebastian, and Antonio.]

ALONSO:
What, all so soon asleep! I wish mine eyes

GONZALO:
Herr, ich würd so untadelig regieren,
Dass es die Goldne Zeit weit übertrifft.
SEBASTIAN: Gott schütz den König!

ANTONIO:
Gonzalo lebe hoch!
GONZALO: Und – hörn Sie, Herr?
ALONSO:
Sei bitte still. Du sprichst und sagst mir nichts.

GONZALO: Das glaub ich Ihrer Hoheit gern, und ich wollt auch nur diesen Herrschaften Gelegenheit zu faulen Witzen geben, die so empfindlich-reizbare Lungen haben, dass sie gewöhnlich über nichts lachen.

ANTONIO: Richtig, über Sie haben wir gelacht.

GONZALO: Der ich Ihnen nicht das Wasser reichen kann bei dieser Dummblödelei; als Nichts empfehl ich Ihnen, lachen Sie weiter über nichts.

ANTONIO: Was für ein mörderischer Schlag!

SEBASTIAN: Ja, nur leider ins Wasser.

GONZALO: Sie sind die reinsten Helden, meine Herrn. Wenn Sie bloß die Leiter hätten, Sie würden die Sterne vom Himmel holen.

Ariel tritt unsichtbar auf und spielt eine feierliche Musik.

SEBASTIAN: Als Körner für blinde Hühner, genau.

ANTONIO: Nun regen Sie sich doch nicht auf, Herr.

GONZALO: Nein, Ehrenwort, ich riskier doch nicht meinen guten Ruf als kühler Kopf für nichts und wieder nichts. Möchten Sie mir ein Schlaflied lachen? Ich bin so müde.

ANTONIO: Gehn Sie schlafen und hörn Sie zu.

Alle schlafen ein außer Alonso, Sebastian und Antonio.

ALONSO:
Wie, alle schlafen schon? Ich wollt, mir würd

Would, with themselves, shut up my thoughts: I find
They are inclin'd to do so.

SEBASTIAN: Please you, sir,
Do not omit the heavy offer of it:
It seldom visits sorrow; when it doth,
It is a comforter.

ANTONIO: We two, my lord,
Will guard your person while you take your rest,
And watch your safety.

ALONSO: Thank you. – Wondrous heavy.

[Alonso sleeps. Exit Ariel.]

SEBASTIAN:
What a strange drowsiness possesses them!

ANTONIO:
It is the quality o' th' climate.

SEBASTIAN: Why
Doth it not then our eyelids sink? I find not
Myself dispos'd to sleep.

ANTONIO:
Nor I; my spirits are nimble.
They fell together all, as by consent;
They dropp'd, as by a thunder-stroke. What might,
Worthy Sebastian? – O, what might? – No more: –
And yet methinks I see it in thy face,
What thou shouldst be: th' occasion speaks thee; and
My strong imagination sees a crown
Dropping upon thy head.

SEBASTIAN: What, art thou waking?

ANTONIO:
Do you not hear me speak?

SEBASTIAN: I do; and surely
It is a sleepy language, and thou speak'st
Out of thy sleep. What is it thou didst say?
This is a strange repose, to be asleep
With eyes wide open; standing, speaking, moving,
And yet so fast asleep.

Das Denken schwer zugleich mit meinen Augen.
Ich merk, sie fallen zu.

SEBASTIAN: Herr, lehnen Sie
Das müde Angebot nur ja nicht ab.
Schlaf ist ein seltner Gast beim Leid; und wenn,
Kommt er als Tröster.

ANTONIO: Wir zwei, Herr, wir wolln
Um Ihre Sicherheit besorgt sein, wenn
Sie ruhn, und Wache stehen.

ALONSO: Dank euch. Seltsam müde.

Alonso schläft ein. Ariel ab.

SEBASTIAN:
Merkwürdig, die Betäubung, die sie fasst!

ANTONIO:
Das muss am Klima liegen.

SEBASTIAN: Und warum
Drückt's nicht auch uns die Augen zu? Ich find
Mich nicht zum Schlafen aufgelegt.

ANTONIO:
Ich auch nicht. Bin hellwach.
Die sackten alle um wie abgesprochen.
Die fielen wie vom Blitz gefällt. Was könnt –
Sebastian, Freund? –, was könnte, sag? – Ach nichts!
Und doch, mir scheint, ich les dir vom Gesicht,
Was mit dir sein könnt. Ja, der Anlass ruft dich,
Und geistig seh ich lebhaft eine Krone
Auf deinem Kopf erscheinen.

SEBASTIAN: Bist du wach?

ANTONIO:
Du hörst mich sprechen, oder?

SEBASTIAN: Ja, und zwar
Schlafwandlerische Sprache, und du sprichst
Im tiefen Schlaf. Was war das, was du sagst?
Seltsamer Zustand, das, zu schlafen mit
Weit offnen Augen; stehend, sprechend, gehend,
Und doch so fest im Schlaf.

ANTONIO: Noble Sebastian,
Thou let'st thy fortune sleep – die, rather; wink'st
Whiles thou art waking.

SEBASTIAN:
Thou dost snore distinctly;
There's meaning in thy snores.

ANTONIO:
I am more serious than my custom: you
Must be so too, if heed me; which to do
Trebles thee o'er.

SEBASTIAN: Well, I am standing water.

ANTONIO:
I'll teach you how to flow.

SEBASTIAN: Do so: to ebb
Hereditary sloth instructs me.

ANTONIO: O,
If you but knew how you the purpose cherish
Whiles thus you mock it! how, in stripping it,
You more invest it! Ebbing men, indeed,
Most often do so near the bottom run
By their own fear or sloth.

SEBASTIAN: Prithee, say on:
The setting of thine eye and cheek proclaim

A matter from thee; and a birth, indeed,
Which throes thee much to yield.

ANTONIO: Thus, sir:
Although this lord of weak remembrance, this,
Who shall be of as little memory
When he is earth'd, hath here almost persuaded, –
For he's a spirit of persuasion, only
Professes to persuade, – the King his son's alive,

'Tis as impossible that he's undrown'd
As he that sleeps here swims.

ANTONIO: Nobler Sebastian,
Du lässt dein Glück fest schlafen – entschlafen eher;
Du bist hellwach und kneifst die Augen zu.

SEBASTIAN:
Du schnarchst eindeutig, ganz eindeutig. Es
Liegt Sinn in deinen Schnarchern.

ANTONIO:
Ich bin jetzt ernster als gewöhnlich. Du
Musst's auch sein, rat ich an; wodurch du dich
Verdreifachst.

SEBASTIAN: Nun, ich bin ein träges Wasser.

ANTONIO:
Ich lehr dich gern die Flut.

SEBASTIAN: Mach mal. Zur Ebbe sonst
Verführt mich meine erbbedingte Trägheit.

ANTONIO:
Oh, wüsstest du, wie du den Zustand hätschelst,
Indem du ihn verhöhnst! Wie du, wo du ihn bloßstellst,
Ihn umso mehr nur schmückst! Der Ebbe-Mann
Läuft in der Tat nur allzu oft auf Grund
Durch eigne Furcht und Trägheit.

SEBASTIAN: Weiter, bitte.
Wie du da schaust und sprichst, gehst du wohl schwanger
Mit irgendwas; nach einer Schwergeburt
Siehst aus bei solchen Wehen.

ANTONIO: Also dann:
Obgleich da dieser Herr Gedächtnisschwund,
Der selber dem Gedächtnis gleich entschwindet,
Wenn er beerdigt ist, den König um
Ein Haar fast überzeugt hat – denn er ist
Ein Überzeugungsgeist, ist von Beruf
Ein Überzeuger –, dass sein Sohn noch lebt –
Unmöglich, wie dass der nicht absoff, ist,
Dass der da schlafend schwimmt.

SEBASTIAN: I have no hope
That he 's undrown'd.
ANTONIO: O, out of that »no hope«
What great hope have you! no hope that way is
Another way so high a hope, that even
Ambition cannot pierce a wink beyond,
But doubt discovery there. Will you grant with me
That Ferdinand is drown'd?
SEBASTIAN: He's gone.
ANTONIO: Then tell me,
Who's the next heir of Naples?
SEBASTIAN: Claribel.
ANTONIO:
She that is Queen of Tunis; she that dwells
Ten leagues beyond man's life; she that from Naples
Can have no note, unless the sun were post, –
The man i' th' moon's too slow, – till new-born chins

Be rough and razorable; she that from whom
We all were sea-swallow'd, though some cast again,

And that by destiny, to perform an act
Whereof what's past is prologue; what to come,
In yours and my discharge.
SEBASTIAN:
What stuff is this! how say you?
'Tis true, my brother's daughter 's Queen of Tunis;
So is she heir of Naples; 'twixt which regions
There is some space.
ANTONIO: A space whose ev'ry cubit
Seems to cry out, »How shall that Claribel
Measure us back to Naples? Keep in Tunis,
And let Sebastian wake.« Say, this were death

That now hath seiz'd them; why, they were no worse

SEBASTIAN: Ich hab gar keine Hoffnung,
Dass der nicht absoff.
ANTONIO: Oh, aus dem »keine Hoffnung«
Wie wächst da große Hoffnung! Keine Hoffnung hier
Heißt doch so hohe Hoffnung, dass nicht mal
Ehrgeiz noch höher schaun kann, vielmehr zweifelt,
Ob's drüber was zu sehn gibt. Glaubst du mir,
Dass Ferdinand ertrank?
SEBASTIAN: Ist hin.
ANTONIO: Dann sag,
Wer erbt Neapel nach ihm?
SEBASTIAN: Claribel.
ANTONIO:
Ja sie, die Königin von Tunis; sie,
Die hundert Jahre weg wohnt; sie, die nichts
Erfahrn kann aus Neapel – es sei denn,
Die Sonne bringt die Post, der Mann im Mond
Braucht viel zu lang –, bis sanfte Säuglingsbacken
Rauh und rasierbar sind; sie, der das Meer
Uns allesamt verschlang – wenn's auch ein paar an Land spuckt,
Um gottgewollt nun hier ein Stück zu spielen,
In dem, was war, Prolog ist, und was kommt
An meiner und an deiner Rolle liegt.
SEBASTIAN:
Was redst du da für Zeug? Wie meinst du?
Gut, Bruders Tochter ist die Königin von Tunis,
Und Erbin von Neapel auch, wozwischen schon
Ein wenig Raum liegt.
ANTONIO: Raum, wo jeder Zoll
Zu rufen scheint: »Wie kann uns Claribel
Je bis Neapel messen? Bleib in Tunis
Und lass Sebastian sorgen.« Mal gesetzt,
Das wär der Tod, der die gepackt hätt, tja,
Sie wärn nicht schlimmer dran als jetzt. Und manche gibt's,

Than now they are. There be that can rule Naples
As well as he that sleeps; lords that can prate
As amply and unnecessarily
As this Gonzalo; I myself could make
A chough of as deep chat. O, that you bore
The mind that I do! what a sleep were this
For your advancement! Do you understand me?

SEBASTIAN:
Methinks I do.

ANTONIO: And how does your content
Tender your own good fortune?

SEBASTIAN: I remember
You did supplant your brother Prospero.

ANTONIO:
True:
And look how well my garments sit upon me;
Much feater than before: my brother's servants
Were then my fellows; now they are my men.

SEBASTIAN:
But for your conscience.

ANTONIO:
Ay, sir; where lies that? if 'twere a kibe,
'Twould put me to my slipper: but I feel not
This deity in my bosom: twenty consciences,
That stand 'twixt me and Milan, candied be they,
And melt, ere they molest! Here lies your brother,

No better than the earth he lies upon,
If he were that which now he 's like, that 's dead;
Whom I, with this obedient steel, three inches of it,

Can lay to bed for ever; whiles you, doing thus,
To the perpetual wink for aye might put
This ancient morsel, this Sir Prudence, who
Should not upbraid our course. For all the rest,
They 'll take suggestion as a cat laps milk;

Die könnten grad so gut Neapel führen
Wie da der Schläfer; Herrn, die grad so unnütz
Und gleich weitschweifig schwafeln können wie
Gonzalo da; genauso tiefsinnig
Könnt ich 'ne Drossel schwatzen lehren. Oh, wenn du
Nur denken würdst wie ich! Was das ein Schlaf
Für deine Zukunft wär! Verstehst du mich?

SEBASTIAN:
Ich glaube, ja.

ANTONIO: Und was sagt dieses Ja
In Hinblick auf dein Glück?

SEBASTIAN: Mir fällt grad ein,
Du selbst hast deinen Bruder Prospero verdrängt.

ANTONIO:
Wahr.
Und schau, wie gut mir meine Kleider passen,
Viel besser als zuvor. Bruders Bediente
Warn meinesgleichen. Jetzt sind's meine Leute.

SEBASTIAN:
Doch dein Gewissen?

ANTONIO:
Tja, Prinz, wo sitzt das? Wär's ein Hühnerauge,
Müsst ich Pantoffeln anziehn; doch die Gottheit
Wohnt nicht in meiner Brust. Wärn zehn Gewissen
So zwischen mir und Mailand, mir wär's Zuckerguss,
Der schmilzt, bevor's mich schmerzt. Hier liegt dein Bruder,
Nicht mehr wert als die Erde, die er drückt,
Wenn er das wär, was er jetzt scheint – tot nämlich;
Den ich mit diesem dienstbeflissnen Stahl, drei Zoll davon,
Zu Bette betten kann für immer; während du,
Schau, so, dem alten Krümel da, Herrn Oberschlau,
Das ewge Nickerchen bescherst, damit
Er uns nicht querkommt. Und die andern alle,
Die schlabbern Lügen wie die Katzen Milch,

They 'll tell the clock to any business that
We say befits the hour.

SEBASTIAN: Thy case, dear friend,
Shall be my precedent; as thou got'st Milan,
I 'll come by Naples. Draw thy sword: one stroke
Shall free thee from the tribute which thou payest;
And I the King shall love thee.

ANTONIO: Draw together;
And when I rear my hand, do you the like,
To fall it on Gonzalo.

SEBASTIAN: O, but one word.

[They talk apart.]

[Re-]enter Ariel [invisible], with music and song.

ARIEL:
My master through his Art foresees the danger
That you, his friend, are in; and sends me forth, –
For else his project dies, – to keep them living.

(Sings in Gonzalo's ear.)

While you here do snoring lie,
Open-ey'd conspiracy
His time doth take.
If of life you keep a care,
Shake off slumber, and beware:
Awake, Awake!

ANTONIO:
Then let us both be sudden.

GONZALO *[Waking]:* Now, good angels
Preserve the King!

[The others wake.]

ALONSO:
Why, how now? ho; awake? – Why are you drawn?
Wherefore this ghastly looking?

GONZALO: What's the matter?

SEBASTIAN:
Whiles we stood here securing your repose,

Die springen jederzeit durch jeden Reif,
Wenn wir ihn richtig halten.

SEBASTIAN: Freund, dein Fall
Soll mir ein Beispiel sein. Wie du zu Mailand,
Komm ich jetzt zu Neapel. Zieh. Ein Schlag
Befreit dich vom Tribut, den du bezahlst,
Und ich, dein König, lieb dich.

ANTONIO: Zieh zugleich.
Und wenn ich meinen Arm heb, tu du's auch,
Und rein dann in Gonzalo.

SEBASTIAN: Oh, ein Wort noch.

Sie reden leise.
Ariel tritt wieder unsichtbar mit Lied und Musik auf.

ARIEL:
Mein Meister sieht durch seine Künste die
Gefahr für dich, den Freund, und schickt mich aus –
Weil sein Versuch sonst stirbt –, um die zu retten.
(singt Gonzalo ins Ohr)
Wie du schläfst und schnarchst für drei,
Nimmt hellwach Verräterei
Hier ihren Lauf.
Willst doch leben sicherlich,
Dann werd wach und hüte dich!
Wach auf, wach auf!

ANTONIO:
Dann lass uns beide schnell sein.

GONZALO *(erwacht):* Alle Engel,
Beschützt den König!

Die anderen wachen auf.

ALONSO:
Was, wie? oh! wach! wozu die Waffen blank?
Warum der totenblasse Blick?

GONZALO: Was gibt's?

SEBASTIAN:
Wie wir hier standen, euern Schlaf zu sichern,

Even now, we heard a hollow burst of bellowing
Like bulls, or rather lions: did 't not wake you?
It struck mine ear most terribly.

ALONSO: I heard nothing.

ANTONIO:
O, 'twas a din to fright a monster's ear,
To make an earthquake! sure, it was the roar
Of a whole herd of lions.

ALONSO: Heard you this, Gonzalo?

GONZALO:
Upon mine honour, sir, I heard a humming,
And that a strange one too, which did awake me:
I shak'd you, sir, and cried: as mine eyes open'd,
I saw their weapons drawn: – there was a noise,
That's verily. 'Tis best we stand upon our guard,
Or that we quit this place: let 's draw our weapons.

ALONSO:
Lead off this ground; and let 's make further search
For my poor son.

GONZALO: Heavens keep him from these beasts!
For he is, sure, i' th' island.

ALONSO: Lead away.

ARIEL:
Prospero my lord shall know what I have done:
So, King, go safely on to seek thy son.

Exeunt.

Grad jetzt, da brach ein dumpfes Brüllen aus
Wie Bullen, Löwen mehr. Hat's euch nicht aufgeweckt?
Mir ging's durch Mark und Bein.

ALONSO: Hab nichts gehört.

ANTONIO:
Oh, 's war ein Lärm, der Ungeheuer schreckt,
Erdbeben auslöst! Ganz gewiss Gebrüll
Von ganzen Löwenrudeln!

ALONSO: Hast du's gehört, Gonzalo?

GONZALO:
Ganz ehrlich, Herr, ich hörte da ein Summen,
Sehr sonderbar, das hat mich wach gemacht.
Ich stieß Sie an und rief. Wie ich die Augen aufschlug,
Sah ich die Waffen blank. Da war ein Lärm,
Das stimmt. Wir sehn uns besser vor, ja, oder
Wir räumen hier das Feld. Ziehn wir die Waffen.

ALONSO:
Verlassen wir den Platz und suchen weiter
Nach meinem armen Sohn.

GONZALO: Gott schütz ihn vor den Bestien!
Denn auf der Insel ist er ganz gewiss.

ALONSO: Gehn wir.

ARIEL:
Mein Meister Prospero soll wissen, was ich tat.
Du such nun deinen Sohn, geschützt vor Hochverrat.

Alle ab.

Scene II

[Another part of the Island].
Enter Caliban with a burthen of
wood. A noise of thunder heard.

CALIBAN:
All the infections that the sun sucks up
From bogs, fens, flats, on Prosper fall, and make him
By inch-meal a disease! his spirits hear me,

And yet I needs must curse. But they'll nor pinch,
Fright me with urchin-shows, pitch me i' th' mire,
Nor lead me, like a firebrand, in the dark
Out of my way, unless he bid 'em: but
For every trifle are they set upon me;
Sometime like apes, that mow and chatter at me,
And after bite me; then like hedgehogs, which
Lie tumbling in my barefoot way, and mount
Their pricks at my footfall; sometime am I
All wound with adders, who with cloven tongues
Do hiss me into madness.

Enter Trinculo.

Lo, now, lo!
Here comes a spirit of his, and to torment me
For bringing wood in slowly. I'll fall flat;
Perchance he will not mind me.

TRINCULO: Here's neither bush nor shrub, to bear off any weather at all, and another storm brewing; I hear it sing i' th' wind: yond same black cloud, yond huge one, looks like a foul bombard that would shed his liquor. If it should thunder as it did before, I know not where to hide my head: yond same cloud cannot choose but fall by pailfuls. What have we here? a man or a fish? dead or alive? A fish: he smells like a fish; a very ancient and fish-like smell; a kind of, not of the newest Poor-John. A strange fish! Were I in England now, as once I was, and

2. Szene

Anderswo auf der Insel.
Caliban mit einer Bürde Holz.
Donner ist zu hören.

CALIBAN:
Komm aller Pesthauch, den die Sonne dampft
Aus Marschen, Mooren, Sümpfen, über Prospero
Und fress ihn stückweis wund! Ja, seine Geister hörn mich,
Und trotzdem muss ich fluchen. Zwar sie schrecken
Mich nicht als Trolle, zwicken mich nicht, stoßen mich
Nicht in den Kot, noch irrlichtern sie mich
Vom Weg bei Nacht, wenn er's nicht sagt; jedoch
Für jeden Quark krieg ich sie ins Genick;
Als Affen manchmal, die mir fratzig schnattern
Und mich dann beißen; mal wie Igel, die
Dort, wo ich barfuß geh, rumstolpern und
Mir untern Fuß die Stacheln stellen; mal
Werd ich von Nattern eingeknotet, die
Mit Züngelzungen mich zum Wahnsinn zischen.

Trinculo tritt auf.

Da, schau jetzt, schau!
Da kommt schon einer seiner Geister, und
Um mich zu quälen, weil das Holz so dauert.
Ich fall flach hin. Kann sein, er sieht mich nicht.

TRINCULO: Hier gibt's weder Busch noch Baum, wo einer unterschlupfen könnt vorm Wetter, und schon köchelt der nächste Sturm. Ich hör ihn schon so windig sumseln. Dorten da die schwarze Wolke, da die große dorten da, die schaut aus wie ein wurmstichiger Schlauch, der 's Wasser nicht mehr lang halten kann. Wenn's noch mal rumst wie vorhin, da weiß ich nicht, wo den Kopf hintun. Dorten da die Wolke kann nur eimerweis runterpladdern. Was haben wir denn da? Mensch oder Fisch? Tot oder lebendig? Ein Fisch! Riecht wie Fisch;

had but this fish painted, not a holiday fool there but would give a piece of silver: there would this monster make a man; any strange beast there makes a man: when they will not give a doit to relieve a lame beggar, they will lay out ten to see a dead Indian. Legg'd like a man! and his fins like arms! Warm o' my troth! I do now let loose my opinion, hold it no longer: this is no fish, but an islander, that hath lately suffered by a thunderbolt.

[Thunder.]

Alas, the storm is come again! my best way is to creep under his gaberdine; there is no other shelter hereabout: misery acquaints a man with strange bed-fellows. I will here shroud till the dregs of the storm be past.

Enter Stephano, singing:
[a bottle in his hand].

STEPHANO:

I shall no more to sea, to sea,
Here shall I die ashore, –

This is a very scurvy tune to sing at a man's funeral; well, here's my comfort.

Drinks. Sings.

The master, the swabber, the boatswain, and I,
The gunner, and his mate,
Lov'd Mall, Meg, and Marian, and Margery,
But none of us car'd for Kate:
For she had a tongue with a tang,
Would cry to a sailor, Go hang!
She lov'd not the savour of tar nor of pitch;

verflucht müffliger und fischiger Geruch; wie nicht ganz der frischeste Kabeljau. Eigenartig, der Fisch! Wenn ich in England wär jetzt, wie ich mal war, und hätt bloß da den Fisch gemalt auf der Jahrmarktsbude, da gäb's kein' Hornochs nicht, der mir nicht einen Silbernen zahlt fürs Anschaun. Da würd das Monstrum seinen Mann machen. Da macht jede Missgeburt seinen Mann zum gemachten Mann. Wo sie keinen roten Heller geben für einen lahmen Bettler, spucken sie zehn Taler aus für einen toten Indianer. Bebeint wie ein Mensch! Und Flossen wie Arme! Warm, meine Güte! Hiermit lass ich meine Meinung fahren und besteh nicht länger drauf: das ist kein Fisch, sondern ein Eingeborener, den kürzlich ein Blitz in Mitleidenschaft gezogen hat. *(Donner)* Ogottchen, da stürmt der Sturm zurück. Am besten, ich kriech unter seinen Mantel. Hier gibt's kein Obdach weit und breit. In der Not macht der Mensch seltsame Bettbekanntschaften. Ich mummel mich hier ein, bis da die Graupelsuppe ausgegraupelt hat.

Stephano tritt singend auf, mit einer Flasche in der Hand.

STEPHANO:

Ich fahr nicht mehr zur See, zur See,
Hier sterbe ich an Land.

Lausiges Lied das, passt gut zu Beerdigungen. Nu ja, nu ja, da ist mein Tröster.

Er trinkt und singt dann.

Der Schiffer, der Skipper, der Bootsmann und ich,
Der Koch und auch der Maat,
Wir liebten Mag, Molly und Polly und dich,
Nur die Kati war uns zu fad.
Denn die hatt ein Maul, das war Mord,
Dem Seemann sagt die: »Scher dich fort!«
Bei Pech und bei Teer, da hat die bloß gespuckt,

Yet a tailor might scratch her where'er she did itch.
Then to sea, boys, and let her go hang!

This is a scurvy tune too: but here's my comfort.
Drinks.

CALIBAN: Do not torment me: – O!

STEPHANO: What's the matter? Have we devils here? Do you put tricks upon 's with salvages and men of Ind, ha? I have not scap'd drowning, to be afeard now of your four legs; for it hath been said, As proper a man as ever went on four legs cannot make him give ground; and it shall be said so again, while Stephano breathes at' nostrils.

CALIBAN: The spirit torments me: – O!

STEPHANO: This is some monster of the isle with four legs, who hath got, as I take it, an ague. Where the devil should he learn our language? I will give him some relief, if it be but for that. If I can recover him, and keep him tame, and get to Naples with him, he's a present for any emperor that ever trod on neat's-leather.

CALIBAN: Do not torment me, prithee; I'll bring my wood home faster.

STEPHANO: He's in his fit now, and does not talk after the wisest. He shall taste of my bottle: if he have never drunk wine afore, it will go near to remove his fit. If I can recover him, and keep him tame, I will not take too much for him; he shall pay for him that hath him and that soundly.

CALIBAN: Thou dost me yet but little hurt; thou wilt anon, I know it by thy trembling: now Prosper works upon thee.

STEPHANO: Come on your ways; open your mouth; here is that which will give language to you, cat: open your

Jetzt kratzt sie ein Schneider wohl da, wo sie's juckt.
Drum auf See, Jungs, und schmeißt sie von Bord!

Auch ein lausiges Lied. Aber da ist mein Tröster.

Trinkt.

CALIBAN: Quäl mich nicht! Oh!

STEPHANO: Was ist da los? Hat's hier Teufel? Macht ihr uns Hokuspokus vor mit Wilden und Indianermenschens, he? Ich bin nicht vorm Ersaufen entwischt, dass ich das Zittern krieg vor deinen vier Beinen. Denn wie heißt's doch gleich: »Was auf zwei Beinen geht, soll mich nicht schrecken.« Wenn's alle viere von sich streckt, erst recht nicht. Dabei bleibt's, solang Stephano die Nüstern bläht.

CALIBAN: Der Geist quält mich! Oh!

STEPHANO: Das ist ein vierbeiniges Inselungeheuer, das meiner Ansicht nach den Schüttelfrost abgekriegt hat. Wo verdammich hat's unsre Sprache gelernt? Ich geb ihm was Stärkendes, und wär's bloß darum. Wenn ich's auf die Beine bring und zahm krieg und bis Neapel komm damit, da komm ich ins Geschäft mit dem größten Kaiser, der je auf Kuhhaut ging.

CALIBAN: Quäl mich nicht, bitte! Ich bring mein Holz schneller heim.

STEPHANO: Jetzt hat er seinen Anfall und redet querbeetein. Er soll aus meiner Flasche kosten. Falls er noch nie kein' Wein getrunken hat, wird's ihm den Anfall so ziemlich austreiben. Wenn ich's auf die Beine bring und zahm krieg, da kann ich gar nicht zu viel dafür verlangen. Der soll blechen für ihn, der ihn kriegt, und nicht zu knapp.

CALIBAN: Du tust mir noch nicht allzu weh. Aber bald. Ich merk's an deinem Zittern. Jetzt nimmt dich Prospero in die Gewalt.

STEPHANO: Da geht's lang. Mund auf. Wem der Kopf voll ist, dem geht der Mund über, trink Quasselwasser, du mouth; this will shake your shaking, I can tell you, and that soundly: you cannot tell who's your friend: open your chaps again.

TRINCULO: I should know that voice: it should be – but he is drowned; and these are devils: – O defend me!

STEPHANO: Four legs and two voices, – a most delicate monster! His forward voice, now, is to speak well of his friend; his backward voice is to utter foul speeches and to detract. If all the wine in my bottle will recover him, I will help his ague. Come: – Amen! I will pour some in thy other mouth.

TRINCULO: Stephano!

STEPHANO: Doth thy other mouth call me? Mercy, mercy! This is a devil, and no monster: I will leave him; I have no long spoon.

TRINCULO: Stephano! If thou beest Stephano, touch me, and speak to me; for I am Trinculo, – be not afeard, – thy good friend Trinculo.

STEPHANO: If thou beest Trinculo, come forth: I'll pull thee by the lesser legs: if any be Trinculo's legs, these are they. Thou art very Trinculo indeed! How cam'st thou to be the siege of this moon-calf? can he vent Trinculos?

TRINCULO: I took him to be kill'd with a thunder-stroke. But art thou not drown'd, Stephano? I hope, now, thou art not drown'd. Is the storm over-blown? I hid me under the dead moon-calf's gaberdine for fear of the storm. And art thou living, Stephano? O Stephano, two Neapolitans scap'd!

STEPHANO: Prithee, do not turn me about; my stomach is not constant.

CALIBAN *[Aside.]:* These be fine things, an if they be not

hässlicher Vogel. Mund auf. Das wird dein Schütteln schütteln, ich sage dir, und zwar kräftig. *(gibt Caliban Wein)* Du weißt nicht, wer dein Freund ist. Zähne auseinander. Noch mal.

TRINCULO: Die Stimme müsst ich kennen. Die müsst von – aber der ist ersoffen, und das sind Teufel. Ohelfmirgott!

STEPHANO: Vier Beine und zwei Stimmen – ungeheuerlich, dieses Ungeheuer. Die Vorderstimme hat's für Lobhudeleien. Die Hinterstimme für unflätige Reden und Verleumdungen. Und wenn's den ganzen Wein aus der Flasche braucht zum Kurieren, das Fieber doktor ich ihm aus. Komm! *(Caliban trinkt)* Amen! Ich gieß dir noch was ins andre Maul.

TRINCULO: Stephano!

STEPHANO: Dein andres Maul ruft mich mit Namen? O gnad mir Gott! Das ist ein Teufel und kein Monster. Da geh ich lieber, eh dass er mich in seine Küche mitnimmt.

TRINCULO: Stephano! Wenn du Stephano bist, kneif mich, sprich mit mir, denn ich bin Trinculo – keine Angst –, dein guter Freund Trinculo.

STEPHANO: Wenn du Trinculo bist, komm raus. Ich zieh dich vor an den dünneren Beinen. Wenn irgendwelche Beine Trinculos Beine sind, dann diese Beine. Wirklich Trinculo höchstselbstpersönlich! Wieso bist du der Kuhfladen von diesem Mondkalb? Kann er Trinculos furzen?

TRINCULO: Ich hatt gedacht, der Blitz hätt ihn erschlagen. Wieso bist du nicht ersoffen, Stephano? Ich will hoffen, du bist nicht ersoffen. Hat der Sturm sich verblasen? Ich hab mich unterm Mantel von dem toten Mondkalb versteckt aus Furcht vor dem Sturm. Also du lebst noch, Stephano? O Stephano, zwei Neapolitaner davongekom men?

STEPHANO: Bitte nicht so drehn. Mein Magen ist nicht ganz stabil.

CALIBAN: Schön, diese Wesen, wenn's nicht Trolle sind.

sprites. That's a brave god, and bears celestial liquor: I will kneel to him.

STEPHANO: How didst thou scape? How cam'st thou hither? swear, by this bottle, how thou cam'st hither. I escap'd upon a butt of sack, which the sailors heaved o'erboard, by this bottle! which I made of the bark of a tree with mine own hands, since I was cast ashore.

CALIBAN: I'll swear, upon that bottle, to be thy true subject; for the liquor is not earthly.

STEPHANO: Here; swear, then, how thou escap'dst.

TRINCULO: Swum ashore, man, like a duck: I can swim like a duck, I'll be sworn.

STEPHANO: Here, kiss the book. Though thou canst swim like a duck, thou art made like a goose.

TRINCULO: O Stephano, hast any more of this?

STEPHANO: The whole butt, man: my cellar is in a rock by th' sea-side, where my wine is hid. How now, mooncalf! how does thine ague?

CALIBAN: Hast thou not dropp'd from heaven?

STEPHANO: Out o' the moon, I do assure thee: I was the man i' th' moon when time was.

CALIBAN: I have seen thee in her, and I do adore thee: My mistress show'd me thee, and thy dog, and thy bush.

STEPHANO: Come, swear to that; kiss the book: I will furnish it anon with new contents: swear.

TRINCULO: By this good light, this is a very shallow monster; I afeard of him? A very weak monster! The man i' th' moon! A most poor credulous monster! Well drawn, monster, in good sooth!

Ein guter Gott, mit himmlischen Getränken. Will niederknien vor ihm.

STEPHANO: Wie bist du durchgekommen? Wie bist du hergekommen? Schwör bei der Flasche, wie du hergekommen bist. Ich hatt mich auf ein Sektfass gekrallt, was die Matrosen über Bord gekippt hatten, schwör ich bei der Flasche, die ich eigenhändig aus Baumrinde geschnitzt hab, seit's mich an Land gespült hat.

CALIBAN: Ich schwör auf diese Flasche, dass ich dein treuer Untertan sein werd, denn dein Trank ist nicht irdisch.

STEPHANO: Hier! Schwör jetzt, wie bist du davongekommen?

TRINCULO: An Land geschwommen, Mann, wie eine Ente. Ich schwimm wie eine Ente, das schwör ich.

STEPHANO: Hier, küss die Bibel. *(er gibt ihm Wein)* Schwimmst wie die Ente und schaust wie die Gans, wenn's donnert.

TRINCULO: O Stephano, hast noch mehr davon?

STEPHANO: Das ganze Fass, Mann. Mein Weinkeller ist ein Fels am Strand, da hab ich mein' Wein versteckt. Wie geht's, Mondkalb? Was macht dein Schüttelfrost?

CALIBAN: Bist du nicht vom Himmel gefallen?

STEPHANO: Direkt vom Mond, ich geb dir Brief und Siegel. Ich war der Mann im Mond, war ich schon.

CALIBAN: Ich hab dich dort gesehn, und ich bete dich an. Meine Herrin hat dich mir gezeigt, und deinen Hund, und dein Reisigbündel.

STEPHANO: Komm, das schwör mir. Küss die Bibel. Ich werd sie umgehend mit neuem Inhalt versehn. Schwör! *(Caliban trinkt)*

TRINCULO: Bei Sonne, Mond und Sternen, ist das ein hohlköpfiges Monstrum! Ich Angst vor dem? Ein ganz schwächliches Monstrum! Der Mann im Mond? Ein ganz armselig leichtgläubiges Monstrum! – Hast einen guten Zug, Monstrum, du liebes Lieschen!

CALIBAN: I'll show thee every fertile inch o' th' island; and I will kiss thy foot: I prithee, be my god.

TRINCULO: By this light, a most perfidious and drunken monster! when 's god 's asleep, he'll rob his bottle.

CALIBAN:
I'll kiss thy foot; I'll swear myself thy subject.

STEPHANO: Come on, then; down, and swear.

TRINCULO: I shall laugh myself to death at this puppy-headed monster. A most scurvy monster! I could find in my heart to beat him, –

STEPHANO: Come, kiss.

TRINCULO: But that the poor monster's in drink. An abominable monster!

CALIBAN:
I'll show thee the best springs; I'll pluck thee berries;
I'll fish for thee, and get thee wood enough.
A plague upon the tyrant that I serve!
I'll bear him no more sticks, but follow thee,
Thou wondrous man.

TRINCULO: A most ridiculous monster, to make a wonder of a poor drunkard!

CALIBAN:
I prithee, let me bring thee where crabs grow;
And I with my long nails will dig thee pig-nuts;
Show thee a jay's nest, and instruct thee how
To snare the nimble marmoset; I'll bring thee
To clustering filberts, and sometimes I'll get thee
Young scamels from the rock. Wilt thou go with me?

STEPHANO: I prithee now, lead the way, without any more talking. Trinculo, the King and all our company else being drown'd, we will inherit here: here; bear my bottle: fellow Trinculo, we'll fill him by and by again.

CALIBAN: Ich zeig dir jeden Zoll fruchtbares Land auf dieser Insel und will dir die Füße küssen. Ich bitt dich, sei mein Gott.

TRINCULO: Bei Sonne, Mond und Sternen, ein ganz hinterhältiges und besoffenes Monstrum! Wenn sein Gott schläft, klaut er ihm die Flasche.

CALIBAN:
Herr, ich will dir die Füße küssen, will
Mich an dich schwören als dein Untertan.

STEPHANO: Dann mach schon! Auf die Knie und schwör!

TRINCULO: Ich lach mich noch tot über das mopsgedackelte Schafskopf-Monster! Ein oberlausiges Monster! Mich könnt's reizen, ihm eins reinzuhaun –

STEPHANO: Komm, küss!

TRINCULO: – wenn sich's nicht die Hucke vollgesoffen hätt, das arme Monster. Ein ganz widerwärtiges Monster!

CALIBAN:
Ich zeig dir frische Quellen. Pflück dir Beeren.
Ich fisch für dich und bring dir Holz genug.
Die Pest auf den Tyrannen, dem ich dien!
Ich trag ihm keinen Ast mehr, sondern folg
Nur dir, du Wundermann.

TRINCULO: Ein oberlächerliches Monster, macht aus dem alten Suffkopp ein Wunder!

CALIBAN:
Erlaub, dass ich dir zeig, wo Äpfel wachsen;
Und mit den Nägeln grab ich dir nach Trüffeln;
Zeig dir ein Hähernest und lehr dich, wie
Die schnelle Meerkatz fangen; bring dich hin
Zu prallen Haselsträuchern, und vom Kliff manchmal
Hol ich dir junge Tauben. Willst du mit mir gehn?

STEPHANO: Also jetzt bitte, zeig den Weg und spar dir das Palaver. – Trinculo, wo der König und der ganze Haufen ersoffen sind, da erben wir die Insel. Hier, trag mir die Flasche. Bruder Trinculo, wir werden ihr die Luft rauslassen als Allernächstes.

CALIBAN *(sings drunkenly):* Farewell, master; farewell, farewell!

TRINCULO: A howling monster; a drunken monster!

CALIBAN:

No more dams I'll make for fish;
Nor fetch in firing
At requiring;
Nor scrape trenchering, nor wash dish:
'Ban, 'Ban, Cacaliban
Has a new master: – get a new man.
Freedom, high-day! high-day, freedom! freedom, high-day, freedom!

STEPHANO: O brave monster! lead the way.

Exeunt.

CALIBAN *(singt betrunken):* Ade, ade! Meister, ade! Ade, ade!

TRINCULO: Ein grölendes Monster! Ein besoffenes Monster!

CALIBAN:

Nie mehr hol ich ihnen Fisch
Noch Holz zum Feuern,
Lass mich heuern,
Töpfe scheuern gleich nach Tisch.
Ban, Ban, Cacaliban,
Hat neu den Herrn – wird neu ein Mann!

Freiheit, Festtag! Festtag, Freiheit! Freiheit, Festtag, Freiheit!

STEPHANO: O was ein Monster! Zeig den Weg.

Alle ab.

ACT III

Scene I

[Before Prospero's Cell.]
Enter Ferdinand, bearing a log.

FERDINAND:
There be some sports are painful, and their labour
Delight in them sets off: some kinds of baseness
Are nobly undergone; and most poor matters
Point to rich ends. This my mean task

Would be as heavy to me as odious, but
The mistress which I serve quickens what's dead,
And makes my labours pleasures: O, she is
Ten times more gentle than her father's crabbed,
And he's compos'd of harshness. I must remove
Some thousands of these logs, and pile them up,
Upon a sore injunction: my sweet mistress
Weeps when she sees me work, and says, such baseness
Had never like executor. I forget:
But these sweet thoughts do even refresh my labours,
Most busilest when I do it.

Enter Miranda; and Prospero
[at a distance, unseen].

MIRANDA: Alas now, pray you,
Work not so hard: I would the lightning had
Burnt up those logs that you are enjoin'd to pile!
Pray, set it down, and rest you: when this burns,
'Twill weep for having wearied you. My father
Is hard at study; pray, now, rest yourself:
He's safe for these three hours.

FERDINAND: O most dear mistress,
The sun will set before I shall discharge
What I must strive to do.

DRITTER AKT

1. Szene

Ferdinand tritt auf,
einen Balken schleppend.

FERDINAND:
So manch ein Sport, der schindet, und seine Mühsal
Setzt seine Freuden frei; Entwürdigung
Lässt sich mit Anstand tragen, und im ärmsten Tun
Keimt meist der reichste Lohn. Hier mein Galeerendienst
Wär mir so sauer wie verhasst, jedoch
Die Herrin, der ich dien, belebt, was tot ist,
Und macht aus Zwängen Freuden. Oh, sie ist
Zehnmal so sanft wie schroff und rauh ihr Vater,
Und der besteht aus Härte. Ein paar tausend
So Stämme muss ich schleifen und sie stapeln,
Wie streng befohlen. Meine liebe Herrin weint,
Wenn sie mein Schuften sieht, und sagt, so Fron
Hätt wer wie ich noch nie getan. Ich trödel;
So schönes Denken hilft doch grad der Arbeit
Am meisten, wenn ich schaffe.

Miranda tritt auf, ebenso Prospero,
unbemerkt in der Entfernung.

MIRANDA: So arbeit doch,
Ich bitt dich, nicht so hart. Hätt bloß der Blitz
Das Holz verbrannt, das du da stapeln sollst!
Leg ab, ruh aus. Harz weinen wird's im Feuer,
Weil's dich geschunden hat. Mein Vater ist
Versenkt in sein Studieren. Ruh dich aus.
Drei Stunden bist du sicher.

FERDINAND: Liebste Herrin,
Die Sonne sinkt, eh ich mein Tagessoll
Erfüllt hab, wie ich muss.

MIRANDA: If you'll sit down,
I'll bear your logs the while: pray give me that;
I'll carry it to the pile.
FERDINAND: No, precious creature;
I had rather crack my sinews, break my back,
Than you should such dishonour undergo,
While I sit lazy by.
MIRANDA: It would become me
As well as it does you: and I should do it
With much more ease; for my good will is to it,
And yours it is against.
PROSPERO: Poor worm, thou art infected!
This visitation shows it.
MIRANDA: You look wearily.
FERDINAND:
No, noble mistress: 'tis fresh morning with me
When you are by at night. I do beseech you, –
Chiefly that I might set it in my prayers, –
What is your name?
MIRANDA: Miranda. – O my father,
I have broke your hest to say so!
FERDINAND:
Admir'd Miranda!
Indeed the top of admiration! worth
What's dearest to the world! Full many a lady
I have ey'd with best regard, and many a time
Th' harmony of their tongues hath into bondage

Brought my too diligent ear: for several virtues
Have I lik'd several women; never any
With so full soul, but some defect in her
Did quarrel with the noblest grace she ow'd,
And put it to the foil: but you, O you,
So perfect and so peerless, are created
Of every creature's best!

MIRANDA: Wenn du dich setzt,
Trag ich so lang dein Holz. Da, gib mir den:
Ich bring's zum Stapel.
FERDINAND: Nein, kostbares Geschöpf,
Lieber die Sehnen zerr ich, brech mein Kreuz,
Eh du was Würdeloses auf dich nimmst,
Und ich sitz faul dabei.
MIRANDA: Es würd mir grad so gut
Wie dir anstehn; und mir ging's obendrein
Viel leichter von der Hand; denn mein Herz wär dabei,
Und deines sperrt sich.
PROSPERO *(apart):* Armes Wurm, bist angesteckt.
Hier der Besuch meint Fieber.
MIRANDA: Du schaust müd.
FERDINAND:
Nein, gute Herrin, frischer Morgen wird mir,
Wenn du mir nah bist abends. Bitt dich, sag –
Nur dass ich's einbeziehn kann ins Gebet –,
Wie heißt du denn?
MIRANDA: Miranda. – O mein Vater,
Hab dein Gebot missachtet, hab's gesagt!
FERDINAND:
Miranda Wunderbar! Bewundert, wahr,
Wunder bewundernswert, wert, was die Welt
Am höchsten wunderschätzt. Was hab ich manche Frau
Schon wohlwollnd angeschaut, und wie bracht
manches Mal
Der Wohlklang ihrer Lippen mein zu offnes Ohr
Nicht schon in Sklaverei. Um ganz verschiedne Gaben
Mocht ich verschiedne Frauen; niemals eine
So ganz von Herzen, dass ein Schönheitsfehler
Mir nicht bald ihren größten Reiz bekriegt
Und überschattet hätt. Doch du, o du,
So einzig, unvergleichlich, wurdst erschaffen
Vom Besten jeder Kreatur.

MIRANDA: I do not know
One of my sex; no woman's face remember,
Save, from my glass, mine own; nor have I seen
More that I may call men than you, good friend,
And my dear father: how features are abroad,
I am skilless of; but, by my modesty,
The jewel in my dower, I would not wish
Any companion in the world but you;
Nor can imagination form a shape,
Besides yourself, to like of. But I prattle
Something too wildly, and my father's precepts
I therein do forget.

FERDINAND: I am, in my condition,
A prince, Miranda; I do think, a King;
I would not so! – and would no more endure
This wooden slavery than to suffer
The flesh-fly blow my mouth. Hear my soul speak:
The very instant that I saw you, did
My heart fly to your service; there resides,
To make me slave to it; and for your sake
Am I this patient log-man.

MIRANDA: Do you love me?

FERDINAND:
O heaven, O earth, bear witness to this sound,
And crown what I profess with kind event,
If I speak true! if hollowly, invert
What best is boded me to mischief! I,
Beyond all limit of what else i' th' world,
Do love, prize, honour you.

MIRANDA: I am a fool
To weep at what I am glad of.

PROSPERO: Fair encounter
Of two most rare affections! Heavens rain grace
On that which breeds between 'em!

FERDINAND: Wherefore weep you?

MIRANDA: Ich kenne keine aus
Meinem Geschlecht; weiß auch kein Fraungesicht,
Nur, so vom Spiegel, meins. Noch hab ich mehr
Gesehn, die Männer heißen, als nur dich, Freund, und
Den Vater. Wie Gesichter sonstwo sind,
Da bin ich unerfahren. Doch bei meiner Sittsamkeit,
Dem Prunkstück meiner Mitgift, wünsch ich mir
Keinen Gefährten auf der Welt als dich;
Noch kann die Phantasie ein Wesen formen
Zum Lieben neben dir. Jedoch ich plapper
Irgendwie viel zu wild, und Vaters Vorschrift
Vergess ich ganz dabei.
FERDINAND: Ich bin nach Stand
Ein Prinz, Miranda; glaub, sogar ein König –
Ich wollt, 's wär anders –, und wollt grad so wenig
Den Holzknechtsdienst ertragen wie mir Fliegen
Im Auge nisten lassen. Hör von meiner Seele:
Im Augenblick, da ich dich sah, entflog
Mein Herz in deinen Dienst, wohnt dort, um mich
Zum Knecht zu machen; und um deinetwillen
Bin ich geduldig Holzmann.
MIRANDA: Liebst du mich?
FERDINAND:
O Himmel, Erde, sprecht dem Wort das Zeugnis,
Und was ich schwöre, krönt's mit gutem Ausgang,
Wenn's Wahrheit ist! Wenn's Lug und Trug ist, kehrt
Das Glück, das mir am hellsten lacht, in Leid!
Ich, über alle Grenzen aller Welt,
Lieb, lob und ehr ich dich.
MIRANDA: Ich bin verrückt
Und wein da, wo's mich freut.
PROSPERO: Ein seltnes Treffen
Zweifacher Zuneigung! Regne der Himmel Gunst
Auf das, was zwischen ihnen wächst!
FERDINAND: Was weinst du?

MIRANDA:
At mine unworthiness, that dare not offer
What I desire to give; and much less take
What I shall die to want. But this is trifling;
And all the more it seeks to hide itself,
The bigger bulk it shows. Hence, bashful cunning!
And prompt me plain and holy innocence!
I am your wife if you will marry me;
If not, I'll die your maid: to be your fellow
You may deny me; but I'll be your servant,
Whether you will or no.

FERDINAND: My mistress, dearest;
And I thus humble ever.

MIRANDA: My husband, then?

FERDINAND:
Ay, with a heart as willing
As bondage e'er of freedom: here's my hand.

MIRANDA:
And mine, with my heart in 't: and now farewell
Till half an hour hence.

FERDINAND: A thousand thousand!

Exeunt [Ferdinand and Miranda severally].

PROSPERO:
So glad of this as they I cannot be,
Who are surpris'd with all; but my rejoicing
At nothing can be more. I'll to my book;
For yet, ere supper-time, must I perform
Much business appertaining.

Exit.

MIRANDA:
Um meinen Unwert, der nicht wagt zu bieten,
Was ich doch geben möcht; noch weniger zu nehmen,
Was, wenn's mir fehlt, mich umbringt. Ach, Koketterie!
Die, umso mehr sie sich verstecken will,
So deutlicher sich baucht. Fort, schlaues Schämen!
Sag du mir vor, du schlichte, grade Unschuld.
Ich bin dein Weib, wenn du die Heirat willst.
Wenn nicht, dann sterb ich deine Magd. Gefährtin sein
Kannst du mir weigern, doch dein Diener bin ich,
Gleich, ob du's willst, ob nicht.

FERDINAND: Geliebte, Frau,
Für ewig dir zu Füßen.

MIRANDA: Dann mein Mann?

FERDINAND:
Ja, und im Herzen Sehnsucht
Wie Knechtschaft nach der Freiheit. Nimm meine Hand.

MIRANDA:
Hier meine, drin mein Herz; und nun leb wohl
Auf eine halbe Stunde.

FERDINAND: Tausend, tausendmal!

Ferdinand und Miranda in verschiedene Richtungen ab.

PROSPERO:
So froh daran wie die kann ich nicht sein,
Die staunend stehn davor, doch meine Freude
Hätt ich so groß an nichts. Ich muss ans Buch,
Denn bis zum Nachtmahl hab ich mancherlei
Ins Werk zu setzen.

Ab.

Scene II

[Another part of the Island.]
Enter Caliban, Stephano, and Trinculo.

STEPHANO: Tell not me; – when the butt is out, we will drink water; not a drop before: therefore bear up, and board 'em. Servant-monster, drink to me.

TRINCULO: Servant-monster! the folly of this island! They say there's but five upon this isle: we are three of them; if th' other two be brain'd like us, the state totters.

STEPHANO: Drink, servant-monster, when I bid thee: thy eyes are almost set in thy head.

TRINCULO: Where should they be set else? he were a brave monster indeed, if they were set in his tail.

STEPHANO: My man-monster hath drown'd his tongue in sack: for my part, the sea cannot drown me; I swam, ere I could recover the shore, five-and-thirty leagues off and on. By this light, thou shalt be my lieutenant, monster, or my standard.

TRINCULO: Your lieutenant, if you list; he's no standard.

STEPHANO: We'll not run, Monsieur Monster.

TRINCULO: Nor go neither; but you'll lie, like dogs, and yet say nothing neither.

STEPHANO: Moon-calf, speak once in thy life, if thou beest a good moon-calf.

CALIBAN: How does thy honour? Let me lick thy shoe: I'll not serve him, he is not valiant.

TRINCULO: Thou liest, most ignorant monster: I am in case to justle a constable. Why, thou debosh'd fish, thou, was there ever man a coward that hath drunk so much

2. Szene

Anderswo auf der Insel.
Caliban, Stephano und Trinculo
treten auf.

STEPHANO: Kommt mir nicht mit so was! Wenn das Fass alle ist, wird Wasser getrunken; keinen Tropfen früher. Daher, Anker auf, Messer raus, hoch die Tassen. Diener-Monster, sag mir prosit.

TRINCULO: Diener-Monster? Diese aberwitzige Inselmissgeburt! Es heißt, da wären nur fünfe auf der Insel. Wir sind dreie. Wenn's bei den beiden andern im Hirn aussieht wie bei uns, wackelt der Staat.

STEPHANO: Sauf, Diener-Monster, wenn ich's dir sag. Du hast ja ganz kleine Augen im Kopf.

TRINCULO: Wo soll er sie sonst haben? Das wär vielleicht ein Monster, wo die Augen am Hintern hat!

STEPHANO: Meinem Menschen-Monster Monster-Mensch ist die Zunge im Sekt ersoffen. Was mich angeht, das Meer ersäuft mich nicht. Ich schwamm, eh ich an Land krabbeln konnt, fünfunddreißig Meilen, immer ran und wieder weg. Kruzitürken, du wirst mein Fähnrich, Monster, oder mein Leutnant.

TRINCULO: Fähnrich bietet sich an; die Fahne hat er schon.

STEPHANO: Aber sie schwankt. Hoch die Fahne, Monsieur Monster! Nicht fallen lassen.

TRINCULO: Jetzt hat er fahren lassen. Und schwankt und wankt und sagt nur »Pups«.

STEPHANO: Mondkalb, sag einmal pieps im Leben, wenn du mein braves Mondkalb bist.

CALIBAN: Wie geht's dir, Herr? Will dir die Schuhe lecken. Ihm dien ich nicht: denn er ist nicht beherzt.

TRINCULO: Du lügst, du strohdummes Monstrum! Ich tret Gerichtsvollziehern vors Schienbein, da kenn ich nichts. Was denn, du runtergekommener Fisch, du, wann war

sack as I to-day? Wilt thou tell a monstrous lie, being but half a fish and half a monster?

CALIBAN: Lo, how he mocks me! wilt thou let him, my lord?

TRINCULO: »Lord,« quoth he? That a monster should be such a natural!

CALIBAN: Lo, lo, again! bite him to death, I prithee.

STEPHANO: Trinculo, keep a good tongue in your head: if you prove a mutineer, – the next tree! The poor monster's my subject, and he shall not suffer indignity.

CALIBAN: I thank my noble lord. Wilt thou be pleas'd to hearken once again to the suit I made to thee?

STEPHANO: Marry, will I: kneel and repeat it; I will stand, and so shall Trinculo.

Enter Ariel, invisible.

CALIBAN: As I told thee before, I am subject to a tyrant, a sorcerer, that by his cunning hath cheated me of the island.

ARIEL: Thou liest.

CALIBAN:
»Thou liest,« thou jesting monkey, thou!
I would my valiant master would destroy thee!
I do not lie.

STEPHANO: Trinculo, if you trouble him any more in 's tale, by this hand, I will supplant some of your teeth.

TRINCULO: Why, I said nothing.

STEPHANO: Mum, then, and no more. Proceed.

CALIBAN:
I say, by sorcery he got this isle;
From me he got it. If thy greatness will
Revenge it on him, – for I know thou dar'st,
But this thing dare not, –

STEPHANO: That's most certain.

schon mal wo wer ein Feigling, der so viel Sekt gesüffelt hat wie ich heut? Bist nur halb Fisch und halb Ungeheuer und willst ungeheure Lügen ablassen?

CALIBAN: Hör, wie er mich verhöhnt! Lässt du das zu, mein Fürst?

TRINCULO: »Fürst« sagt er? Dass ein Monstrum ein solcher Simpel sein kann!

CALIBAN: Da, da, schon wieder! Bitte beiß ihn tot!

STEPHANO: Trinculo, halt dein loses Maul. Machst du Zwergenaufstand – an den nächsten Ast! Das arme Monster ist mein Untertan, wer den beleidigt, der schlägt mich.

CALIBAN: Ich dank dir, großer Fürst. Ist dir genehm, noch mal mein Anliegen zu hören, das ich vorgebracht hab?

STEPHANO: Ja, aber freilich doch. Knie nieder und von vorn das Ganze. Ich bleib stehn und Trinculo auch.

Ariel tritt unsichtbar auf.

CALIBAN: Wie ich dir sagte vorhin, ich bin einem Tyrannen unterworfen, einem Zauberer, der mich durch seine Künste um die Insel betrogen hat.

ARIEL: Du lügst.

CALIBAN *(zu Trinculo):*

Du lügst, du Possenreißerpavian, du!
Ich wollt, mein tapfrer Herr würd dich vernichten!
Ich lüge nicht!

STEPHANO: Trinculo, wenn du ihm noch mal ins Wort fällst, da, riech die Faust und denk an deine Zähne.

TRINCULO: Hab doch gar nix gesagt.

STEPHANO: Dann halt den Rand und Schnauze. Weiter!

CALIBAN:

Ich sag, durch Zauberei nahm er die Insel;
Mir, mir nahm er sie weg. Wenn Deine Hoheit
Ihm das vergelten würd – ich weiß, du hast
Das Herz, doch da das Mensch hat's nicht –

STEPHANO: Das steht mal fest.

CALIBAN:
Thou shalt be lord of it, and I'll serve thee.

STEPHANO: How now shall this be compass'd? Canst thou bring me to the party?

CALIBAN:
Yea, yea, my lord: I'll yield him thee asleep,
Where thou mayst knock a nail into his head.

ARIEL: Thou liest; thou canst not.

CALIBAN:
What a pied ninny's this! Thou scurvy patch!
I do beseech thy greatness, give him blows,
And take his bottle from him: when that's gone,
He shall drink nought but brine; for I'll not show him
Where the quick freshes are.

STEPHANO: Trinculo, run into no further danger: interrupt the monster one word further, and, by this hand, I'll turn my mercy out o' doors, and make a stock-fish of thee.

TRINCULO: Why, what did I? I did nothing. I'll go farther off.

STEPHANO: Didst thou not say he lied?

ARIEL: Thou liest.

STEPHANO: Do I so? take thou that. *[Beats him.]* As you like this, give me the lie another time.

TRINCULO: I did not give the lie. Out o' your wits, and hearing too? A pox o' your bottle! this can sack and drinking do. A murrain on your monster, and the devil take your fingers!

CALIBAN: Ha, ha, ha!

STEPHANO: Now, forward with your tale. – Prithee, stand further off.

CALIBAN:
Beat him enough: after a little time,
I'll beat him too.

CALIBAN:
Du sollst dann Herrscher sein und ich dein Diener.

STEPHANO: Und wie fängt man das an? Kannst mir den Herrn vorstellen?

CALIBAN:
Ja, ja, mein Fürst, ich liefer ihn dir schlafend,
Da schlägst du ihm den Nagel durch den Kopf.

ARIEL: Du lügst, das kannst du nicht.

CALIBAN:
Hansnarr, du scheckiger! Du Spottfigur!
Ich bitte Deine Hoheit, gib ihm Hiebe,
Nimm ihm die Flasche weg. Wenn die ihm fehlt,
Kann er vom Salzbach trinken, denn ich zeig
Ihm keine süßen Quellen.

STEPHANO: Trinculo, wer sich in Gefahr begibt, kommt darin um. Noch ein Wort dem Monster dazwischengeredet und – da schau die Faust – ich schmeiß die Gutmütigkeit über Bord und mach Hackfleisch aus dir.

TRINCULO: Ja, was hab ich denn gemacht? Nix hab ich gemacht. Ich geh halt weg.

STEPHANO: Hast du nicht gesagt, er lügt?

ARIEL: Du lügst.

STEPHANO: Ach ja, wirklich? Da, schenk ich dir. *(er schlägt Trinculo)* Wenn's dir gefallen hat, sag ruhig noch mal was von Lügen.

TRINCULO: Kein Wort gesagt von Lügen hab ich. Knacks im Hirn und Knistern im Ohr, wie? Zum Teufel mit deiner Flasche! So weit kommt's mit Sekt und Saufen! Die Masern auf dein Monster und dir die Gicht in die Finger!

CALIBAN: Ha, ha, ha!

STEPHANO: Jetzt weiter im Text. – Du verzieh dich ja!

CALIBAN:
Schlag ihn nur grün und blau. So mit der Zeit
Schlag ich ihn auch.

STEPHANO: Stand farther. – Come, proceed.

CALIBAN:
Why, as I told thee, 'tis a custom with him
I' th' afternoon to sleep: there thou mayst brain him,
Having first seiz'd his books; or with a log
Batter his skull, or paunch him with a stake,
Or cut his wezand with thy knife. Remember
First to possess his books; for without them
He's but a sot, as I am, nor hath not
One spirit to command: they all do hate him
As rootedly as I. Burn but his books.
He has brave utensils, – for so he calls them, –
Which, when he has a house, he'll deck withal.
And that most deeply to consider is
The beauty of his daughter; he himself
Calls her a nonpareil: I never saw a woman,
But only Sycorax my dam and she;
But she as far surpasseth Sycorax
As great'st does least.

STEPHANO: Is it so brave a lass?

CALIBAN:
Ay, lord; she will become thy bed, I warrant,
And bring thee forth brave brood.

STEPHANO: Monster, I will kill this man: his daughter and I will be king and queen, – save our graces! – and Trinculo and thyself shall be viceroys. Dost thou like the plot, Trinculo?

TRINCULO: Excellent.

STEPHANO: Give me thy hand: I am sorry I beat thee; but, while thou liv'st, keep a good tongue in thy head.

CALIBAN:
Within this half hour will he be asleep:
Wilt thou destroy him then?

STEPHANO: Ay, on mine honour.

STEPHANO: Noch weiter. – Komm, fahr fort.

CALIBAN:
Nun, wie ich sagte, nach Gewohnheit schläft
Er nachmittags. Kannst ihm das Hirn zertreten,
Wenn du die Bücher hast; ihm auch mit Knüppeln
Den Schädel knacken, Pflöcke ins Gedärm
Ihm rennen, Messer in die Gurgel stechen.
Vergiss nicht, erst die Bücher, ohne die
Ist er ein Narr wie ich und steht ihm nicht
Ein Geist nur zu Gebot: die alle hassen ihn
So wurzeltief wie ich. Verbrenn nur seine Bücher.
Er hat viel Utensilien, wie er's nennt,
Als Zierrat für sein Haus, wenn er eins kriegt.
Und dann vor allem zu bedenken ist
Die Schönheit seiner Tochter. Er doch selbst
Nennt sie ein »Nonpareil«. Ich kenn sonst keine Frau
Als nur mein Muttel Sycorax und sie;
Doch die steht so weit über Sycorax
Wie 's Größte überm Kleinsten.

STEPHANO: So ein dralles Kind?

CALIBAN:
Ja, Fürst. Die passt dir gut ins Bett, ich schwör's,
Und wirft dir stramme Brut.

STEPHANO: Monstrum, ich bring den Mann um. Seine Tochter und ich werden König und Königin – hoch lebe Unsre Hoheit! –, und Trinculo und du, euch mach ich zu Vizekönigen. Wie gefällt dir die Marschrichtung, Trinculo?

TRINCULO: Superb.

STEPHANO: Komm schon, gib mir die Hand. Tut mir Leid für die Prügel; aber lern draus fürs Leben, halt dein Maul sauber.

CALIBAN:
Die nächste halbe Stunde geht er schlafen.
Dann wirst du ihn vernichten?

STEPHANO: Auf die Ehre, ja.

ARIEL: This will I tell my master.

CALIBAN:
Thou mak'st me merry; I am full of pleasure:
Let us be jocund: will you troll the catch
You taught me but while-ere?

STEPHANO: At thy request, monster, I will do reason, any reason. – Come on, Trinculo, let us sing.

(Sings.)
Flout 'em and cout 'em,
And scout 'em and flout 'em;
Thought is free.

CALIBAN: That's not the tune.

Ariel plays the tune on a tabor and pipe.

STEPHANO: What is this same?

TRINCULO: This is the tune of our catch, played by the picture of Nobody.

STEPHANO: If thou beest a man, show thyself in thy likeness: if thou beest a devil, take 't as thou list.

TRINCULO: O, forgive me my sins!

STEPHANO: He that dies pays all debts: I defy thee. Mercy upon us!

CALIBAN:
Art thou afeard?

STEPHANO: No, monster, not I.

CALIBAN:
Be not afeard; the isle is full of noises,
Sounds and sweet airs, that give delight, and hurt not.
Sometimes a thousand twangling instruments
Will hum about mine ears; and sometime voices,

That, if I then had wak'd after long sleep,
Will make me sleep again: and then, in dreaming,
The clouds methought would open, and show riches

ARIEL: Das meld ich meinem Herrn.

CALIBAN:
Du machst mich fröhlich. Ich bin bester Laune.
Jetzt alle lustig! Singt ihr mit im Kanon,
Wie ihr's mich habt gelehrt?

STEPHANO: Dein Wunsch ist mir Befehl, Monstrum, da schlag ich Kobolz, jeden Kobolz. Trinculo, auf, jetzt wird gesungen.

(singt)
Bespuckt sie und duckt sie,
Und duckt sie, bespuckt sie!
Gedanken sind frei!

CALIBAN: Das ist nicht das Lied.

Ariel spielt das Lied mit Flöte und Handtrommel.

STEPHANO: Was ist jetzt das denn?

TRINCULO: Das ist die Melodie von unserm Lied, gespielt von Herrn Niemand.

STEPHANO: So du ein Mensch seiest, zeige dich in deiner wahren Gestalt; so du ein Teufel seiest, komm her, Ohrfeigen abholen.

TRINCULO: O Herr, vergib mir meine Sünden!

STEPHANO: Wer stirbt, zahlt alle Schulden. Ich forder dich. Gott sei uns gnädig!

CALIBAN:
Hast du Angst?

STEPHANO: Nein, Monster, ich doch nicht.

CALIBAN:
Hab keine Angst; die Insel ist voll Klang,
Voll Tönen, Liedern, die erfreun und niemand wehtun.
So manchmal sumseln tausend Instrumente
Mir schwirrend um die Ohrn; und manchmal Stimmen,
Die mich, wenn ich nach langem Schlaf erwach,
Aufs Neu ins Schlafen lullen; dann, im Träumen,
War mir, die Wolken tun sich auf und zeigen Schätze,

Ready to drop upon me; that, when I wak'd,
I cried to dream again.

STEPHANO: This will prove a brave kingdom to me, where I shall have my music for nothing.

CALIBAN:
When Prospero is destroy'd.

STEPHANO: That shall be by and by: I remember the story.

TRINCULO: The sound is going away; let's follow it, and after do our work.

STEPHANO: Lead, monster; we'll follow. I would I could see this taborer; he lays it on.

TRINCULO: Wilt come? I'll follow, Stephano.
Exeunt.

Scene III

[Another part of the Island.]
Enter Alonso, Sebastian, Antonio, Gonzalo, Adrian, Francisco, &c.

GONZALO:
By 'r lakin, I can go no further, sir;
My old bones ache: here's a maze trod, indeed,
Through forth-rights and meanders! By your patience,
I needs must rest me.

ALONSO:
Old lord, I cannot blame thee,
Who am myself attach'd with weariness,
To th' dulling of my spirits: sit down, and rest.
Even here I will put off my hope, and keep it
No longer for my flatterer: he is drown'd
Whom thus we stray to find; and the sea mocks

Die mich beregnen wollten, dass ich beim Erwachen
Nach neuen Träumen schrie.

STEPHANO: Sauber, so ein Königreich, wo ich meine Musik umsonst krieg.

CALIBAN:
Wenn Prospero vernichtet ist.

STEPHANO: Das wird schon werden nach und nach. Hab noch alles klar im Kopf.

TRINCULO: Der Klang zieht ab. Wir folgen ihm erst mal, und hinterher die Arbeit.

STEPHANO: Geh vorneweg, Monstrum; wir folgen. Ich wollt, ich könnt diesen Trommler sehn! Der legt sich vielleicht ins Zeug!

TRINCULO: Kommst du? – Ich folg dir, Stephano.

Alle ab.

3. Szene

Anderswo auf der Insel.
Alonso, Sebastian, Antonio,
Gonzalo, Adrian, Francisco und
andere treten auf.

GONZALO:
Jessesmaria, nein, ich kann nicht weiter, Herr.
Mir kneipt's die alten Knochen. Labyrinthisch,
So nenn ich das, gradaus und schlingel-schlängel.
Entschuldigung, ich muss jetzt einfach ruhn.

ALONSO:
Ich kann's dir nicht verdenken, alter Herr,
Wo mich doch selbst die Müdigkeit so packt,
Dass mir's den Geist betäubt. Sitz hin und ruh.
Hier lass ich alle Hoffnung fahrn und halt sie nicht
Als Schmeichler länger aus. Er ist ertrunken,
Den wir auf Irrfahrt suchen, und das Meer

Our frustrate search on land. Well, let him go.
ANTONIO *[Aside to Sebastian]:*
I am right glad that he's so out of hope.
Do not, for one repulse, forego the purpose
That you resolv'd t' effect.
SEBASTIAN *[Aside to Antonio]:* The next advantage
Will we take throughly.
ANTONIO *[Aside to Sebastian]:* Let it be to-night;
For, now they are oppress'd with travel, they
Will not, nor cannot, use such vigilance
As when they are fresh.
SEBASTIAN *[Aside to Antonio]:* I say, to-night: no more.

Solemn and strange music; and Prosper on the top (invisible). Enter several strange Shapes, bringing in a banquet; and dance about it with gentle actions of salutations; and inviting the King, &c., to eat, they depart.

ALONSO:
What harmony is this? My good friends, hark!
GONZALO:
Marvellous sweet music!
ALONSO:
Give us kind keepers, heavens! – What were these?
SEBASTIAN:
A living drollery. Now I will believe
That there are unicorns; that in Arabia
There is one tree, the phœnix' throne; one phœnix
At this hour reigning there.
ANTONIO: I'll believe both;
And what does else want credit, come to me,
And I'll be sworn 'tis true: travellers ne'er did lie,
Though fools at home condemn 'em.

Lacht unsrem Scheitern hier an Land. Nun, er ist fort.
ANTONIO *(apart zu Sebastian):*
Mich freut's, dass ihm die Hoffnung so verfällt.
Lass nicht beim ersten Fehlschlag ab vom Ziel,
Auf das du steuern willst.
SEBASTIAN *(apart zu Antonio):* Der nächste Vorteil
Wird gründlich ausgenutzt.
ANTONIO: *(apart zu Sebastian):* Lass es heut Nacht sein;
Denn tot wie sie nun sind vom Suchen, will
Und kann jetzt niemand so viel Vorsicht üben,
Wie wenn man frisch ist.
SEBASTIAN *(apart zu Antonio):* Ich sag, heut Nacht. Jetzt still.

Feierliche, seltsame Musik;
Prospero erscheint oben, unsichtbar.
Verschiedene seltsame Gestalten treten
auf und bringen eine Bankett-Tafel
und tanzen mit freundlichen Gebärden
der Begrüßung darum herum; und,
indem sie den König etc. zum Essen
auffordern, verschwinden sie.

ALONSO:
Was klingt hier so harmonisch? Freunde, horcht!
GONZALO:
Wunderbar schöne Weisen!
ALONSO:
Schutzengel schick uns, Gott! Wer waren die?
SEBASTIAN:
Lebende Kasperei. Jetzt glaub ich auch,
Dass es das Einhorn gibt; dass in Arabien
Ein Baum steht, wo der Phönix thront, ein Phönix
Zur Stunde dort regiert.
ANTONIO: Ich glaub an beides,
Und wem noch sonst Beglaubigung fehlt – her,
Ich schwör auf alles. Der Reisende lügt nie,
Wird nur verleumdet oft von Stubenhockern.

GONZALO: If in Naples
I should report this now, would they believe me?
If I should say, I saw such islanders, –
For, certes, these are people of the island, –
Who, though they are of monstrous shape, yet, note,
Their manners are more gentle, kind, than of
Our human generation you shall find
Many, nay, almost any.

PROSPERO *[Aside.]:* Honest lord,
Thou hast said well; for some of you there present
Are worse than devils.

ALONSO: I cannot too much muse
Such shapes, such gesture, and such sound, expressing –
Although they want the use of tongue – a kind
Of excellent dumb discourse.

PROSPERO *[Aside.]:*
Praise in departing.

FRANCISCO:
They vanish'd strangely.

SEBASTIAN: No matter, since
They have left their viands behind; for we have stomachs. –
Will 't please you taste of what is here?

ALONSO: Not I.

GONZALO:
Faith, sir, you need not fear. When we were boys,
Who would believe that there were mountaineers
Dew-lapp'd like bulls, whose throats had hanging at 'em
Wallets of flesh? or that there were such men
Whose heads stood in their breasts? which now we find
Each putter-out of five for one will bring us
Good warrant of.

ALONSO: I will stand to, and feed,

GONZALO:
Würd ich's erzählen in Neapel – würd man's glauben?
Dass ich soundso Eingeborne hätt gesehn?
Denn sicher, das sind Leute von der Insel,
Die, wenn auch Monstren äußerlich, doch merkt,
Dies ihr Verhalten ist viel sanfter, milder,
Als man's bei manchen unsres Menschenschlags,
Ach, an fast keinem, trifft.
PROSPERO *(apart):* Ehrlicher Mann,
Wie wahr du sprichst! Denn mancher dort von euch
Ist schlimmer als ein Teufel.
ALONSO: Ich kann nur immer staunen,
Was da Gestalten warn, Gebärden, Töne, die,
Obwohl die Sprache fehlte, so was wie
Ein stummes, glänzendes Gespräch ergaben.
PROSPERO *(apart):*
Man soll den Tag nicht vor dem Abend loben.
FRANCISCO:
Merkwürdig ihr Verschwinden.
SEBASTIAN: Macht nichts, weil
Sie uns das Essen lassen, und uns knurrt der Magen.

Möcht wer was kosten, was da steht?
ALONSO: Ich nicht.
GONZALO:
Herr, keine Angst. Als wir noch Kinder warn,
Wer hätt da an den Bergmensch wohl geglaubt
Mit seiner Ochsenwamme, wo der Kropf

Als Fleischsack baumelt? oder an die Menschen,
Wo in der Brust der Kopf sitzt? Wovon uns

Heut jeder Abenteurer jederzeit
Verbürgte Nachricht gibt?
ALONSO: Ich geh jetzt dran und esse,

Although my last, no matter, since I feel
The best is past. Brother, my lord the duke,
Stand to, and do as we.

Thunder and lightning. Enter Ariel like a Harpy; claps his wings upon the table; and, with a quaint device, the banquet vanishes.

ARIEL:
You are three men of sin, whom Destiny, –
That hath to instrument this lower world
And what is in 't, – the never-surfeited sea
Hath caus'd to belch up you; and on this island,
Where man doth not inhabit, – you 'mongst men
Being most unfit to live. I have made you mad;
And even with such-like valour men hang and drown
Their proper selves.
[Alonso, Sebastian, etc., draw their swords.]
You fools! I and my fellows
Are ministers of Fate: the elements,
Of whom your swords are temper'd, may as well
Wound the loud winds, or with bemock'd-at stabs
Kill the still-closing waters, as diminish
One dowle that's in my plume: my fellow-ministers
Are like invulnerable. If you could hurt,
Your swords are now too massy for your strengths,
And will not be uplifted. But remember, –
For that's my business to you, – that you three
From Milan did supplant good Prospero:
Expos'd unto the sea, which hath requit it,
Him and his innocent child: for which foul deed
The powers, delaying, not forgetting, have
Incens'd the seas and shores, yea, all the creatures,
Against your peace. Thee of thy son, Alonso,
They have bereft; and do pronounce by me
Ling'ring perdition – worse than any death

Und wär's das letzte Mal – egal, ich merk,
Das Beste ist vorbei. Komm, Bruder, mein
Herr Herzog, mach's wie wir.

Blitz und Donner. Ariel tritt auf in Gestalt einer Harpyie, schlägt seine Flügel über die Tafel; durch einen Mechanismus verschwindet das Bankett.

ARIEL:
Ihr seid drei Mann der Sünde, die das Schicksal –
Dem diese niedrigere Welt samt allem
Ein Werkzeug ist – die nimmersatte See
Ausspucken hieß, euch drei; hier auf die Insel,
Vom Menschen unbewohnt, weil unter Menschen
Zu leben ihr nicht taugt. Ich hab euch irrgemacht;
Aus solchem Irrsinnsmut erhängt, ersäuft
Ein Mensch sich selbst.
(Alonso, Sebastian und die anderen ziehen ihre Waffen.)
Ihr Narren! Ich und meinesgleichen
Sind Diener des Geschicks. Die Elemente,
Die ihr zu Waffen härtet, könnten grad
So gut die Winde spießen und die quellenden
Gewässer lachhaft voller Löcher stoßen, wie
Ein Fläumchen mir vom Fittich zupfen. Unverwundbar
Sind alle meiner Art. Selbst wenn ihr schaden könntet –
Die Degen sind jetzt eurer Kraft zu schwer
Und lassen sich nicht heben. Doch erinnert euch –
Dies nämlich ist mein Auftrag –, dass ihr drei
Den guten Prospero aus Mailand stießt,
Dem Meer, das euch nun lohnt, ihn preisgabt und
Sein Unschuldskind; für welche Schandtat jetzt
Die Mächte, die nur warten, nie vergessen, Meer
Und Land, ja alle Kreatur erzürnten
Auf euren Frieden. Dich beraubten sie
Des Sohns, Alonso; sprechen dir durch mich,
Zähschleppendes Verderben – schlimmer als

Can be at once – shall step by step attend
You and your ways; whose wraths to guard you from, –
Which here, in this most desolate isle, else falls
Upon your heads, – is nothing but heart-sorrow
And a clear life ensuing.

He vanishes in thunder; then, to soft music, enter the Shapes again, and dance, with mocks and mows, and carrying out the table.

PROSPERO:
Bravely the figure of this Harpy hast thou
Perform'd, my Ariel; a grace it had devouring:
Of my instruction hast thou nothing bated
In what thou hadst to say: so, with good life
And observation strange, my meaner ministers
Their several kinds have done. My high charms work,
And these mine enemies are all knit up
In their distractions: they now are in my power;
And in these fits I leave them, while I visit
Young Ferdinand, – whom they suppose is drown'd, –
And his and mine lov'd darling.

[Exit.]

GONZALO:
I' th' name of something holy, sir, why stand you
In this strange stare?

ALONSO: O, it is monstrous, monstrous!
Methought the billows spoke, and told me of it;
The winds did sing it to me; and the thunder,
That deep and dreadful organ-pipe, pronounc'd
The name of Prosper: it did bass my trespass.
Therefor my son i' th' ooze is bedded; and
I'll seek him deeper than e'er plummet sounded,
And with him there lie mudded.

Exit.

Der schlimmste schnelle Tod – soll Schritt für Schritt
Euch aller Wege folgen; euch vor deren Zorn
Zu schützen, der in dieser Inselödnis sonst
Wird kommen über euch, bleibt nichts als nur
Ein Reueherz und reines Leben künftig.

Er verschwindet im Donner.
Dann treten zu sanfter Musik die Gestalten wieder auf, tanzen mit Fratzen und Grimassen und tragen den Tisch ab.

PROSPERO:
Gut hast du deine Harpyien-Rolle grad gespielt,
Mein Ariel: graziös, einfach ein Fressen.
Kein Wort von meinem Text war unterschlagen,
Den du zu sprechen hattest. Ganz lebendig
Und sehr gewissenhaft der Auftritt auch
Der kleinern Geister. Meine Zauber wirken,
Und die da, meine Feinde, sind verstrickt
Im Wahn. Jetzt hab ich sie in der Gewalt;
So lass ich sie im Fieber und besuch
Jung-Ferdinand, den sie ertrunken glauben,
Und sein' und meinen Liebling.

Ab.

GONZALO:
Bei allem, was da heilig ist, was stehn Sie, Herr,
Und starrn so seltsam?

ALONSO: Oh, es ist grässlich, grässlich!
Mir war, die Wellen sprachen mir davon;
Die Winde sangen mir davon, und Donner,
Der grässlich dumpfe Orgelton, grollt mir
Den Namen Prospero: Bass im Konzert der Schuld.
Drum liegt mein Sohn im Schlamm gebettet; und
Ich will ihn suchen, wo kein Senkblei lotet,
Und mit ihm dort verschlammen.

Geht ab.

SEBASTIAN: But one fiend at a time,
I'll fight their legions o'er.

ANTONIO: I'll be thy second.

Exeunt [Sebastian and Antonio].

GONZALO:
All three of them are desperate: their great guilt,
Like poison given to work a great time after,
Now 'gins to bite the spirits. I do beseech you,
That are of suppler joints, follow them swiftly,
And hinder them from what this ecstasy
May now provoke them to.

ADRIAN: Follow, I pray you.

Exeunt omnes.

SEBASTIAN: Reicht mir die Teufel einzeln,
Dann schlage ich Legionen.

ANTONIO: Ich bin dein Sekundant.

Sebastian und Antonio ab.

GONZALO:
Verzweifelt alle dreie. Ihre große Schuld,
Wie Gift, das erst viel später wirken soll,
Fängt jetzt das Beißen an. Ich bitte euch,
Die ihr noch jüngre Beine habt, geschwind lauft nach
Und hindert sie an dem, wozu ihr Wahnwitz
Sie jetzt verleiten könnt.

ADRIAN: Kommt bitte mit.

Alle ab.

ACT IV

Scene I

[Before Prospero's Cell.]
Enter Prospero, Ferdinand, and Miranda.

PROSPERO:
If I have too austerely punish'd you,
Your compensation makes amends; for I
Have given you here a third of mine own life,
Or that for which I live; who once again
I tender to thy hand: all thy vexations
Were but my trials of thy love, and thou
Hast strangely stood the test: here, afore Heaven,

I ratify this my rich gift. O Ferdinand,
Do not smile at me that I boast her off,
For thou shalt find she will outstrip all praise,
And make it halt behind her.

FERDINAND: I do believe it
Against an oracle.

PROSPERO:
Then, as my gift, and thine own acquisition
Worthily purchas'd, take my daughter: but
If thou dost break her virgin-knot before
All sanctimonious ceremonies may
With full and holy rite be minister'd,
No sweet aspersion shall the heavens let fall
To make this contract grow; but barren hate,
Sour-ey'd disdain and discord shall bestrew
The union of your bed with weeds so loathly
That you shall hate it both: therefore take heed,
As Hymen's lamps shall light you.

FERDINAND: As I hope
For quiet days, fair issue and long life,

VIERTER AKT

1. Szene

Prospero, Ferdinand und Miranda treten auf.

PROSPERO:
Wenn ich dich allzu schwer gestraft hab, gleicht's
Die Wiedergutmachung wohl aus, denn ich
Gab dir ein Drittel meines eignen Lebens,
Ja das, wofür ich leb, und leg sie nochmals
In deine Hand. All deine Qual war nur
Mein Prüfstein deiner Liebe, und du hast
Die Prüfung wundersam bestanden. Hier,
Vorm Himmel jetzt, bestätig ich dir meine
So reiche Gabe. Oh, belächel mich
Nicht, Ferdinand, weil ich mit ihr so prahle,
Denn du wirst sehn, sie fliegt dem Lob voraus
Und lässt's weit hinten hinken.
FERDINAND: Das glaub ich
Dir gern selbst gegen ein Orakel.
PROSPERO:
Als mein Geschenk und als dein Selbstverdientes,
Ehrlich erlangt, nimm meine Tochter; doch
Zerreißt du ihr das Jungfernband vor der
Bekräftigung ehrbaren Hochzeitsbrauchs
Durch volle, heilige Zeremonie,
Dann soll der Himmel keinen Segen regnen,
Dass dieses Bündnis blüht; nur dürrer Hass,
Nur scheeler Neid und saurer Streit solln euch
Im Ehebett so eklig Unkraut wuchern,
Dass ihr es beide hasst. Drum sieh dich vor,
Wenn Hymens Lampe leuchten soll.
FERDINAND: So wahr
Ich hoff auf Frieden, Kinder, langes Leben

With such love as 'tis now, the murkiest den,
The most opportune place, the strong'st suggestion
Our worser genius can, shall never melt
Mine honour into lust, to take away
The edge of that day's celebration
When I shall think, or Phœbus' steeds are founder'd,
Or Night kept chain'd below.

PROSPERO: Fairly spoke.
Sit, then, and talk with her; she is thine own.
What, Ariel! my industrious servant, Ariel!

Enter Ariel.

ARIEL:
What would my potent master? here I am.

PROSPERO:
Thou and thy meaner fellows your last service
Did worthily perform; and I must use you
In such another trick. Go bring the rabble,
O'er whom I give thee power, here to this place:
Incite them to quick motion; for I must
Bestow upon the eyes of this young couple
Some vanity of mine Art: it is my promise,
And they expect it from me.

ARIEL: Presently?

PROSPERO:
Ay, with a twink.

ARIEL:
Before you can say, »come,« and »go,«
And breathe twice, and cry, »so, so,«
Each one, tripping on his toe,
Will be here with mop and mow.
Do you love me, master? no?

PROSPERO:
Dearly, my delicate Ariel. Do not approach
Till thou dost hear me call.

ARIEL: Well, I conceive.

Exit.

Voll Liebe, so wie jetzt: die trübste Höhle,
Der einladendste Platz, die stärkste Lockung
Vom dunklen Engel in uns soll mir nie
Mein Ehrgefühl zu Lüsternheit zerschmelzen,
Dass ich die Freuden wegnehm jenem Feiertag,
An dem ich denken werd, die Sonnenpferde lahmen
Oder die Nacht läg unten eingesperrt.

PROSPERO: Sehr schön gesagt.
Setz dich und sprich mit ihr: denn sie ist dein.
He, Ariel! Mein fleißiger Bedienter, Ariel!

Ariel tritt auf.

ARIEL:
Was will mein großmächtiger Herr? Hier bin ich.

PROSPERO:
Du und dein Volk habt euren letzten Dienst
Anständig ausgeführt; jetzt brauch ich euch
Zu noch so einem Spiel. Geh, bring das Volk,
Das ich in deine Macht gab, hier zu uns.
Rasch setz sie in Bewegung, denn ich muss
Den Augen dieses Paares bunten Tand
Von meiner Kunst vorführn. Ich hab's versprochen,
Und sie erwarten es von mir.

ARIEL: Jetzt gleich?

PROSPERO:
Auf eins, zwei, drei.

ARIEL:
Eh du nur sagst »komm« und »geh«,
Zweimal schnaufst und sagst »oje«,
Seh ich, dass auf spitzem Zeh
Zapplig jeder hier sich dreh.
Liebst du mich, mein Meister? Nee?

PROSPERO:
Herzlich, zarter Ariel! Komm erst,
Wenn du mich rufen hörst.

ARIEL: Gut, ich versteh.

Ab.

PROSPERO:
Look thou be true; do not give dalliance
Too much the rein: the strongest oaths are straw

To th' fire in' th' blood: be more abstemious,
Or else, good night your vow!

FERDINAND: I warrant you, sir;
The white cold virgin snow upon my heart
Abates the ardour of my liver.

PROSPERO: Well.
Now come, my Ariel! bring a corollary,
Rather than want a spirit: appear, and pertly!
No tongue! all eyes! be silent.

Soft music. Enter Iris.

IRIS:
Ceres, most bounteous lady, thy rich leas
Of wheat, rye, barley, vetches, oats, and pease;
Thy turfy mountains, where live nibbling sheep,
And flat meads thatch'd with stover, them to keep;
Thy banks with pioned and twilled brims,
Which spongy April at thy hest betrims,
To make cold nymphs chaste crowns; and thy broom-groves,
Whose shadow the dismissed bachelor loves,
Being lass-lorn; thy poll-clipt vineyard;
And thy sea-marge, sterile and rocky-hard,
Where thou thyself dost air; – the queen o' th' sky,
Whose wat'ry arch and messenger am I,
Bids thee leave these; and with her sovereign grace,

Juno descends.

Here, on this grass-plot, in this very place,
To come and sport: – her peacocks fly amain:
Approach, rich Ceres, her to entertain.

Enter Ceres.

CERES:
Hail, many-colour'd messenger, that ne'er

PROSPERO:
Denk an dein Wort. Lass nicht der Koserei
Die Zügel schießen. Denn dein stärkster Schwur ist Stroh
Im Feuer heißen Bluts. Sei du enthaltsam,
Sonst, gute Nacht, dein Eid!
FERDINAND: Herr, glauben Sie mir,
Der weiße kalte jungfräuliche Schnee
An meinem Herz hält dessen Brand in Schach.
PROSPERO:
Nun denn. – Komm, Ariel! Lieber ein Geist
Zu viel, als dass wer fehlt. Nun komm, und keck.
Mund zu! Ganz Auge! Still.
Sanfte Musik. Iris tritt auf.
IRIS:
Ceres, du Füllhorngöttin, deine Felder,
Dein Roggen, Weizen, Korn, all deine Wälder,
Die grünen Hügel, wo die Schafe weiden,
Die Wiesen voller Heu für Winterzeiten,
Dein Bachbett, bunt von Blumen überhangen,
Die triefender April auf dein Verlangen
Als Schmuck für keusche Nymphen pflanzt; die Ginsterhecken,
Wo sich Verliebte trauernd oft verstecken
Vorm Liebesweh; den Weinberg traubensatt
Und deine Küsten dürr und felsenglatt,
Wo du die Luft genießt – die Himmelskönigin,
Der ich die Regenbogenbotin bin,
Will, dass du all das lässt und kommst sofort
Zu Ihrer Gnaden, hier am Wiesenort
Ihr Fest begehn. – Da schwirrt ihr Pfauenwagen. –
Juno steigt langsam von oben herab.
Komm, Ceres, komm, ihr Freundlichkeiten sagen.
Ceres tritt auf.
CERES:
Gruß, farbenfrohe Botin, die sich hetzt

Dost disobey the wife of Jupiter;
Who, with thy saffron wings, upon my flowers
Diffusest honey-drops, refreshing showers;
And with each end of thy blue bow dost crown
My bosky acres and my unshrubb'd down,
Rich scarf to my proud earth; why hath thy queen
Summon'd me hither, to this short-grass'd green?

IRIS:
A contract of true love to celebrate;
And some donation freely to estate
On the blest lovers.

CERES: Tell me, heavenly bow,
If Venus or her son, as thou dost know,
Do now attend the queen? Since they did plot
The means that dusky Dis my daughter got,
Her and her blind boy's scandal'd company
I have forsworn.

IRIS: Of her society
Be not afraid: I met her deity
Cutting the clouds towards Paphos, and her son
Dove-drawn with her. Here thought they to have done
Some wanton charm upon this man and maid,
Whose vows are, that no bed-right shall be paid
Till Hymen's torch be lighted: but in vain;
Mars's hot minion is return'd again;
Her waspish-headed son has broke his arrows,

Swears he will shoot no more, but play with sparrows,
And be a boy right out.

CERES: Highest queen of state,
Great Juno comes; I know her by her gait.

JUNO:
How does my bounteous sister? Go with me
To bless this twain, that they may prosperous be,
And honour'd in their issue.
(They sing)

Und nie sich Jovis' Gattin widersetzt;
Die du vom Safranfittich Honigschauer
Auf meine Blüten sprühst als Regenbrauer;
Die du mit deinem blauen Bogen krönst
Mein Hügelland und meine Au verschönst
Als Schmuckband meiner Welt. Zu welchem Zweck
Ruft mich die Königin zum Wiesenfleck?

IRIS:
Ein Bündnis treuer Liebe hier zu feiern
Und eine Gabe willig beizusteuern
Zum Glück des Paares.

CERES: Sag mir, Himmelsbogen,
Kommt Venus etwa auch hier angezogen
Mit ihrem Sohn? Seit ihre List infam
Die Wege wies, als Dis mein Kind mir nahm,
Will ich den anrüchigen Umgang meiden
Von ihr und ihrem Sohn.

IRIS: Das Fest verleiden
Sie dir ganz sicher nicht. Ich sah die beiden
Gen Paphos hin voll Wut die Wolken teilen
Im Taubenwagen. Wollten doch mit Pfeilen
Der Lüsternheit hier Mann und Maid beschießen,
Dass sie trotz Schwur das Bettrecht schon genießen,
Eh Hymens Lampe brennt: umsonst, kein Glück!
Mars' heißer Bettschatz fliegt besiegt zurück;
Ihr wespenwilder Sohn schwur, er schießt nur noch Spatzen,
Warf seinen Bogen weg, spielt jetzt mit Katzen
Und will nur Junge sein.

CERES: Die höchste Majestät,
Juno, erscheint, ein strahlender Komet.

JUNO:
Wie geht's dir, Erntegöttin? Sei so frei,
Dies Paar zu segnen, dass es fruchtbar sei
Und Ruhm ihm wächst in Kindern.
(sie singen)

JUNO:

Honour, riches, marriage-blessing,
Long continuance, and increasing,
Hourly joys be still upon you!
Juno sings her blessings on you.

CERES:

Earth's increase, foison plenty,
Barns and garners never empty;
Vines with clust'ring bunches growing;
Plants with goodly burthen bowing;
Spring come to you at the farthest
In the very end of harvest!
Scarcity and want shall shun you;
Ceres' blessing so is on you.

FERDINAND:

This is a most majestic vision, and
Harmonious charmingly. May I be bold
To think these spirits?

PROSPERO: Spirits, which by mine Art
I have from their confines call'd to enact
My present fancies.

FERDINAND: Let me live here ever;
So rare a wonder'd father and a wise
Makes this place Paradise.

Juno and Ceres whisper,
and send Iris on employment.

PROSPERO: Sweet, now, silence!
Juno and Ceres whisper seriously;
There's something else to do: hush, and be mute,
Or else our spell is marr'd.

IRIS:

You nymphs, call'd Naiads, of the windring brooks,
With your sedg'd crowns and ever-harmless looks,
Leave your crisp channels, and on this green land
Answer your summons; Juno does command:

JUNO:

Ehre, Reichtum, Ehesegnung,
Langes Leben und Vermehrung,
Stund um Stund habt Freude an euch!
Juno singt den Segen für euch!

CERES:

Erdensegen, Erntefülle,
Scheunen, Speicher voll in Hülle,
Reben schwer von Trauben wankend,
Pflanzen, unter Ähren schwankend;
Frühling sei euch gleich gesandt,
Kaum der Herbst sein Ende fand.
Mangel, Not, Entbehrung meid euch,
Ceres' Segenswunsch begleit euch.

FERDINAND:

Das ist eine gewaltige Erscheinung
Und zauberhaft melodisch. Darf ich glauben,
Dass dies da Geister sind?

PROSPERO: Geister, die meine Kunst
Aus ihren Reichen rief, um meine Launen
Euch vorzuspielen.

FERDINAND: Hier lass mich immer leben!
So wundersam ein Vater, und ein Mädchen
Macht mir den Ort zum Paradies.

Juno und Ceres flüstern miteinander und schicken Iris mit einem Auftrag fort.

PROSPERO: Still, Freund!
Juno und Ceres flüstern da so ernst.
Es gibt noch was zu tun. Pst! und sei still,
Sonst reißt der Zauber ab.

IRIS:

Ihr Nymphen aus den feuchten Flussregionen,
Sanftäugig und mit Wasserlilienkronen,
Lasst euer Schlängelbett, erscheint sofort
Am grünen Land. Folgt Junos Wort.

Come, temperate nymphs, and help to celebrate
A contract of true love; be not too late.

Enter certain Nymphs.

You sunburn'd sicklemen, of August weary,
Come hither from the furrow, and be merry:
Make holiday; your rye-straw hats put on,
And these fresh nymphs encounter every one
In country footing.

Enter certain Reapers, properly habited: they join with the Nymphs in a graceful dance; towards the end whereof Prospero starts suddenly, and speaks; after which, to a strange, hollow, and confused noise, they heavily vanish.

PROSPERO *[Aside]:*
I had forgot that foul conspiracy
Of the beast Caliban and his confederates
Against my life: the minute of their plot
Is almost come. *[To the Spirits.]* Well done! avoid; no more!

FERDINAND:
This is strange: your father's in some passion
That works him strongly.

MIRANDA: Never till this day
Saw I him touch'd with anger, so distemper'd.

PROSPERO:
You do look, my son, in a mov'd sort,
As if you were dismay'd: be cheerful, sir.
Our revels now are ended. These our actors,
As I foretold you, were all spirits, and
Are melted into air, into thin air:
And, like the baseless fabric of this vision,
The cloud-capp'd towers, the gorgeous palaces,
The solemn temples, the great globe itself,

Kommt, keusche Nymphen, feiert als Geleit
Ein Bündnis treuer Liebe. Kommt beizeit.

Einige Nymphen treten auf.

Ihr braunen Schnitter, müde vom August,
Kommt von der Scholle, tanzt nach Herzenslust.
Macht Feiertag; den schönsten Rock zieht an,
Und diese Nymphen schwinge jedermann
Frischweg im Erntetanz.

Einige Schnitter treten auf, festlich gekleidet. Sie führen mit den Nymphen zusammen einen graziösen Tanz auf, gegen dessen Ende hin Prospero plötzlich zusammenzuckt und spricht; worauf alles zu einem seltsamen, hohlen und verworrenen Klanggewirr niedergeschlagen verschwindet.

PROSPERO *(apart):*
Hatt ganz die Mordverschwörung dieses Tiers
Von Caliban samt Spießgeselln vergessen,
Die mich erschlagen wolln. Der Zeitpunkt für
Die Tat rückt näher. – *(zu den Geistern)* Gut so! lasst! nichts mehr!

FERDINAND:
Seltsam das! Wie erregt dein Vater ist,
Ganz aufgewühlt.

MIRANDA: Bis heut hab ich ihn nie
So maßlos aufgebracht vor Wut gesehn.

PROSPERO:
Mein Sohn, du schaust ja ganz verstört, bestürzt,
Als hättst du dich erschreckt. Du freu dich nur.
Die Zauber sind vorbei. Da unsre Mimen,
Wie ich dir sagte, waren alle Geister und
Sind aufgelöst in Luft, in dünne Luft;
Und, wie dies körperlose Traumgewebe, so
Die wolkenhohen Türme, die Paläste,
Die stillen Tempel, selbst der Erdenball,

Yea, all which it inherit, shall dissolve,
And, like this insubstantial pageant faded,
Leave not a rack behind. We are such stuff
As dreams are made on; and our little life
Is rounded with a sleep. Sir, I am vex'd;
Bear with my weakness; my old brain is troubled:

Be not disturb'd with my infirmity:
If you be pleas'd, retire into my cell,
And there repose: a turn or two I'll walk,
To still my beating mind.

FERDINAND, MIRANDA: We wish your peace.

Exeunt.

PROSPERO:
Come with a thought. I thank thee. Ariel: come.

Enter Ariel.

ARIEL:
Thy thoughts I cleave to. What's thy pleasure?

PROSPERO: Spirit,
We must prepare to meet with Caliban.

ARIEL:
Ay, my commander: when I presented Ceres,
I thought to have told thee of it; but I fear'd
Lest I might anger thee.

PROSPERO:
Say again, where didst thou leave these varlets?

ARIEL:
I told you, sir, they were red-hot with drinking;
So full of valour that they smote the air
For breathing in their faces; beat the ground
For kissing of their feet; yet always bending
Towards their project. Then I beat my tabor;
At which, like unback'd colts, they prick'd their ears,
Advanc'd their eyelids, lifted up their noses

Ja, was an ihm nur teilhat, wird zerfließen,
Und, wie dies wesenlose Schauspiel schwand,
Vergehen ohne Spur. Wir sind vom Stoff,
Aus dem die Träume sind; und unser kleines Leben
Beginnt und schließt ein Schlaf. Herr, ich bin unruhig.
Geduld mit meiner Schwachheit; mein alter Kopf
geht um.
Seid nicht beunruhigt über meine Schwäche.
Sofern ihr wollt, geht nur in meine Zelle
Und ruht euch aus. Ich geh hier auf und ab,
Bis sich das Hämmern legt im Kopf.

FERDINAND, MIRANDA: Der Friede sei mit dir.

Ferdinand und Miranda ab.

PROSPERO:
Komm schnell wie ein Gedanke. Dank dir. Ariel,
komm!

Ariel tritt auf.

ARIEL:
An deinem Denken häng ich. Sag den Wunsch!

PROSPERO:
Wir müssen uns für Caliban bereiten.

ARIEL:
Ja, mein Gebieter. Als ich Ceres darbot,
Wollt ich dir's beinah sagen, hatt nur Angst,
Ich könnt dich wütend machen.

PROSPERO:
Sag mir noch mal, wo blieb die Bande ab?

ARIEL:
Ich sagte, Herr, sie warn vom Suff rot glühend;
So heldenstark, dass sie den Wind verdroschen,
Weil er das Haar zerwühlt, den Boden traten,
Weil er die Füße kitzelt; doch ihrn Plan
Ganz fest im Blick. Dann schlug ich meine Trommel,
Dass sie die Ohren stellten wie die Hasen,
Die Augen rollten, mit den Nasen zuckten,

As they smelt music: so I charm'd their ears,
That, calf-like, they my lowing follow'd, through
Tooth'd briers, sharp furzes, pricking goss, and thorns,
Which enter'd their frail shins: at last I left them
I' th' filthy-mantled pool beyond your cell,
There dancing up to th' chins, that the foul lake
O'erstunk their feet.

PROSPERO: This was well done, my bird.
Thy shape invisible retain thou still:
The trumpery in my house, go bring it hither,
For stale to catch these thieves.

ARIEL: I go, I go.

Exit.

PROSPERO:
A devil, a born devil, on whose nature
Nurture can never stick; on whom my pains,
Humanely taken, all, all lost, quite lost;

And as with age his body uglier grows,
So his mind cankers. I will plague them all,
Even to roaring.

[Re-]enter Ariel, loaden with glistering apparel, etc.

Come, hang them on this line.

[Prospero and Ariel remain, invisible.] Enter Caliban, Stephano, and Trinculo, all wet.

CALIBAN:
Pray you, tread softly, that the blind mole may not
Hear a foot fall: we now are near his cell.

STEPHANO: Monster, your fairy, which you say is a harmless fairy, has done little better than played the Jack with us.

TRINCULO: Monster, I do smell all horse-piss; at which my nose is in great indignation.

Als wär Musik zum Riechen: solch ein Ohrenzauber,
Dass sie wie Schafe meinem Blöken folgten
Durch Stachelsträucher, Nesseln, Dorn und Distel,
Die jedes Schienbein stachen. Endlich ließ ich sie
Im Jauchesumpf gleich hinter deiner Zelle
Bis übern Kragen paddeln, dass die Brühe
Den Fußschweiß überstank.

PROSPERO: Brav so, mein Vogel!
Behalt noch deine unsichtbare Form.
Den Firlefanz im Haus, geh, bring ihn her
Als Köder, Diebe einzufangen.

ARIEL: Ich geh, ich geh!

Ab.

PROSPERO:
Ein Teufel, von Geburt ein Teufel, dess' Natur
Kein Pfropfreis adeln kann; an dem die Mühe,
Die ich mir menschlich gab, umsonst, ganz ganz umsonst ist;
Und wie sein Leib hässlicher wird im Altern,
Verrottet auch sein Geist. Ich will sie alle plagen,
Bis dass sie schrein.

Ariel tritt auf, mit glitzernden Kleidungsstücken etc. beladen.

Da, häng sie auf die Leine.

Caliban, Stephano und Trinculo treten durchnässt auf.

CALIBAN:
Bitt euch, lauft leise, dass der blinde Maulwurf
Kein Schrittchen hört. Wir sind jetzt nah der Zelle.

STEPHANO: Monster, dein Troll da, wo du sagst, ist ein harmloser Troll, hat uns sagundschreibe an die Nase gekriegt.

TRINCULO: Monster, ich stink mordsmäßig nach Pferdepisse, worüber sich mir die Nase ganz erheblich rümpft.

STEPHANO: So is mine. Do you hear, monster? If I should take a displeasure against you, look you, –

TRINCULO: Thou wert but a lost monster.

CALIBAN:
Good my lord, give me thy favour still.
Be patient, for the prize I'll bring thee to
Shall hoodwink this mischance: therefore speak softly.
All's hush'd as midnight yet.

TRINCULO: Ay, but to lose our bottles in the pool, –

STEPHANO: There is not only disgrace and dishonour in that, monster, but an infinite loss.

TRINCULO: That's more to me than my wetting: yet this is your harmless fairy, monster.

STEPHANO: I will fetch off my bottle, though I be o'er ears for my labour.

CALIBAN:
Prithee, my King, be quiet. See'st thou here,
This is the mouth o' th' cell: no noise, and enter.
Do that good mischief which may make this island
Thine own for ever, and I, thy Caliban,
For aye thy foot-licker.

STEPHANO: Give me thy hand. I do begin to have bloody thoughts.

TRINCULO: O King Stephano! O peer! O worthy Stephano! look what a wardrobe here is for thee!

CALIBAN:
Let it alone, thou fool; it is but trash.

TRINCULO: O, ho, monster! we know what belongs to a frippery. O King Stephano!

STEPHANO: Put off that gown, Trinculo; by this hand, I'll have that gown.

TRINCULO: Thy grace shall have it.

CALIBAN:
The dropsy drown this fool! what do you mean

STEPHANO: Genau wie meine. Hörst du, Monstrum? Wenn mich ein Missfallen ankommen sollt gegen dich, schau, dass –

TRINCULO: Du wärst ein geliefertes Monstrum.

CALIBAN:

Mein guter Herr, erhalt mir deine Gunst.
Wart's ab nur, denn der Preis, den ich dir beischaff,
Macht dieses Unglück klein. Drum sprich nur leise,
Alles ist still wie Mitternacht.

TRINCULO: Ja, aber unsre Flasche verlieren in der Jauche –

STEPHANO: Das ist nicht bloß Schmach und Schande, Monstrum, sondern ein unersetzlicher Verlust.

TRINCULO: Das geht mir näher ans Herz als die nassen Hosen. Aber ist ja ein harmloser Troll, dein Troll.

STEPHANO: Ich fisch mir die Flasche da raus, und wenn's mich ein Vollbad kostet.

CALIBAN:

Bitte, sei still, mein König. Siehst du hier,
Der Zelleneingang. Kein Geräusch, und rein.
Tu das gerechte Unrecht, dass die Insel
Dein Eigen werd und ich, dein Caliban,
Ewig dein Füßelecker.

STEPHANO: Gib mir die Hand. So langsam krieg ich blutige Gedanken.

TRINCULO: O König Stephano! O Fürst! O werter Stephano, da schau, des Königs neue Kleider, was da an Kostümierung hängt für dich!

CALIBAN:

Lass hängen, Dummkopf, du! das ist nur Plunder.

TRINCULO: Oho, Monstrum! Erzähl uns nichts, vom Trödelgeschäft haben wir Ahnung. O König Stephano!

STEPHANO: Runter mit dem Rock, Trinculo! Gottverdammich, den Rock krieg ich!

TRINCULO: Euer Gnaden sollen ihn haben.

CALIBAN:

Ersauf im Suff der Narr! Was denkt ihr euch,

To dote thus on such luggage? Let't alone,
And do the murther first: if he awake,
From toe to crown he'll fill our skins with pinches,
Make us strange stuff.

STEPHANO: Be you quiet, monster. Mistress line, is not this my jerkin? Now is the jerkin under the line: now, jerkin, you are like to lose your hair, and prove a bald jerkin.

TRINCULO: Do, do; we steal by line and level, an't like your grace.

STEPHANO: I thank thee for that jest; here's a garment for't: wit shall not go unrewarded while I am King of this country. »Steal by line and level« is an excellent pass of pate; there's another garment for't.

TRINCULO: Monster, come, put some lime upon your fingers, and away with the rest.

CALIBAN:
I will have none on't: we shall lose our time,
And all be turn'd to barnacles, or to apes
With foreheads villainous low.

STEPHANO: Monster, lay-to your fingers: help to bear this away where my hogshead of wine is, or I'll turn you out of my kingdom: go to, carry this.

TRINCULO: And this.

STEPHANO: Ay, and this.

A noise of hunters heard. Enter divers Spirits, in shape of dogs and hounds, hunting them about; Prospero and Ariel setting them on.

PROSPERO: Hey, Mountain, hey!

ARIEL: Silver! there it goes, Silver!

PROSPERO:
Fury, Fury! there, Tyrant, there! hark, hark!

Von so Gelump so schwärmen? Lasst das ruhn
Und macht den Mord zuerst. Wenn er erwacht,
Von Kopf bis Fuß zerzwickt er uns die Haut,
Stellt weiß was mit uns an.

STEPHANO: Sei du mir still, Monstrum. Hochverehrte Frau Strick, Sie bestricken mich. Ihre Waren, Ihre sozusagen Strickwaren – du kriegst die Motten! Gestatten Sie, dass ich Ihnen an die Röcke gehe? Da schau, sie lässt die Hose fallen!! Frau Strick, ich denke nicht nur Hose, ich denke sozusagen Jacke wie Hose, Frau Strick!

TRINCULO: Das nenn ich klauen nach Strick und Faden, wie?

STEPHANO: Meine Hochachtung für diesen Witz. Da nimm den Rock dafür. Witz soll nicht unbelohnt bleiben, solang ich König bin in diesem Land. »Stehlen nach Strick und Faden« ist schlicht genial. Da, nimm noch den Rock obendrauf dafür.

TRINCULO: Monstrum, mach dir die Finger klebrig und dann hopp, hopp vom Schnürchen weg mit dem Rest.

CALIBAN:
Ich will nichts. Wir vertun nur unsre Zeit,
Und er verwandelt uns in Vogelechsen
Und Affen mit gemeiner, flacher Stirn.

STEPHANO: Monstrum, reg die Flossen. Hilf das hintragen, wo mein Trumm von Weinfass liegt, oder ich schmeiß dich raus aus meinem Königreich. Mach zu, trag das!

TRINCULO: Und das!

STEPHANO: Ja, und das.

Jagdlärm erklingt. Mehrere Geister in Gestalt von Hunden treten auf und jagen sie herum, während Prospero und Ariel sie anfeuern.

PROSPERO: Hussa, Waldmann, hussa!

ARIEL: Hassan! Auf sie, Hassan!

PROSPERO:
Fass, fass! Hier, Beißer, hier! Fass, fass!

[Caliban, Stephano, and Trinculo are driven out.]

Go charge my goblins that they grind their joints
With dry convulsions; shorten up their sinews
With aged cramps; and more pinch-spotted make them
Than pard or cat o' mountain.

ARIEL: Hark, they roar!

PROSPERO:

Let them be hunted soundly. At this hour
Lies at my mercy all mine enemies:
Shortly shall all my labours end, and thou
Shalt have the air at freedom: for a little
Follow, and do me service.

Exeunt.

Caliban, Stephano und Trinculo
werden rausgejagt.

Geh, lass die Trolle ihre Sehnen dörren,
Bis dass sie reißen, die Gelenke knirschen
Mit Altersgicht, ihr Fell so fleckig kneifen
Wie Leopard und Panther.

ARIEL: Hör, sie schrein!

PROSPERO:
Hetz sie nur gründlich. Diese Stunde liefert
Mir meine Feinde aus auf Gnad und Ungnad.
Bald enden alle meine Mühn, und du
Bekommst die Freiheit deiner Lüfte. Kurz nur
Folg noch und tu mir Dienst.

Beide ab.

ACT V

Scene I

[Before the Cell of Prospero.]
Enter Prospero in his magic robes,
and Ariel.

PROSPERO:
Now does my project gather to a head:
My charms crack not; my spirits obey; and time
Goes upright with his carriage. How's the day?
ARIEL:
On the sixth hour; at which time, my lord,
You said our work should cease.
PROSPERO: I did say so,
When first I rais'd the tempest. Say, my spirit,
How fares the King and 's followers?
ARIEL: Confin'd together
In the same fashion as you gave in charge,
Just as you left them; all prisoners, sir,
In the line-grove which weather-fends your cell;
They cannot budge till your release. The King,
His brother, and yours, abide all three distracted,
And the remainder mourning over them,
Brimful of sorrow and dismay; but chiefly
Him you term'd, sir, »The good old lord, Gonzalo«;
His tears runs down his beard, like winter's drops
From eaves of reeds. Your charm so strongly works 'em,
That if you now beheld them, your affections
Would become tender.
PROSPERO: Dost thou think so, spirit?
ARIEL:
Mine would, sir, were I human.
PROSPERO: And mine shall.
Hast thou, which art but air, a touch, a feeling

FÜNFTER AKT

1. Szene

Prospero, in seinem magischen Mantel, und Ariel treten auf.

PROSPERO:
Nun strebt mein Schmelzwerk zum Gerinnungspunkt.
Mein Zauber hält, die Geister dienen, und die Zeit
Trägt leicht und aufrecht ihre Last. Wie spät?
ARIEL:
Die sechste Stunde, Herr, um welche Zeit
Du sagtest, soll die Arbeit enden.
PROSPERO: Sagt ich, ja,
Wie ich den Sturm erregt hab. Sprich, mein Geist,
Was treibt der König nebst Gefolge?
ARIEL: Fest
Gebannt gemeinsam ganz nach deinem Auftrag,
Grad wie du sie verließt – gefangen alle, Herr,
Im Lindenhain, der deine Zelle wetterschützt.
Keiner kommt los, bis du ihn löst. Der König,
Sein Bruder, deiner auch, im Irrsinn alle drei,
Und tief in Trauer über sie der Rest,
Randvoll mit Leid und Schrecken; ganz besonders,
Wie du ihn nennst, der gute alte Herr Gonzalo;
Die Tränen sickern ihm vom Bart wie Winterregen
Vom Schilfrohrdach. So stark packt sie dein Zauber,
Dass, wenn du sie jetzt sehn würdst, dein Empfinden
Sanftmütig werden müsst.
PROSPERO: Das glaubst du, Geist?
ARIEL:
Meins würd es, wär ich Mensch.
PROSPERO: Und meines soll's.
Hast du, der du nur Luft bist, Sinn, Gespür

Of their afflictions, and shall not myself,
One of their kind, that relish all as sharply
Passion as they, be kindlier mov'd than thou art?
Though with their high wrongs I am struck to th' quick,
Yet with my nobler reason 'gainst my fury
Do I take part: the rarer action is
In virtue than in vengeance: they being penitent,

The sole drift of my purpose doth extend
Not a frown further. Go release them, Ariel:
My charms I'll break, their senses I'll restore,
And they shall be themselves.

ARIEL: I'll fetch them, sir.

Exit.

PROSPERO:
Ye elves of hills, brooks, standing lakes, and groves;
And ye that on the sands with printless foot
Do chase the ebbing Neptune, and do fly him
When he comes back; you demi-puppets that
By moonshine do the green sour ringlets make,
Whereof the ewe not bites; and you whose pastime
Is to make midnight mushrooms, that rejoice
To hear the solemn curfew; by whose aid –
Weak masters though ye be – I have bedimm'd
The noontide sun, call'd forth the mutinous winds,
And 'twixt the green sea and the azur'd vault
Set roaring war: to the dread rattling thunder
Have I given fire, and rifted Jove's stout oak
With his own bolt; the strong-bas'd promontory
Have I made shake, and by the spurs pluck'd up
The pine and cedar: graves at my command
Have wak'd their sleepers, op'd, and let 'em forth
By my so potent Art. But this rough magic

I here abjure; and, when I have requir'd

Für ihre Leiden, und soll da ich selbst,
Ein Mensch wie sie, der gleich fein fühlt wie sie,
Duldet wie sie, nicht menschlicher als du empfinden?
Zwar ihre Schandtat traf mich bis ins Mark,

Jedoch mit meiner besseren Vernunft
Ergreif ich gegen meine Wut Partei.
Das Köstlichere liegt im Sittlichsein
Als im Vergeltungsuchen. Nun sie reuig sind,
Reicht meiner Pläne Antriebskraft nicht mehr
Zum Stirnerunzeln. Ariel, lass sie los.
Die Zauber brech ich, geb die Sinne frei,
Und sie solln sein sie selber.

ARIEL: Ich geh sie holen, Herr.

Ab.

PROSPERO:
Ihr Elfen dort von Bach, See, Hain und Hügel;
Und ihr, die übers Watt spurlosen Schritts
Den ebbenden Neptun jagt und ihn flieht,
Wenn er zurückrollt; Gnome ihr, die ihr
Bei Mondenlicht grünsaure Kreise hext,
Woran das Schaf nicht beißt; ihr, die zum Spaß
Ihr Mittnacht-Pilze treibt, die ihr frech feixt,
Wenn 's Abendläuten dröhnt; mit deren Hilfe –
Schwach wie ihr seid zwar – ich die Mittagssonne
Verdüstert hab, jaulende Winde rief
Und zwischen grünem Meer und blauem All
Heulenden Krieg schuf; krachendem Donnerknall
Gab ich das Feuer und brach Jovis' Eiche
Mit seinem eignen Blitz; den Felsengrund
Hab ich erschüttert, wurzeltief zerschmettert
Pinien und Zedern; Gräber auf mein Wort
Erweckten Tote, barsten, spuckten sie ans Licht
Durch meiner Künste Macht. Doch diesem groben Zauber
Schwör ich hier ab, und hab ich noch verlangt

Some heavenly music, – which even now I do, –
To work mine end upon their senses, that
This airy charm is for, I'll break my staff,
Bury it certain fadoms in the earth,
And deeper than did ever plummet sound
I'll drown my book.

Solemn music. Here enters Ariel before: then Alonso, with a frantic gesture, attended by Gonzalo; Sebastian and Antonio in like manner, attended by Adrian and Francisco: they all enter the circle which Prospero had made, and there stand charm'd; which Prospero observing, speaks:

A solemn air, and the best comforter
To an unsettled fancy, cure thy brains,
Now useless, boil'd within thy skull! There stand,
For you are spell-stopp'd.
Holy Gonzalo, honourable man,
Mine eyes, ev'n sociable to the show of thine,
Fall fellowly drops. The charm dissolves apace;
And as the morning steals upon the night,
Melting the darkness, so their rising senses
Begin to chase the ignorant fumes that mantle
Their clearer reason. O good Gonzalo,
My true preserver, and a loyal sir
To him thou follow'st! I will pay thy graces
Home both in word and deed. Most cruelly
Didst thou, Alonso, use me and my daughter:
Thy brother was a furtherer in the act.
Thou art pinch'd for 't now, Sebastian. Flesh and blood,
You, brother mine, that entertain'd ambition,
Expell'd remorse and nature; whom, with Sebastian, –
Whose inward pinches therefor are most strong, –

Nach himmlischer Musik – hiermit geschehn –,
Dass ich ans Ziel komm über ihre Sinne
Mit dieser Luftmagie, dann brech ich meinen Stab,
Vergrab ihn viele Klafter unterm Fels,
Und tiefer als ein Senkblei jemals fiel,
Erträнk ich auch mein Buch.

Feierliche Musik. Ariel tritt zuerst auf; dann Alonso mit wahnsinnigem Verhalten, umsorgt von Gonzalo; Sebastian und Antonio in der gleichen Weise, umsorgt von Adrian und Francisco. Sie alle treten in den Kreis, den Prospero gezogen hat, und bleiben gebannt stehen; Prospero, der alles mit ansieht, spricht:

Ein ernster Klang, die beste Arzenei
Zerrütteter Gedanken, heil dein Hirn,
Das jetzt unbrauchbar kocht im Schädel. Steht,
Ihr seid gebannt.
Rechtschaffener Gonzalo, hochsinniger Mann,
Wie Brüder deiner Augen weinen meine
Verwandte Tränen aus. Die Zauber weichen,
Und wie der Morgen in die Nacht sich schleicht
Und Dunkel schmilzt, so fangen ihre Sinne
Erwachend an, den Dummheitsdunst zu lichten,
Der ihre klarere Vernunft umwogt.
Gonzalo, guter, Retter, treuer Diener
Des, dem du folgst, ich will dir dein Verdienst
Mit Wort und Tat reich lohnen. Du, Alonso,
Gingst grausamst um mit mir und meinem Kind.
Dein Bruder war ein Förderer der Tat.
Das frisst dich jetzt, Sebastian. – Du mein Fleisch und Blut,
Du, Bruder, du, der Ehrgeiz hochhielt und
Gewissen und Natur verstieß, der mit Sebastian –
Den drum die innre Qual am stärksten sticht –

Would here have kill'd your King; I do forgive thee,
Unnatural though thou art. Their understanding
Begins to swell; and the approaching tide
Will shortly fill the reasonable shore,
That now lies foul and muddy. Not one of them
That yet looks on me, or would know me: Ariel,
Fetch me the hat and rapier in my cell:
I will discase me, and myself present
As I was sometime Milan: quickly, spirit;
Thou shalt ere long be free.

ARIEL *(sings and helps to attire him):*

Where the bee sucks, there suck I:
In a cowslip's bell I lie;
There I couch when owls do cry.
On the bat's back I do fly
After summer merrily.
Merrily, merrily shall I live now
Under the blossom that hangs on the bough.

PROSPERO:

Why, that's my dainty Ariel! I shall miss thee;
But yet thou shalt have freedom: so, so, so.
To the King's ship, invisible as thou art:
There shalt thou find the mariners asleep
Under the hatches; the master and the boatswain
Being awake, enforce them to this place,
And presently, I prithee.

ARIEL:

I drink the air before me, and return
Or ere your pulse twice beat.

Exit.

GONZALO:

All torment, trouble, wonder and amazement
Inhabits here: some heavenly power guide us
Out of this fearful country!

PROSPERO: Behold, sir King,
The wronged Duke of Milan, Prospero:

Den Königsmord versucht hat, ich vergeb dir,
Wenn du auch unnatürlich bist. Ihr Einsehn ist
Im Schwellen, und die aufsteigende Flut
Wird bald das Wattmeer der Vernunft erreichen,
Das noch verschlammt und modrig fault. Nicht einer,
Der mich jetzt anschaut, mich erkennt. Ariel,
Hol mir den Hut und Degen aus der Zelle.
Ich werf die Larve ab und zeig mich so,
Wie ich mal war als Mailand. Schnell, mein Geist!
Kurz noch, und du bist frei!

ARIEL *(singt und hilft ihn ankleiden):*

Wo die Biene trinkt, trink ich,
Weich in Primeln bett ich mich,
Wenn der Kauz schreit, schlafe ich.
Reit den Fledermäuserich
Durch den Sommer ewiglich.
Fröhlich, ja fröhlich, so leb ich nun bald
Unter den Blumen im blühenden Wald.

PROSPERO:

Ach, du, mein Ariel! Du wirst mir fehlen,
Und dennoch sollst du frei sein – so, so, so.
Unsichtbar wie du bist zum Schiff des Königs:
Dort findest du die Mannschaft tief im Schlaf
Gleich unter Deck. Den Skipper und den Bootsmann,
Sowie sie wach sind, schaff sie hier zum Platz,
Und spute dich.

ARIEL:

Ich trink die Luft vor mir und bin zurück
Vor deinem zweiten Puls.

Ab.

GONZALO:

Hier wohnt Qual, Wunder, Staunen und Entsetzen
Ganz Tür an Tür. Helf eine Himmelsmacht
Uns aus dem Schreckensland!

PROSPERO: Erkenne, König,

Mailands verstoßnen Herzog Prospero.

For more assurance that a living Prince
Does now speak to thee, I embrace thy body;
And to thee and thy company I bid
A hearty welcome.

ALONSO: Whether thou be'st he or no,
Or some enchanted trifle to abuse me,
As late I have been, I not know: thy pulse
Beats, as of flesh and blood; and, since I saw thee,
Th' affliction of my mind amends, with which,
I fear, a madness held me: this must crave –
An if this be at all – a most strange story.
Thy dukedom I resign, and do entreat
Thou pardon me my wrongs. – But how should Prospero
Be living and be here?

PROSPERO: First, noble friend,
Let me embrace thine age, whose honour cannot
Be measur'd or confin'd.

GONZALO: Whether this be
Or be not, I'll not swear.

PROSPERO: You do yet taste
Some subtleties o' the isle, that will not let you
Believe things certain. Welcome, my friends all!

[Aside to Sebastian and Antonio]
But you, my brace of lords, were I so minded,
I here could pluck his highness' frown upon you,
And justify you traitors: at this time
I will tell no tales.

SEBASTIAN *[Aside]:* The devil speaks in him.

PROSPERO: No.
For you, most wicked sir, whom to call brother
Would even infect my mouth, I do forgive
Thy rankest fault, – all of them; and require
My dukedom of thee, which perforce, I know,
Thou must restore.

Zur Sicherheit, dass ein lebendger Fürst
Jetzt mit dir spricht, umarme ich dich fest
Und heiße dich und dein Gefolge hier
Herzlich willkommen.

ALONSO: Ob du nun er bist oder nicht
Oder ein Geisterspuk wie eben noch,
Um mich zu täuschen, weiß ich nicht. Dein Puls
Schlägt wie von Fleisch und Blut; seit ich dich sah,
Heilt mir die Krankheit des Gemüts, mit der
Mich, fürcht ich, Wahnsinn anfiel. All dies schreit –
Wenn's wirklich ist – nach seltsamen Geschichten.
Dein Herzogtum geb ich zurück und bitt dich,
Vergib mir mein Vergehn. Doch wie kann Prospero

Am Leben sein und hier?

PROSPERO: Erst, edler Freund,
Lass mich noch dich umarmen, dessen Lauterkeit
Nicht Maß noch Grenze kennt.

GONZALO: Ob's Wirklichkeit,
Ob's keine ist, möcht ich nicht schwören.

PROSPERO: Du hast wohl
Am Schaumgebäck der Insel noch zu beißen,
Das dich die Wirklichkeit nicht glauben lässt.
Willkommen, Freunde alle!
(apart zu Antonio und Sebastian) Aber ihr,
Mein Fürstenpärchen, wär ich aufgelegt,
Ich könnt den Zorn des Königs auf euch lenken
Und euch Verräter stempeln. Für jetzt jedoch
Halt ich den Mund.

SEBASTIAN *(apart):* Der Teufel spricht aus ihm.

PROSPERO: Nein.
Dir, schlechter Mensch, den Bruder nennen mir
Den Mund vergiften würd, vergeb ich auch
Die schlimmste Schuld – ja, jede, und verlang
Mein Herzogtum von dir, das du mir so
Und so erstatten musst.

ALONSO: If thou be'st Prospero,
Give us particulars of thy preservation;
How thou hast met us here, whom three hours since
Were wrack'd upon this shore; where I have lost –
How sharp the point of this remembrance is! –
My dear son Ferdinand.
PROSPERO: I am woe for 't, sir.
ALONSO:
Irreparable is the loss; and patience
Says it is past her cure.
PROSPERO: I rather think
You have not sought her help, of whose soft grace
For the like loss I have her sovereign aid,
And rest myself content.
ALONSO: You the like loss!
PROSPERO:
As great to me, as late; and, supportable
To make the dear loss, have I means much weaker
Than you may call to comfort you, for I
Have lost my daughter.
ALONSO: A daughter?
O heavens, that they were living both in Naples,
The King and Queen there! that they were, I wish
Myself were mudded in that oozy bed
Where my son lies. When did you lose your daughter?
PROSPERO:
In this last tempest. I perceive, these lords
At this encounter do so much admire,
That they devour their reason, and scarce think
Their eyes do offices of truth, their words
Are natural breath: but, howsoe'er you have
Been justled from your senses, know for certain
That I am Prospero, and that very duke
Which was thrust forth of Milan; who most strangely
Upon this shore, where you were wrack'd, was landed,
To be the lord on 't. No more yet of this;

ALONSO: Bist du nun Prospero,
Sag uns die Einzelheiten deiner Rettung;
Wie du uns fandst, die vor drei Stunden erst
An diese Küste krochen, wo mein Sohn –
Wie scharf der Stachel der Erinnrung ist! –,
Wo ich den Sohn verlor.
PROSPERO: Mein Beileid, Herr.
ALONSO:
Untragbar der Verlust, und die Geduld
Sagt, hier könnt sie nicht heilen.
PROSPERO: Ich mein eher,
Du suchst nicht ihre Hilfe, von der mir
Für ähnlichen Verlust ein Beistand kam,
Dass ich gelassen bin.
ALONSO: Für ähnlichen Verlust?
PROSPERO:
Gleich schwer für mich, gleich neu, und hab dabei,
Dass er erträglich wird, nur schwächre Mittel,
Als du zum Trost dir rufen kannst, denn ich
Verlor die Tochter.
ALONSO: Eine Tochter?
O Gott, wärn beide nur lebendig in Neapel
Als Königin und König! Dafür möcht
Ich selbst im Schlammbett faulig modern, wo
Mein Sohn liegt. Wann verlorst du deine Tochter?
PROSPERO:
Im letzten Sturm. Ich merke, diese Herrn
Schlägt unser Treffen derart vor den Kopf,
Dass sie sich am Verstand verschlucken und
Dem Auge nicht die Bilder glauben noch
Dem Ohr die Worte. Doch wie immer euch
Die Sinne durcheinander schwirrn, seid sicher,
Ich hier bin Prospero, derselbe Herzog,
Den man aus Mailand stieß, dem allerseltsamst
Der Strand, wo ihr gekentert seid, geschenkt wurd,
Um drüber Herr zu sein. Genug für jetzt,

For 'tis a chronicle of day by day,
Not a relation for a breakfast, nor
Befitting this first meeting. Welcome, sir;
This cell's my court: here have I few attendants,
And subjects none abroad: pray you, look in.
My dukedom since you have given me again,
I will requite you with as good a thing;
At least bring forth a wonder, to content ye
As much as me my dukedom.

Here Prospero discovers Ferdinand and Miranda playing at chess.

MIRANDA:
Sweet lord, you play me false.
FERDINAND: No, my dearest love,
I would not for the world.
MIRANDA:
Yes, for a score of kingdoms you should wrangle,
And I would call it fair play.
ALONSO: If this prove
A vision of the island, one dear son
Shall I twice lose.
SEBASTIAN: A most high miracle!
FERDINAND:
Though the seas threaten, they are merciful;
I have curs'd them without cause.

ALONSO: Now all the blessings
Of a glad father compass thee about!
Arise, and say how thou cam'st here.
MIRANDA: O, wonder!
How many goodly creatures are there here!
How beauteous mankind is! O brave new world,
That has such people in 't!
PROSPERO: 'Tis new to thee.

Denn eine Chronik ist das Tag an Tag,
Und weder Frühstücksplauderei noch passend
Fürs erste Wiedersehn. Willkommen, Herr.
Mein Hof ist diese Zelle. Diener wenig,
Und Untertanen keine. Sieh nur rein.
Weil du mein Herzogtum mir wiedergabst,
Will ich's dir mit was grad so Gutem danken,
Ein Wunder tun zumindest, das dich so
Zufrieden stellt wie mich mein Herzogtum.

Prospero lässt Ferdinand und Miranda sichtbar werden, wie sie Schach spielen.

MIRANDA:
Lieber, du spielst mir falsches Spiel.

FERDINAND: Nein, Liebste,
Ich tät's nicht um die Welt.

MIRANDA:
Ja doch, um zwanzig Königreiche dürftest
Du mogeln, und ich nenn's ehrlich Spiel.

ALONSO: Wenn auch das
Ein Traum der Insel ist, verlier ich zweimal
Den gleichen lieben Sohn.

SEBASTIAN: Was für ein Wunder!

FERDINAND:
Wild wie das Meer droht, ist es doch barmherzig.
Grundlos hab ich's verflucht.

Er tritt vor und kniet nieder.

ALONSO: Komm aller Segen
Eines beglückten Vaters über dich!
Steh auf und sag, wie kamst du her?

MIRANDA: Ein Wunder!
Wie viele herrliche Geschöpfe hier!
Wie schön die Menschheit ist! O schöne, neue Welt,
Die solche Wesen trägt!

PROSPERO: 's ist neu für dich.

ALONSO:
What is this maid with whom thou wast at play?
Your eld'st acquaintance cannot be three hours:

Is she the goddess that hath sever'd us,
And brought us thus together?
FERDINAND: Sir, she is mortal;
But by immortal Providence she's mine:
I chose her when I could not ask my father
For his advice, nor thought I had one. She
Is daughter to this famous Duke of Milan,
Of whom so often I have heard renown,
But never saw before; of whom I have
Receiv'd a second life; and second father
This lady makes him to me.
ALONSO: I am hers:
But, O, how oddly will it sound that I
Must ask my child forgiveness!
PROSPERO: There, sir, stop:
Let us not burthen our remembrance' with
A heaviness that's gone.
GONZALO: I have inly wept,
Or should have spoke ere this. Look down, you gods,
And on this couple drop a blessed crown!
For it is you that have chalk'd forth the way
Which brought us hither.
ALONSO: I say, Amen, Gonzalo!
GONZALO:
Was Milan thrust from Milan, that his issue
Should become Kings of Naples? O, rejoice
Beyond a common joy! and set it down
With gold on lasting pillars: in one voyage
Did Claribel her husband find at Tunis,
And Ferdinand, her brother, found a wife
Where he himself was lost, Prospero his dukedom
In a poor isle, and all of us ourselves

ALONSO:
Wer ist das Mädchen, mit dem du gespielt hast?
Nicht mal drei Stunden alt kann eure Freundschaft sein.
Ist sie die Göttin, die uns erst getrennt
Und jetzt vereinigt hat?
FERDINAND: Nein, sie ist sterblich;
Doch durch unsterbliche Bestimmung mein.
Ich wählte sie, als ich den Vater nicht
Zu Rat ziehn konnt und dacht, ich hätte keinen.
Sie ist die Tochter dieses großen Mailand,
Von dem viel Sagens war, doch den ich nie
Gesehen hab; von welchem ich erhielt
Mein zweites Leben, und zum zweiten Vater
Macht ihn mir dieses Mädchen.
ALONSO: Ich bin ihrer.
Doch, oh, wie klingt's verquer, dass ich mein Kind
Muss um Vergebung bitten!
PROSPERO: Herr, jetzt halt!
Beschweren wir uns die Erinnerungen
Nicht mit vergangnem Leid.
GONZALO: Hab innerlich geweint,
Hätt längst gesprochen sonst. Schaut nieder, Götter,
Und auf dies Paar senkt eine Segenskrone!
Denn ihr, ihr habt den Weg uns vorgezeichnet,
Der uns hierher geführt hat.
ALONSO: Amen drauf, Gonzalo.
GONZALO:
Wurd Mailand fortgejagt aus Mailand, dass
Sein Kind Neapels Krone trägt? Oh, dann singt nie
Gehörten Jubel! und schreibt's golden
In ewge Säulen ein: auf einer Reise
Fand Claribel in Tunis ihren Gatten,
Und Ferdinand, ihr Bruder, fand die Frau
Da, wo er selbst verlorn war; Prospero sein Reich
Auf einer armen Insel, wir uns alle selbst,

When no man was his own.

ALONSO *[To Ferdinand and Miranda]:* Give me your hands:
Let grief and sorrow still embrace his heart
That doth not wish you joy!

GONZALO: Be it so! Amen!

[Re-]enter Ariel, with the Master and Boatswain amazedly following.

O, look, sir, look, sir! here is more of us:
I prophesied, if a gallows were on land,
This fellow could not drown. Now, blasphemy,
That swear'st grace o'erboard, not an oath on shore?
Hast thou no mouth by land? What is the news?

BOATSWAIN:
The best news is, that we have safely found
Our King, and company; the next, our ship –
Which, but three glasses since, we gave out split –
Is tight and yare and bravely rigg'd, as when
We first put out to sea.

ARIEL *[Aside to Prospero]:* Sir, all this service
Have I done since I went.

PROSPERO *[Aside to Ariel]:* My tricksy spirit!

ALONSO:
These are not natural events; they strengthen
From strange to stranger. Say, how came you hither?

BOATSWAIN:
If I did think, sir, I were well awake,
I 'ld strive to tell you. We were dead of sleep,
And – how we know not – all clapp'd under hatches;
Where, but even now, with strange and several noises
Of roaring, shrieking, howling, jingling chains,
And mo diversity of sounds, all horrible,
We were awak'd; straightway, at liberty;
Where we, in all our trim, freshly beheld
Our royal, good, and gallant ship; our master
Cap'ring to eye her: – on a trice, so please you,
Even in a dream, were we divided from them,

Als keiner sich gehörte.
ALONSO *(zu Ferdinand und Miranda):* Gebt die Hände.
Pack Leid und Kummer dessen Herz auf ewig,
Der euch nicht Freude wünscht.
GONZALO: So sei es! Amen.

Ariel tritt auf, dem der Skipper und der Bootsmann verwirrt folgen.

Oh, schaun Sie, schaun Sie, Herr, noch mehr von uns!
Ich hab's gesagt, solang's noch Galgen gibt an Land,
Ersäuft der Kerl doch nie. Nun, Lästermaul,
Das Engel über Bord flucht, nicht ein Fluch
An Land? Kein Maul am Trocknen? Was gibt's Neues?
BOOTSMANN:
Das beste Neue ist, dass wir wohlauf und frisch
Den König sehn nebst Hofstaat; dann, das Schiff –
Das uns, drei Glas sind's kaum, am Kentern schien –
Ist dicht und flott und frisch getakelt wie
Am ersten Tag auf See.
ARIEL *(apart zu Prospero):* Hab alles ich
Erledigt, Herr, seitdem ich ging.
PROSPERO *(apart zu Ariel):* Mein fixer Geist!
ALONSO:
Das geht doch nicht natürlich zu. Seltsam
Und immer seltsamer. Wie kamst du her?
BOOTSMANN:
Wenn ich ja denken würd, Herr, ich wär wach,
Könnt's sein, ich könnt's erzählen. Tot vor Schlaf
Warn wir und weißnichtwie verstaut im Unterdeck,
Wo, grad erst jetzt, ein mehrfaches Gelärme,
Als da wär Brüllen, Kreischen, Heulen, Kettenrasseln
Und mehr Verschiedenes an Tönen, schaurig,
Das weckt uns auf; und wir Abmarsch ins Freie;
Wo wir, ganz schnieglich alle, sehn wir glatt
Doch unser gutes, schönes Königsschiff,
Und schlägt der Skipper Kobolz. Dann eins, zwei,
Ja, bitte, wie im Traum reißt's uns dort weg

And were brought moping hither.
ARIEL *[Aside to Prospero]:* Was 't well done?
PROSPERO *[Aside to Ariel]:*
Bravely, my diligence. Thou shalt be free.
ALONSO:
This is as strange a maze as e'er men trod;
And there is in this business more than nature
Was ever conduct of: some oracle
Must rectify our knowledge.
PROSPERO: Sir, my liege,
Do not infest your mind with beating on
The strangeness of this business; at pick'd leisure
Which shall be shortly single, I'll resolve you,
Which to you shall seem probable, of every
These happen'd accidents; till when, be cheerful,
And think of each thing well.
[Aside to Ariel] Come hither, spirit:
Set Caliban and his companions free;
Untie the spell.
[Exit Ariel.]
How fares my gracious sir?
There are yet missing of your company
Some few odd lads that you remember not.
[Re-]enter Ariel, driving in Caliban, Stephano, and Trinculo, in their stolen apparel.

STEPHANO: Every man shift for all the rest, and let no man take care for himself; for all is but fortune. – Coragio, bully-monster, coragio!

TRINCULO: If these be true spies which I wear in my head, here's a goodly sight.

CALIBAN:
O Setebos, these be brave spirits indeed!
How fine my master is! I am afraid
He will chastise me.
SEBASTIAN: Ha, ha!

Und bringt uns her verdattert.
ARIEL *(apart zu Prospero):* War das gut so?
PROSPERO *(apart zu Ariel):*
Glänzend, mein flinker Knirps! Gleich bist du frei.
ALONSO:
Ein Labyrinth, so seltsam wie's kein Mensch
Je sah, und da liegt mehr in alledem,
Als je Natur bewirkt hat. Ein Orakel
Müsst unsrer Einsicht helfen.
PROSPERO: Herr, Gebieter,
Zerquäl dir nicht den Kopf und grübel dich
In all die Seltsamkeiten. Bei mehr Muße,
Die nun bald eintritt, lös ich selbst dir auf,
Wie's dir verständlich scheinen soll, was sich
Hier zutrug an Geschichten. Sei vergnügt
Solang und denk von allem gut.
(apart zu Ariel) Komm, Geist.
Lass Caliban und die Kumpane frei.
Lös ihren Bann.

Ariel ab.

Wie geht's dem gnädigen Herrn?
Ein paar Mann fehlen noch von der Gesellschaft,
Ein paar Vertrackte, die du ganz vergisst.

Ariel tritt auf und treibt Caliban, Stephano und Trinculo in ihren gestohlenen Kleidern vor sich her.

STEPHANO: Jedermann denk nur an die andern, und dass mir keiner für sich selbst sorgt, denn ist sowieso alles Schicksal. Coraggio, Monstrum, coraggio!
TRINCULO: Wenn mir da im Kopf die Linsen richtig plinsen, was ein schöner Anblick!
CALIBAN:
O Setebos, wie schön die Geister da!
Wie fein mein Meister ist! Ich hab so Angst,
Dass er mich strafen wird.
SEBASTIAN: Ha, ha!

What things are these, my lord Antonio?
Will money buy 'em?

ANTONIO: Very like; one of them
Is a plain fish, and, no doubt, marketable.

PROSPERO:
Mark but the badges of these men, my lords,
Then say if they be true. This mis-shapen knave,
His mother was a witch; and one so strong
That could control the moon, make flows and ebbs,
And deal in her command, without her power.
These three have robb'd me; and this demi-devil –
For he's a bastard one – had plotted with them
To take my life. Two of these fellows you
Must know and own; this thing of darkness I
Acknowledge mine.

CALIBAN: I shall be pinch'd to death.

ALONSO:
Is not this Stephano, my drunken butler?

SEBASTIAN:
He is drunk now: where had he wine?

ALONSO:
And Trinculo is reeling ripe: where should they
Find this grand liquor that hath gilded 'em? –
How cam'st thou in this pickle?

TRINCULO: I have been in such a pickle, since I saw you last, that, I fear me, will never out of my bones: I shall not fear fly-blowing.

SEBASTIAN: Why, how now, Stephano!

STEPHANO: O, touch me not; – I am not Stephano, but a cramp.

PROSPERO: You 'ld be King o' the isle, sirrah?

STEPHANO: I should have been a sore one, then.

ALONSO: This is a strange thing as e'er I look'd on.
[Pointing to Caliban.]

Was sind das da für Dinger, Fürst Antonio?
Für Geld zu haben?

ANTONIO: Sehr wahrscheinlich. Einer
Ist schlichtweg Fisch, und so was geht am Markt.

PROSPERO:
Seht da die neuen Kleider dieser Männer,
Und sagt mir, wer sie sind. Der missgestalte Kerl,
Nun, seine Mutter war 'ne Hexe, mächtig,
Gebot dem Mond, konnt Flut und Ebbe schaffen
Und seine Macht ausüben halb und halb.
Die drei beraubten mich, und dieser Bastard –
Halbteufel ist er – hat sich mitverschworen,
Mich umzubringen. Zwei der Kerle musst du als
Dein Eigen kennen; dieses Ding der Finsternis
Erkenn ich an als meines.

CALIBAN: Er kneipt mich tot.

ALONSO:
Ist das nicht Stephano, mein erzversoffner Kellner?

SEBASTIAN:
Auch jetzt besoffen. Woher hat er Wein?

ALONSO:
Und Trinculo ist kurz vorm Kentern. Wo
Bloß gibt's das Elixier, das sie vergoldet?
Wo hast du dich so eingesülzt?

TRINCULO: Ich hab so in der Sülze gesessen, seit wann ich Sie zuletzt gesehn hab, da ist mir angst und bange, krieg ich nie wieder aus der Pelle. Die Mücken tun mir nix mehr.

SEBASTIAN: Wie geht's denn immer, Stephano?

STEPHANO: Oh, nich schütteln! Ich bin nich Stephano, ich bin ganz Krampf!

PROSPERO: Wolltst König der Insel sein, Freund?

STEPHANO: Das wär mir sauer aufgestoßen, glaub ich.

ALONSO: Was Seltsameres hab ich nie gesehn.
(zeigt auf Caliban)

PROSPERO:
He is as disproportion'd in his manners
As in his shape. Go, sirrah, to my cell;
Take with you your companions; as you look
To have my pardon, trim it handsomely.

CALIBAN:
Ay, that I will; and I'll be wise hereafter,
And seek for grace. What a thrice-double ass
Was I, to take this drunkard for a god,
And worship this dull fool!

PROSPERO: Go to; away!

ALONSO:
Hence, and bestow your luggage where you found it.

SEBASTIAN:
Or stole it, rather.

PROSPERO:
Sir, I invite your Highness and your train
To my poor cell, where you shall take your rest
For this one night; which, part of it, I'll waste
With such discourse as, I not doubt, shall make it
Go quick away: the story of my life,
And the particular accidents gone by
Since I came to this isle: and in the morn
I'll bring you to your ship, and so to Naples,
Where I have hope to see the nuptial
Of these our dear-belov'd solemnized;
And thence retire me to my Milan, where
Every third thought shall be my grave.

ALONSO: I long
To hear the story of your life, which must
Take the ear strangely.

PROSPERO: I'll deliver all;
And promise you calm seas, auspicious gales,

PROSPERO:
Er ist so ohne Maß in seinen Sitten
Wie an Gestalt. – Kerl, geh in meine Zelle.
Nimm deine Saufkumpane mit. Falls du
Verzeihung willst, fang an mit Reinemachen.
CALIBAN:
Das tu ich, ja; und künftig bin ich klüger
Und such nach Gnade. Was ein zweigedreiter Esel
Ich war, den Säufer für den Gott zu halten
Und diesen stumpfen Tölpel anzubeten!
PROSPERO: Fort! Geh jetzt!
ALONSO:
Los, legt den Plunder ab, wo ihr's gefunden habt.
SEBASTIAN:
Vielmehr gestohlen habt.
Caliban, Stephano und Trinculo ab.
PROSPERO:
Ich lade Euer Hoheit nebst Gefolge
In meine arme Zelle, dort zu ruhn
Die eine Nacht; die ich zum Teil verbringen
Werd mit Gesprächen solcherart, dass sie,
Ich zweifle nicht, schnell hingeht – die Geschichte
Von meinem Leben und die sonderbarn
Begebnisse, seit ich zur Insel kam.
Am Morgen bring ich euch zum Schiff, dann nach
Neapel, wo ich hoff, den Hochzeitstag
Von unsern beiden Großgeliebten hier
Festlich zu sehn. Dann in mein Mailand zieh
Ich mich zurück, wo mir ein jeder dritte
Gedanke soll mein Grab sein.
ALONSO: Ich hab Sehnsucht
Nach der Geschichte deines Lebens, die
Das Ohr seltsam berühren muss.
PROSPERO: Alles bericht ich,
Versprech euch stilles Meer, gewognen Wind

And sail so expeditious, that shall catch
Your royal fleet far off. *[Aside to Ariel]* My Ariel, chick,

That is thy charge: then to the elements
Be free, and fare thou well! Please you, draw near.
Exeunt omnes.

EPILOGUE

Spoken by Prospero.

Now my charms are all o'erthrown,
And what strength I have's mine own,
Which is most faint: now, 'tis true,
I must be here confin'd by you,
Or sent to Naples. Let me not,
Since I have my dukedom got,
And pardon'd the deceiver, dwell
In this bare island by your spell;
But release me from my bands
With the help of your good hands:
Gentle breath of yours my sails
Must fill, or else my project fails,
Which was to please. Now I want
Spirits to enforce, Art to enchant;
And my ending is despair,
Unless I be reliev'd by prayer,
Which pierces so, that it assaults
Mercy itself, and frees all faults.
As you from crimes would pardon'd be,
Let your indulgence set me free.
Exit.

Und eine Fahrt so schnell, dass sie weit vorn
Die Königsflotte noch erreicht. *(apart zu Ariel)*
Mein Ariel,
Hühnchen, noch dies. Dann sei den Elementen
Ganz frei, und lebe wohl. – Kommt, wenn's gefällt.
Alle ab.

EPILOG

Gesprochen von Prospero.
All mein Zauber ist erschlafft,
Was mir bleibt, ist eigne Kraft,
Und die ist schwach. Ewig hier
Muss ich nun bleiben, schickt nicht ihr
Mich nach Neapel. Lasst mich nicht,
Da ich mein Reich hab und Verzicht
Auf Rache übte, fortgebannt
Durch euren Spruch auf ödem Land;
Befreit mich aus der engen Welt
Mit eurem Beifall, wenn's gefällt.
Wenn euer Wort nicht meinem Kahn
Die Segel füllt, misslingt mein Plan,
Euch zu gefalln. Mir fehlt die Kunst
Zum Zaubern jetzt, und Geistergunst.
Und Verzweiflung ist mein End,
Sei's denn, dass ich Erlösung fänd
Durch Beten, das mir Gnade weckt
Und jeden Fehltritt überdeckt.
Wie ihr wollt, dass man euch verzeih,
Setz eure Nachsicht mich nun frei.
Ab.

Aus der Übersetzerwerkstatt

Das unbegreifliche seelenalchemistische Zeitraffer-Traumstück oder Als Shakespeare eines Nachmittags im Garten unter seinem Maulbeerbaum döste …

Jede Aufführung eines Theatertextes beginnt viele Wochen vor der Premiere mit einer ersten Bühnenbildbesprechung. Wie dekoriert man den großen leeren Schauraum des Bühnenhauses zu einer *Sturm*-Inszenierung? Welche Welt baut man? Welche optischen Signale setzt man? Es könnte zu einem Dialog wie dem folgenden kommen:

DER REGISSEUR: Also, der *Sturm* ist ja das einzige Shakespearestück, bei dem die klassische »Einheit des Ortes« vollständig gewahrt wird – alles spielt auf ein und derselben Insel, nur an verschiedenen Schauplätzen, von der Sturm-Szene mal abgesehen. Das heißt, wir brauchen so was wie ein Grundkonzept für diese Insel, wie sie denn generell mal aussehen soll, in was für 'nem Environment sich das Ganze abspielt, und vielleicht sollten wir da erst mal unsere ganz subjektiven Assoziationen benennen. So beim Lesen, da hab ich immer spontan die Vorstellung von einer ganz kargen, ganz öden Landschaft, so was wie die Galapagos-Inseln mit ihren Urviechern, irgendwie mythisch, archaisch, wenn ihr wisst, was ich meine …

DIE BÜHNENBILDNERIN: Ach! – Na, so was, da hab ich jetzt spontan ganz andere Assoziationen … ich dachte da eher an die Expeditionen der Weltentdecker, darauf basiert der Text ja schließlich, er spielt doch auf den geheimnisvollen Bermudas, da fallen mir rätselhafte Ruinenstädte im mexikanischen Dschungel ein, was Tropisches seh ich da immer vor mir, alte Humboldt-Stiche, Lianen, wuchernd, feucht, schwül, mit komischen krächzenden Geräuschen aus dem Urwald oder woher auch immer …

DER BÜHNENBILDASSISTENT: Das ist jetzt aber komisch, ich seh das anders, auf mich wirkt's nämlich immer, als wenn die Insel ein einziger großer künstlicher geometrischer Irrgarten wär, ein

Labyrinth, in dem die Personen hilflos rumhasten und plötzlich in Schlammlöcher fallen …

DIE REGIEASSISTENTIN: Versteh ich gar nicht, ihr habt da alle bloß so bedrohliche Assoziationen – es ist doch eigentlich eher so was wie 'ne pastorale Idylle, 'ne harmonische Ideallandschaft, in die die Außenwelt einbricht …

So oder ähnlich könnte über die Insel geredet werden, wenn man sich überlegen muss, wie man sie vielleicht darstellt – und jede der geäußerten Meinungen wäre irgendwie vertretbar und sogar durch Textpassagen zu belegen.

Shakespeare allerdings – wenn er bei diesem Gespräch dabei sein könnte –, er würde sich schief lachen.

Zu seiner Zeit, auf seiner Bühne musste nichts bühnenbildnerisch dargestellt werden: es gab keinen dekorierten Illusionsraum, sondern nur die nackten Podestbretter und einige Requisiten, die Symbolwert haben konnten: einen Thron etwa. Spielort und Tages- und Jahreszeit wurden den Zuschauern im wesentlichen nur durch so genannte »Wortkulissen« signalisiert: Der Erste, der in einer neuen Szene auftrat, lieferte alle notwendigen Informationen, um die innere *Phantasie*bühne der Zuschauer zu bebildern: »Wie kalt der Herbstwind überm mondbeglänzten Feld« – und alle Zuschauer wussten, dass die Szene auf freiem Feld spielte, im Herbst, bei Nacht und bei Vollmond. Damit waren die szenischen Rahmenbedingungen grundsätzlich bis zum Szenenende klar etabliert, wo es dann heißen kann: »Doch seht, im grauen Umhang tritt der Morgen/ Den Tau des hohen Hügels ostwärts dort« – und wir wissen, dass die Nacht vorbei sein soll (*Hamlet*, I,1,172f). Diesen einmal quasi »suggerierten« Bedingungen haben auch alle später auftretenden Darsteller zu folgen; jeder würde unter der Voraussetzung »Kälte-Herbst-Nacht-Vollmond-freies Feld« agieren und sich z. B. fröstelnd die Hände reiben und in seinen Mantel hüllen. Alle Schauspieler und alle Zuschauer hätten somit an einem gemeinsamen Phantasieraum teil – so war die Theaterkonvention, die stillschweigende Verabredung zwischen Bühne und Zuschauern.

Im *Sturm* ist nun alles etwas anders. Unseren fiktiven Regieteam-Dialog »Wie sieht die Insel aus« hat Shakespeare nämlich bereits in seinen Text integriert; dort unterhalten sich die gestrandeten Stadtmenschen ebenfalls über das Aussehen der Insel:

ADRIAN: – sie muss im Klima sanft und delikat sein, sehr gelinde [...]
Die Luft weht uns sehr duftig an.
SEBASTIAN: Als hätt sie Maulfäule, richtig.
ANTONIO: Oder Jauche gesoffen, jawohl.
GONZALO: Die Insel bietet hier dem Leben alle Mittel.
ANTONIO: Sehr wahr, nur keine Lebensmittel.
SEBASTIAN: Davon hat's wenig oder nichts.
GONZALO: Wie das Gras satt und saftig ist! Wie grün!
ANTONIO: Der Boden ist in Wahrheit braun verbrannt.
SEBASTIAN: Das einzig Grüne hier ist sein Star.
ANTONIO: Ihm entgeht fast nichts.
SEBASTIAN: Nein. Nur die Wahrheit entgeht ihm vollkommen.
(II,1,44ff)

Ja, was ist die Wahrheit – ist die Insel satt-saftig-grün oder braun verbrannt? Duftige Luft oder Maulfäule? Voller Lebensmittel oder ohne Lebensmittel? Wer hat Recht, wem soll man glauben, wer liefert der Szene die richtige Wortkulisse? Ein Schock für den elisabethanischen Zuschauer: »Stopp!«, wird er sich empört gedacht haben, »ja, verdammt noch mal, wie soll die Insel denn jetzt aussehen?« – angesichts eines solch unverschämten Bruchs mit der Theaterkonvention, dass zwei Schauspieler nebeneinander stehend die gleiche Umgebung diametral entgegengesetzt definieren, wo doch nur einer Recht haben kann ... Und damit, durch diesen genialen kleinen dramaturgischen Trick Shakespeares, war der Zuschauer auf ein Kernthema des Stückes gestoßen worden: Wie sieht die *Welt* aus? Was ist denn die allgemein gültige Wahrheit der wirklichen Welt – wenn es als Erkenntnismittel einzig und allein subjektive Sichtweisen der Menschen gibt und diese zu keinem Konsens über die Wirklichkeit kommen? Wer entscheidet, was die Wirklichkeit ist, wenn die subjektive Sicht eines jeden in Widerspruch zu allen anderen Sehweisen steht?

Der an der Oberfläche so märchenhaft und eher spannungslos dahinplätschernde Text entpuppt sich bei näherem Hinsehen als ein einziges Labyrinth, in dem man sich, je tiefer man sich hineinwagt, umso hoffnungsloser verirrt. Als Leser oder Zuschauer eines Stückes kann man nicht anders, als die geschilderten Vorgänge und Verhaltensweisen der handelnden Personen auf die eine oder andere Art zu *werten*. Mit diesen Wertungen aber spielt der *Sturm* ein boshaftes

Spiel: Jede Figur im Stück vertritt eine verlockende, klar beschreibbare, vernünftige Ansicht, einen nachvollziehbaren Lebensentwurf, eine vertretbare Maxime – aber leider ordnet das Stück die Figuren so, dass *jede* dieser Haltungen entweder durch eine andere Figur oder durch den Kontext nicht nur relativiert, sondern oft sogar radikal widerlegt und aufgehoben wird (vgl. dazu *Essay*, S. 226f)!

Und damit gerät der Betrachter ins Chaos: Er muss seine Wertungen ständig revidieren, bis er angesichts der Widersprüche zwischen zwei sich ausschließenden, aber jeweils einsehbaren Positionen hilflos *überhaupt nicht mehr werten kann* – und schließlich ratlos vor einem quasi hermetisch geschlossenen Gebilde steht, das nirgendwo Wegweiser durch den Dschungel der Widersprüche aufstellt.

Ein paar Beispiele aus dem uferlosen Reigen der unaufgelösten Ambivalenzen:

Prospero ist durch einen Usurpator unrechtmäßig vom Thron gestürzt worden – sein Biographiebruch, der ihn in eine bis kurz vor Stückende nicht gelöste existentielle Krise gestürzt hat; wir sympathisieren mit ihm als einem Opfer. Die Sympathie vergeht uns aber. Prospero ist nämlich selbst ein Usurpator: er hat sich unrechtmäßig der Insel bemächtigt, auf der Caliban zuvor »sein eigner König« war, und hat den Besitzer der Insel unterjocht – mit welchem Recht? Prospero legitimiert es mit seinem höherrangigen zivilisatorischen Anspruch; Caliban bestreitet es unter Berufung auf sein Naturrecht. Prospero ist also auch ein Täter – der versklavte Caliban hat ein Recht auf seine Freiheit. Dieser Freiheitsanspruch ist aber seinerseits fragwürdig – Caliban hat versucht, Miranda zu vergewaltigen; also hat Prospero doch Recht, wenn er Caliban zu seinem eigenen Wohle in Schach hält und zivilisatorisch erziehen will. Dieses Erziehungsprogramm aber hat keinen anderen Erfolg, als dass Calibans Neigung zum Bösen neue Möglichkeiten erhält: er hat mit dem Erlernen der Sprache nur die Fähigkeit zu fluchen erlernt, wie er selbst behauptet. Aber Caliban irrt: Seine Sprache, in der er die Wunder seiner Naturwelt beschreibt, ist reinste Poesie, den verkommenen Witzen und Zoten der »Zivilisierten« haushoch überlegen; sie zeugt von der subtilen Empfänglichkeit des »Wilden« für Naturschönheit, seinem sinnlichen Genuss am Zauber jener ungeformten Naturwelt, die Prospero meint, kultivieren und veredeln zu müssen, während Caliban die regellose Natur als Paradies betrachtet …

Prospero, der unrechtmäßig Gestürzte, hat aber unrechtmäßig schlecht regiert: Seine Bücher waren ihm wichtiger als sein Herzogtum, er hat an seiner Pflicht versagt und dadurch Antonios widerrechtliche Machtergreifung provoziert, die für das Land vielleicht ganz richtig war. Caliban ist ein amoralisches, bösartiges Naturwesen, dessen Entmachtung auf seiner Insel vielleicht ganz richtig war, aber gleichzeitig ist Prosperos Inbesitznahme der Insel ein widerrechtlicher Akt, der kolonialistisch den freien Ureinwohner versklavt. Des Edelmenschen Prospero Ankunft bedeutet für Inselkönig Caliban brutalen Zwang, Freiheitsberaubung und Sklaventum – aber Befreiung für den Luftgeist Ariel, den Calibans Hexenmutter Sycorax der Freiheit beraubt und in eine Fichte gebannt hatte. Caliban versteht Freiheit als anarchisches Leben, regellos, bindungslos, ordnungslos – Ordnung und Bindung sind Zwang. Bindung an einen geliebten Menschen ist für Ferdinand wahre Freiheit. Prospero versteht Ordnung und Bindung als humane Struktur, die einzig und allein das menschenwürdige Zusammenleben ermöglicht. Diese Menschenwürdigkeit versucht er mit Terror, Diktatur und Folter zu erreichen …

Prospero zwingt Caliban, Ariel und Ferdinand zum pädagogischen Dienen – dieser Dienst ist für Caliban eine Fron, für Ariel eine Freude, für Ferdinand eine Form der Freiheit. Miranda will Ferdinand freiwillig aus Liebe und Hingabe dienen. Caliban will auch freiwillig dienen, aber dem Gossenlumpen Stephano, der ihn als Tier ansieht, und nicht dem weisen Prospero, der ihn zum Menschen machen will …

Dem gewissenlosen Triebwesen Caliban, das Gut und Böse nicht unterscheiden kann, stehen die Gut und Böse unterscheiden könnenden Zivilisierten Antonio und Sebastian gegenüber, die mit ihrer Fähigkeit nichts anderes anfangen, als machtgierig und korrupt die Existenz eines Gewissens zu negieren. Ohne Setzung von Gut und Böse aber regiert nur die nackte Gewalt, behauptet Prospero. *Mit* ihrer Setzung aber scheint auch nicht viel erreicht: Der zivilisierte Usurpator Antonio glaubt nur an das gewalttätige Recht des Stärkeren …

Der Usurpator Prospero will auf der Insel sein ideales Zivilisations- und Erziehungsprogramm verwirklichen – seine beiden Schüler Caliban und Miranda reagieren unterschiedlich: Caliban verweigert die Erziehung, bleibt unveränderlich tierisch-teuflisch böse und muss deshalb geknechtet werden; in Miranda hingegen, der »Bewundernswerten«, gelangt die Erziehung zum vollendeten Erfolg: ein mit seinen Mitmenschen mit-leidendes, mit-fühlendes Wesen. Die bewundernswert idealische Miranda aber ist nicht in der Lage, die Bande korrupter Zivilisierter als das zu erkennen, was sie ist: »Wie schön die Menschen sind«, ruft sie begeistert aus vor der Wolfsmeute machtgieriger Meuchelmörder – Prosperos humanistisch bildende Erziehung produziert weltfremde Naive. Miranda aber soll der neue Mensch der Zukunft sein – wie soll sie als Königin in der realen Welt der Wölfe überleben? Welchen Nutzen hat dann Prosperos ideale »Verbesserung des Geistes«?

Gonzalo träumt von einer »natürlichen« Gesellschaft – er kennt die Zivilisation der Antonios und Sebastians und weiß, wie wenig sie taugt. Auch Caliban träumt von einer Rückkehr in den glücklichen Naturzustand, wie er ihn vor Prosperos Ankunft erlebt hatte. Gonzalo glaubt, der Mensch sei von Natur aus gut – ohne Gesellschaftsverträge würde er von sich aus das Gute tun, eine Goldene Zeit würde anbrechen, Natur ist von sich aus moralisch – was unmoralisch ist, ist seiner Ansicht nach unnatürlich. Caliban ist ein solches Naturwesen. Unverformter Naturzustand ist auch sein Ideal. Aber Caliban ist von Natur aus amoralisch und keineswegs »gut« in Gonzalos Sinn: Natur kennt keine Moral, kein »Gut« und »Böse«. Caliban möchte morden, um seine anarchisch bindungslose Freiheit zurückzuerhalten – ohne Gewissensbisse.

Gesellschaftsentwürfe, Lebensentwürfe – und zu jedem Entwurf jede Menge Gegenentwürfe für die nur allzu menschliche Jagd nach dem Glück auf Erden, nach dem richtigen Leben: Prospero hat es in weltfremden Büchern gesucht und ist an der Wirklichkeit schuldig geworden; Antonio in gewaltsamer Usurpation und ist an der Weltordnung und der Sittlichkeit schuldig geworden; Sebastian soll's im Mord erringen, um Macht zu erlangen; Gonzalo erträumt es sich in einer arkadischen Utopie, die läppisch rückwärtsgewandt primitiv und naiv ist: die Natur muss von selbst dem Leben alles Notwendige liefern, dann wären die Menschen frei und gut im Müßiggang. Genau dies möchte auch Caliban, der Mordanstifter und Vergewaltiger – frei sein im Müßiggang. Prosperos Entwurf behauptet das Umgekehrte: ohne Arbeit keine Zivilisation. Sein Gesellschaftsmodell erfordert ständige kultivierende Zucht, um nicht in vorzivilisatorische, anarchisch-untermenschliche Urzustände zurückzufallen:

die besoffenen Lumpen Stephano und Trinculo, die die Insel nur durch den Boden der Weinflasche sehen und sich vom Triebwesen Caliban zum Mord verführen lassen, sind ein abschreckendes Beispiel von zu Tieren herabsinkenden Menschen. Eine Zügelung der gefährlichen Triebe tut not – insbesondere der Sexualität, der Ferdinand und Miranda bis zur Heirat entsagen sollen, in der die anarchische Lust durch bindende Rituale zivilisiert wird; nur kontrollierende Vernunft und Triebbeherrschung schaffen nach Ansicht des weisen Prospero in der natürlichen, triebhaften Wolfswelt menschenwürdige Verhältnisse, und dazu sind brutale Strafen nötig – aber der moralische Gonzalo hat ein ganz anderes Gesellschaftsideal als der moralische Prospero, nämlich ein libertäres; und des moralischen Diktators Prospero hierarchisches Staatsmodell ist das gleiche wie das des besoffenen Gossendiktators Stephano und des angehenden Meuchelmörders Antonio.

Der Tiermensch Caliban hat ein Recht auf seine Freiheit … der Gottmensch Miranda hat ein Recht, nicht vergewaltigt zu werden … Prospero hat ein Recht, auf Zivilisierung der natürlich-anarchischen Gewalt zu drängen … Und von alledem wird es einem im Hirn so dumm, als ginge ein Mühlrad im Kopfe herum … *Der Sturm*, ein verworrenes, verfilztes Knäuel sich gegenseitig spiegelnder, kontrastierender, konterkarierender Sichtweisen auf die Welt – und nirgendwo ein Ariadnefaden, an dem man sich orientieren könnte, nein, ganz im Gegenteil wird der Leser oder Zuschauer sogar ganz bewusst und absichtsvoll mit der literarischen Technik der so genannten »Sympathiesteuerung« einem Wechselbad widersprüchlicher Emotionen ausgesetzt:

Caliban z. B. erscheint von Szene zu Szene sympathisch oder unsympathisch, je nach seinen Partnern: als potentieller Vergewaltiger der göttergleichen Miranda (die übrigens sein positives Spiegelbild ist) ist er ein Scheusal; als gequältes Opfer des diktatorischen Prospero eine arme Kreatur; als naiver Bewunderer der Zivilisationslumpen Stephano und Trinculo ein rührender Tropf; gegen deren läppische Verführbarkeit durch glitzernden Firlefanz ein die Scheinhaftigkeit der Oberflächenwelt durchschauender Weiser; als rebellischer Mordanstifter ein gewissensunfähiger Sadist – und gegen die gewissenlosen adligen Mörder nicht mehr als ein boshaftes Kind …

Und niemand, der einem sagt, was die *message* ist – kein erkennbarer Autor, der als heimlicher Bühnenweltgestalter mehr oder weniger implizit erkennen lässt, was er für Recht und was er für Unrecht hält, was ihm gut, was ihm böse zu sein scheint. *Der Sturm* ist anders. In diesem Mahlstrom der Widersprüche ist kein Halt zu finden, kein Ansatzpunkt, keine »Autorinstanz«, von der aus sich ein »Sinn« definieren ließe – die Kunstwelt des Stücks ist ein Rätsel.

Ein Kunststück, so rätselhaft wie die wirkliche Welt und das wirkliche Leben – wer entscheidet dort, was Recht und Unrecht, was gut und böse ist? Wo ist da der allwissende Autor? (Der liebe Gott?) Wo stehen im realen Weltlabyrinth die Wegweiser, die die Richtung zur wahren Erkenntnis und zum richtigen Leben angeben?

Der Sturm ist ein Text, der die Welt nicht subjektiv zu *beschreiben* scheint, sondern selbst als ein analoges *Modell* der Welt dasteht, an dessen unauflösbare Widersprüche sich ebenso viele Fragen herantragen lassen wie an die widersprüchliche Wirklichkeit selbst – und so wenig wie in der wirklichen Welt gibt es im Stück eine unangefochtene Entscheidungsinstanz, die die Antworten bereithält: Auch Prospero, im Sinne bestimmter Interpretationen »Shakespeare selbst«, ist nichts anderes als ein Konglomerat aus gutem Willen und zweifelhaftem Tun, eingebunden in das in sich kreiselnde Für und Wider der Stückwelt – Initiator eines Experiments und zugleich dessen Untersuchungsgegenstand (vgl. *Essay,* S. 227f).

Der Sturm ist ein quasi »objektiver« Text, dessen Sinn entdecken zu wollen nicht unähnlich dem Bemühen ist, nach dem Sinn des Lebens zu forschen … und für einen solchen kann man sich wohl oder übel irgendwann nur *entscheiden*. Eine Aufführung des *Sturm* aber, die sich für einen klaren Sinn entscheidet, also eine *message* liefert, beraubt das Stück seines eigentlichen Themas: das Rätsel des *theatrum mundi* als ein *Rätsel* darzustellen. Shakespeare hat auch nichts verstanden – aber genau davon konnte er erzählen. Eine Aufführung, die ihr fasziniertes Publikum nicht ratlos fiebernd in Widersprüchen herumirrend mit Kopfschmerzen entlässt, hat irgendwas Falsches erzählt …

Oder vielleicht sollte man vom *Sturm* besser ganz anders reden – vielleicht so:

Als Shakespeare eines schönen Nachmittags im Garten unter seinem Maulbeerbaum döste, den Band mit Montaignes Essai *Über die Kannibalen* verrutscht auf den Knien, als Lesezeichen die Abschrift des Strachey-Briefs über die abenteuerliche Bermuda-Expedition zwischen den Seiten … (vgl. *Essay*, S. 222) – in diesem gewissen seltsamen Zustand zwischen Nicht-mehr-ganz-Wachen und Noch-nicht-ganz-Schlafen, in dem die von der Alltagsvernunft in klare Bahnen gezwungenen Gedanken allmählich selbständig werden, zaghaft auf mäandrierenden Pfaden zu merkwürdigen Reisen aufbrechen und sich hier und dort mit anderen im Ozean des Hirns frei driftenden Gedanken auf eine Art mischen, die nicht ganz vernünftig und doch nicht ganz zufällig ist ... in jenem schlaftraumwachen Zustand, in dem ein Wort ein neues Bild, das Bild ein neues Wort, das neue Wort eine neue Kette von Bildern, Worten und Gedanken vom Rande des Bewusstseins ins diffuse Zentrum der Wahrnehmung strudelt, in welchem gerade andere Worte, Bilder und Szenen sich in andere verwandelnd auflösen ... – in jenem Zustand muss ihm das Stück *Der Sturm* geträumt haben.

Nicht *er* hat das Stück geträumt – *es* hat in ihm geträumt, ohne anderen kontrollierenden Eingriff als ein gelegentlich gemurmeltes »Aber andererseits« des halb schlafenden Shakespeare – und so träumte sich in ihm ein seltsames Gewebe zusammen, ein Stück ohne erkennbaren Autor oder auktoriale Botschaft; ein Stück, das sich nicht für Psychologie interessiert, keine üblichen »Charaktere« erfindet, sondern ein Panoptikum unscharf umrissener Figuren wie in einem drei- oder vier- oder fünfdimensionalen Schachspiel herumschiebt; ein Stück, in dem unterschiedlichste Bildwelten sich überlagern, sich durchdringen, miteinander verschmelzen – in dem nicht nur ein König, Fürsten, Kinder von Königen und Fürsten, Staatsräte, Clowns, Seeleute, Kellner und Mörder vorkommen, sondern auch Hexen, Zauberer, Luftgeister und ein erdiger Halb- oder Teufelsmensch: Menschliches, Übermenschliches und Untermenschliches zwischen Tunis, Genua und Amerika vereint auf einer fieberschwülen Insel aus Brettern und Holzpfosten, die zugleich Destillierapparatur und alchemistische Retorte ist für das große, veredelnde Stein-der-Weisen-Experiment, in dem in drei Stunden Theaterspielzeit und Realzeit verhärtete Seelen im Fieberfeuer des therapeutischen Wahnsinns geschmolzen, geläutert und verwandelt werden sollen zu höherer Vernunft – von einem Regiemagier, der sich vergeblich müht, die wahre Welt zu inszenieren, wobei er von seinem eigenen Experiment eingeholt wird und fast als Einziger die große Wandlung durchlebt. Ein Stück, das mit der Geschwindigkeit des Gedankens die inneren Welten wechselt und zwischen Traum, Alptraum und Wirklichkeit, zwischen Theaterbühne, Seelenwelt und Inselreich, zwischen Maschinenspektakel, Komödie und Verzweiflung hin- und hertaumelt ...; ein Stück, in dem *Gedanken* genügen, die äußere Szene zu verwandeln, wie Prosperos gedankliche *Erinnerung* an Caliban das Zauberspektakel zusammenstürzen lässt; kein psychologisches, aber ein psychisches Stück, in dem innerseelische Regungen Bewegungen in der äußeren Welt verursachen können, wie dort, wo Prospero freudig die Liebe zwischen Ferdinand und Miranda entstehen sieht, »wie meine Seele vorsagt« – wo die stumme Seele zum Souffleur werden kann für die Leidenschaften anderer Herzen ...; ein Stück, das tiefentherapeutisch auf die Seelen und die Sinne einwirken will zum »bettering of the mind« – mit den Mitteln Klamauk, Hokuspokus und Theaterfirlefanz; ein Stück voll hypnotischer Musik, die sich aufs Chaos der Seelen und Gehirne legt – Musik als Mitspieler, als Agens der Verwandlung, kein Background-Gedudel: ein Thema, von dem sich später ein Musikant namens Beethoven zu einer Sonate namens »Appassionata« inspirieren lassen sollte ...; ein Stück im hellsichtigen Halbschlafdämmer, voller Schlafender, Einschlafender, Erwachender, denen sich Sekunden zu Jahren dehnen und Jahre in Sekunden verhuschen, ein Stück über das zeitlupenhaft rasende, wachträumende Leben, welches ein Schlaf beginnt und schließt ...

Ein Stück wie der Traum der *Sommernachtstraum*-Verliebten, der ihnen nach dem Erwachen »so unerkennbar/Wie ferne Berge die zu Wolken werden« erscheint, ein Traumstück, welches Shakespeare, noch etwas brummdösig im Hirn vom Schlaf in der prallen Mittagssonne, später in einer Art Stenographie niederschrieb, um's nicht gleich wieder zu vergessen: wie im Zeitraffer, als wär's in Kürzeln geschrieben, nur je den Kern eines Gedankens, einer Szene, einer Handlung, eines Themas wiedergebend, gleichgültig gegen die nebensächlichen Verbindungsglieder. Ein Stück in einer Sprache, die sich nicht die Mühe macht auszuformulieren, sondern Lücken lässt, welche Rätsel aufgeben und zum interpretierenden Auffüllen reizen: kaum ein Zeichen ist so häufig wie das »'«, das Auslassungen anzeigt: »end o' th' beam«, »man i' th' moon's too slow«, »i' th' island«, »you 'ld be King o' the isle«, als wär's zu läppisch, sich mit Blankversschmiederei allzu lange aufzuhalten; eine Sprache, die wie komprimiert erscheint in ihrer aufs Wesentliche beschränkten Knappheit, die grammatisch-syntaktische Sprünge macht, als würden sie linguistische Regeln langweilen, und die trotzdem die geläufige Selbstverständlichkeit und Natürlichkeit umgangssprachlicher Rede bewahrt; eine Sprache, in der Wörter seltsam aufeinander prallen: »sight-outrunning«, »strong-based«, »man-monster«, »sea-change«, »sea-sorrow«, »sea-swallowed«, »pole-clipt«, »cloud-capped«, »wave-worn« – neue, ungewohnte, viel sagende Kombinationen, aber keine betulich ausgemalten Sprachbilder: Stenographie nur der Erinnerung, bloß Stichworte eines viel umfänglicher Gemeinten, so dass die hartgefügten Wörter, unerklärt, sich mit vagen Bedeutungen aufladen, einen Sog ins Uferlose entstehen lassen und in ihren diffusen Bezügen kreuz und quer durch den Text hindurch einen seltsamen Resonanzraum für Gedanken, Gefühle, Stimmungen und Assoziationen formen: Sprach- und Bildmuster, Motiv-Chiffren, die auf einen Bedeutungshorizont weisen, der um- so weiter wird, je näher man ihn betrachten will ...

Als Shakespeare eines schönen Nachmittags im Garten unter seinem Maulbeerbaum döste, tauchte aus dem Halbschlaf die alte Frage auf, die ihn angesichts des Unrechts und des Leids in der Welt sein Leben lang beschäftigt hatte: »Wenn ich König wär, was würde ich ...«, und das Mühlrad der Träume schaufelte aus seinem Lebenserfahrungsschatz so viel unlösbar Widersprüchliches an die Oberfläche, dass Shakespeare beim Erwachen dachte, dass es gut sei, dass er nie König geworden war ...

Als Shakespeare eines schönen Nachmittags im Garten unter seinem Maulbeerbaum döste, huschte ihm angesichts der Unvollkommenheit in der Welt der alte kindliche Allmachts-Wunschtraum durch den Schlummer: »Wenn ich zaubern könnte ...«, und das Mühlrad der Träume schaufelte aus den Tiefen seiner Seele so viel Schauerliches an die Oberfläche – wie er seine Feinde vernichten, wie er für Unrecht Rache nehmen, wie er lustvoll alle Bösen strafen würde –, dass es ihn beim Erwachen vor sich selbst schauderte, und er dachte, dass es gut sei, dass er nicht zaubern konnte ...

Als Shakespeare eines schönen Nachmittags im Garten unter seinem Maulbeerbaum döste, vermischte sich ihm der Traum vom Königsein und der Traum von Allmacht zu einem Alptraum der Ohnmacht; und, erleichtert erwachend, nur ein unwichtiger kleiner Schauspieler zu sein, der die Tinte nicht halten konnte, kritzelte er eben mal schnell den Epilog des Prospero auf die letzte freie Umschlagseite von Montaignes *Essais* ...

Frank Günther

Anmerkungen zum Text

Das Stück entstand mit hoher Sicherheit 1610/11; eine Aufführung in Whitehall vor James I am 1.11.1611 ist nachgewiesen sowie eine weitere, eineinhalb Jahre später, während der Festlichkeiten zur Hochzeit von James' Tochter Elizabeth. *Der Sturm* wurde zum ersten Mal in der Folio-Ausgabe von 1623 abgedruckt; der Text ist besonders sorgfältig ediert und mit ungewöhnlich vielen Regieanweisungen versehen. Er steht – obwohl eines der letzten Stücke Shakespeares – an erster Stelle in der Folio-Ausgabe: die Herausgeber haben ihm damit einen besonderen Rang zugewiesen. Diese Betonung wurde in der Rezeptionsgeschichte u.a. zur Grundlage für Interpretationen, die Shakespeare mit Prospero gleichsetzen und das Stück als Shakespeares künstlerisches und philosophisches Vermächtnis verstehen. Vgl. a. *Essay*, S. 223, 225f.

Es gibt – im Gegensatz zu den meisten anderen Stücken Shakespeares – keine direkten Quellen oder Vorlagen. Die Geschichte der Absetzung und Wiedereinsetzung eines Herzogs Prospero von Mailand ist in einer *History of Italy* von William Thomas (1549) zu finden. Bedeutsam ist die fast wörtliche Übernahme von Passagen aus Montaignes Essais *Of the Caniballs* und *Of Cruelty* in der Übersetzung von John Florio (1603). Es lassen sich weiterhin Wortechos und Zitate aus dem Bericht *Discovery of the Bermudas* (1610) von Sylvester Jourdain und aus William Stracheys Brief *A True Repertory of the Wrack* nachweisen: es handelt sich um Schilderungen, wie im Jahre 1609 in einem schweren Sturm ein Schiff aus einer englischen Expeditionsflotte auf den Bermudas strandete. Die Bermudas galten als verhexte Teufelsinseln. Damit ist *Der Sturm* quasi in Amerika angesiedelt, wenn auch die Lage der Insel irgendwo im Mittelmeer zwischen Tunis und Genua angegeben wird – Alte und Neue Welt mischen sich. Vgl. *Essay*, S. 229f.

Als Textgrundlage wurde verwendet und hier abgedruckt: *The Arden Shakespeare The Tempest*, hg. von Frank Kermode, London/New York 1954. Eckige Klammern bei Szenenanweisungen des englischen Textes bedeuten, dass es sich hier um Zutaten späterer Herausgeber handelt, die nicht aus der Folio-Ausgabe stammen.

Der Text des Stückes ist so außerordentlich dicht und komprimiert, dass man beim Lesen leicht wichtige Themen, Motive und Bezüge übersieht. Die jeweilige Szenensynopse versucht, wenigstens auf die wichtigsten Elemente hinzuweisen – die thematischen Spiegelungen und Kontrastierungen, die sich im Gewebe des Textes entdecken (oder konstruieren) lassen, sind fast uferlos.

I,1:

Ein realer Sturm auf dem Meer: ein Schiff in Seenot, kurz vorm Auflaufen; Blitz und Donner, Elmsfeuer an den Masten und Wanten; verzweifelte Bemühungen des Bootsmanns, das Schiff zu retten; Schreie, Kommandorufe, Signalpfiffe. Als Passagiere an Bord sind ein König, der Königssohn und der Bruder des Königs, ein Herzog, ein Staatsrat und andere adlige Würdenträger, dazu Diener, Kellner, Bootsleute und Matrosen – ein Panorama der Gesellschaft. Vor der Gewalt des Sturms und der Wogen, angesichts des Todes, werden soziale Rangstufen und Macht und Herrschaft bedeutungslos: die elementare Natur wird als Rebell wider die menschliche und staatliche Ordnung beschrieben. Die Mächtigen der Welt erfahren ihre menschliche Ohn-Macht. Unterschiedlichste Reaktionen der einzelnen Figuren im Angesicht des drohenden Todes: Zynismus, Flüche, Gottergebenheit, Gebete. – Die Zuschauer erleben aus der Sicht der Figuren den realen Schiffsuntergang.

8 Z. 1ff: Shakespeare beschreibt in dieser Szene exakt das zu seiner Zeit übliche seemännische Verhalten bei Sturm: nachzulesen in der *Sea Grammar* (1627) eines Captain John Smith. Das Schiff droht durch den Sturm auf Land getrieben zu werden; der Bootsmann versucht mit verschiedenen Maßnahmen, dem zu entgehen: Reffen, Mastlegen, Beidrehen, sich freisegeln. – Z. 3: *Good* d. h. »gut«, dass er gleich erscheint. – Z. 7: *Blow till* … gemeint ist der Sturm. – Z. 9: *Play the men* könnte auch *ply the men* = »treib die Männer an« heißen; war phonetisch im Shakespeare-Englischen gleich lautend. – Z. 16: *roarers* eigentlich »Brüller«, die brüllenden Wogen; doppeldeutig: »roarers« war auch ein elisabethanischer Begriff für aufrührerische, wilde Straßenschläger und Unruhestifter. Zentralthemen des Stückes erscheinen hier erstmals: die Ohnmacht der Mächtigen vor den Elementen sowie Rebellion und Umsturz.

10 Z. 27f: *complexion … gallows* variiert das elisabethanische Sprichwort: *He that's born to be hanged need fear no drowning*, in der Übersetzung hinzugefügt. »Complexion« bezeichnete das

Wesen und Aussehen eines Menschen, wie es durch die spezifische Mischung der vier »Grundsäfte« gemäß der elisabethanischen Physiologie entstand. – Z. 32: *Down with the topmast* obwohl das Toppsegel bereits eingeholt wurde, bietet das Schiff immer noch zu viel Angriffsfläche für den Sturm: der Toppmast wird umgelegt. – Z. 34: *A plague/Scheiß der Himmel* aus dem Bindestrich hinter »plague« in der Folio-Ausgabe schließt man auf einen ausgelassenen »blasphemischen« Kraftausdruck (vgl. I,1,41 und V,1,218), der nicht gedruckt werden durfte: daher die deftige Formulierung in der Übersetzung. – Z. 44f: *leaky as an unstanched wench* nach Eric Partridge, *Shakespeare's Bawdy*: »das Schiff leckt wie ein Mädchen, das während der Menstruation keine Sanitärbinde (oder Handtuch oder Lappen) trägt«; *stanch* hier im Sinne von »das Ausfließen (insbesondere von Blut) eindämmen« … – Z. 46f: *Lay her a-hold* nicht genau geklärter Begriff; der Bootsmann hatte versucht, das Schiff »beizudrehen«, d. h. so in den Wind zu legen, dass es nur langsam driftet – aber dafür braucht man freien Seeraum; der Bootsmann scheint nun eingesehen zu haben, dass er dafür schon zu dicht unter Land ist, und versucht als letztes Mittel, noch einmal »hoch an den Wind« zu gehen, um sich freizusegeln, hinaus aufs offene Meer. *two courses/Gebt ihr zwei* d. h. zwei Segel; das Vorsegel soll zusätzlich zum Hauptsegel gesetzt werden. Die Segelkommandos der Übersetzung sind zwar authentisch, aber nicht identisch mit dem Original.

12 Z. 49: *must our mouths be cold* spielt vermutlich auf die Angewohnheit elisabethanischer Seeleute an, in gefährlichen Situationen kräftig zu saufen. – Z. 52: *merely* = »vollständig, völlig«. – Z. 53f: *drowning/The washing of ten tides* Piraten wurden laut Urteil des englischen Marinegerichts an der Küste bei Niedrigwasser gehenkt und blieben dort hängen, bis die Flut sie dreimal überspült hatte; Antonio in seiner Wut macht gleich zehn Fluten daraus. – Z. 63: *long heath, broom, furze* eigentlich »Heidekraut, Gestrüpp, Stechginster«.

I,2:

Auf der Insel. Die Realität der Sturmszene wird aufgehoben – sie war nur eine magische Illusion, ein Zauber des Prospero für die Schiffsbesatzung und ein theatralischer Bühnenzauber für die Zuschauer, die ebenso getäuscht wurden wie die Schiffsmannschaft (und wie Miranda, die den Theater-Sturm ebenfalls für real hielt); die Passagiere sind wohlbehalten auf der Insel, ihre reale Todesangst erwuchs also aus einem spielerischen Trug. – Eine lange Expositionsszene, in der nahezu alle Hauptthemen des Stückes vorgestellt werden. Durch Prosperos emotionale Erzählweise wird Vergangenheit vergegenwärtigt: Er eröffnet seiner Tochter Miranda die Vorgeschichte von Empörung, Aufruhr, Staatsumsturz und Landesverrat durch den eigenen Bruder – die Störung der familiären, sittlichen, politischen und hierarchischen Welt- und Werteordnung – die Amoral der »zivilisierten« Welt, von der Miranda in ihrer abgeschiedenen Inselwelt keinen Begriff hat. Miranda, die nicht weiß, was sie ist, und nicht weiß, woher sie kommt, ist quasi ein unbeschriebenes Blatt ohne jegliche Welterfahrung, eine rohe Naturform, an der Prospero sein ethisch-humanistisches »Erziehungsprogramm« erfolgreich verwirklichen konnte: »Miranda« als das »bewundernswerte«, ideale Produkt seiner menschheitsverbessernden Ideologie. – Miranda ist zugleich bedenklich naiv: die (wie der Zuschauer gesehen hat) keineswegs sonderlich gutartigen Schiffspassagiere werden von der »guten« Miranda spontan idealistisch als »gute Kreaturen« bezeichnet.

Prospero bekennt sich vage zu einer gewissen Mitschuld an seinem Sturz: Er hat sich selbst gegen die göttlich gestiftete Weltordnung vergangen, denn als Herrscher war er zum Bewahrer, Hüter und Verwalter dieser Ordnung bestellt und verpflichtet; indem er sich nur seinen Studien hingab, um am nur individuellen *bettering of his mind* zu arbeiten, hatte er die Weltgeschäfte missachtet, dadurch in seiner Pflicht versagt und die Harmonie zwischen *vita activa* und *vita contemplativa* verfehlt. Das Nach-Erzählen seiner Lebenskatastrophe wird für Prospero zu einem erneut aufwühlenden Nach-Erleben: seine tobenden Emotionen, der Sturm in seiner aufbegehrenden Seele drohen ihn zu überwältigen, zerstören die Syntax seiner Sprache, die zum chaotischen Spiegel seines verwirrten, disharmonischen Geistes wird. Nun sind seine Feinde durch die Vorsehung in seine Hand gegeben – Prosperos zukünftiges Glück hängt davon ab, ob er diese Lage zu nutzen versteht; was er vorhat, bleibt ungewiss. Möglichen Racheplänen Prosperos stehen thematisch das menschliche Mitgefühl und Mitleiden Mirandas gegenüber.

Prospero hat durch sein geheimes Wissen Macht über die Elemente erlangt und über die Elementargeister. Der Luftgeist Ariel dient ihm willig aufgrund einer zeitlich befristeten Abmachung, da Prospero ihn bei seiner Ankunft auf der Insel aus einem Bann der Hexe Sycorax befreit hat. – Das Erdwesen Caliban, der Sohn dieser Hexe, der sich als ehemaliger »König« der Insel verstand bis zu Prosperos Ankunft, ist ein nur halb menschliches Naturgeschöpf, »vom Teufel gezeugt«. Prospero hatte versucht, ihn zum Menschen zu zivilisieren und zu kultivieren, indem er ihn Sprache lehrte und ihm beibringen wollte, zwischen Gut und Böse zu unterscheiden – die Mühen waren vergebens, das Trieb- und Instinktwesen Caliban wollte Miranda vergewaltigen, war nicht zu »veredeln«. Prospero beherrscht und versklavt ihn durch seine Geister in Tiergestalt mit gnadenloser, diktatorischer Strenge – Caliban sehnt sich nach seiner ehemaligen natürlichen Freiheit zurück und hasst Prospero. – Der verwirrt trauernde Ferdinand, der Sohn des Königs Alonso, wird durch Ariels Musik auf Prosperos Befehl herangeführt. Ferdinand versteht sich als einzig Überlebender der Schiffskatastrophe und dadurch als neuer König von Neapel. Miranda, die außer ihrem Vater noch nie zuvor einen Menschen gesehen hat, ist bezaubert von ihm, sieht in ihm ein Wesen von geradezu übernatürlichem »göttlichem Adel«. Ferdinand hält seinerseits Miranda für eine »Göttin« dieser Insel – beide lieben sich auf den ersten Blick. Auf diese Verbindung und Liebe hatte Prospero gehofft – die Begegnung der beiden konnte er mit seinen Künsten arrangieren, die Zuneigung ihrer Seelen aber entstand von selbst, lag außerhalb Prosperos Macht. Prospero freut sich über das Gelingen, will aber den beiden Liebenden Hindernisse in den Weg legen: die schnell entflammte Liebe soll in Mühen erst errungen werden und dadurch Gewicht, Wert und Würde erhalten: ein pädagogisches Programm. Deswegen spielt Prospero Theater: Er behauptet erbost, Ferdinand wolle ihm die Insel stehlen, weswegen er ihn bestrafen und zu demütigender Sklavenarbeit verurteilen müsse. Als Miranda sich für Ferdinand einsetzt, wendet Prospero sich zum Schein auch bösartig streng gegen seine Tochter – er treibt absichtsvoll einen Keil zwischen sich und Miranda, die seinem Plan nach sich von ihm lösen und Ferdinand lieben soll. Sein Plan scheint zu gelingen, wie Prospero selbst mit heimlicher Freude feststellt (»es geht, wie meine Seele vorsagt«). Indem er sich seiner Tochter auf diese quasi therapeutische Art »fremd macht«, wird er selbst einsam. Während er Ferdinand pädagogisch versklavt, verspricht er Ariel die Freiheit. Ferdinand stört sich nicht an seiner äußeren Versklavung: Sein Kerker wird ihm durch Mirandas Anblick zum Inbegriff der Freiheit.

12 Z. 1: *Art* die Kunst der weißen Magie, Metapher für Prosperos großes Experiment. Der Begriff »art« deckt auch das Bedeutungsfeld »Wissenschaft« im heutigen Sinn ab. – Z. 3f: *sky… sea* Himmel und Wasser werden als zwei Kombattanten geschildert, die sich gegenseitig bekämpfen.

14 Z. 25: *my Art* der Mantel ist das Symbol seiner magischen Künste.

18 Z. 66ff: *My brother, and thy uncle …* Prosperos Bericht wird immer emotionaler; er veheddert sich in der Syntax beim Versuch, zu viel auf einmal zu erzählen; unterm Reden fallen ihm ständig weitere erwähnenswerte Fakten ein, so dass er immer wieder vom Hauptgedanken abschweift, z. B.: »wo zu der Zeit/ Von allen Staaten er der Erste war …« – Z. 76f: *transported/And rapt* auch in Mailand war Prospero schon nicht ganz von dieser Welt. – Z. 81: *trash* eigentlich »einen Hund an die Leine legen« oder ihm ein Gewicht umhängen, damit er bei der Jagd nicht alleine vorprescht. *over-topping* etwa »zu viel Macht und Einfluss gewinnen«, vermutlich eine Garten-Metapher von Pflanzen, die unmäßig wuchern. – Z. 83: *key* der Begriff »key of office« (etwa: »Schlüsselgewalt«) verwandelt sich in den musikalischen Begriff »Tonart«, aus dem sich die Musik-Metaphern der folgenden Zeilen entwickeln.

20 Z. 96: *trust* vgl. das elisabethanische Sprichwort: »Trust is the mother of deceit« – »Vertrauen ist die Mutter des Betrugs«. – Z. 97: *sans* = »ohne«, durchaus üblicher elisabethanischer Ausdruck. – Z. 107f: *screen* = »Trennwand«; verschwommene, nicht genau zu klärende Formulierung, etwa: 1. Antonio, als Schauspieler bezeichnet, spielt sich selbst die Rolle des Fürsten vor; um diesen Bruch zwischen angemaßter Rolle und wirklichem Sein zu überwinden, muss er auch tatsächlich zum Fürsten werden; 2. es soll kein Bruch sein zwischen der (Amts-) Rolle und dem, für den er sie spielt, nämlich Prospero und damit dessen Titel: Titel und Amt sollen identisch werden; 3. die Idee der »Abschirmung« taucht auf und wird im Folgenden weiterentwickelt: Prospero ist von seinem Reich und Volk abgeschirmt in seinem Büchersaal. – Z. 109: *Absolute Milan* nicht nur Stellvertreter, sondern tatsächlicher Herzog. – Z. 110:

temporal royalties/Weltfürst eigentlich »zeitlich begrenzte (irdische) Herrscherwürde«; der Ausdruck verweist implizit auf seinen Gegensatz: »ewige, spirituelle Würde«, wonach Prospero also wohl strebt. Die Übersetzung möchte als Kontrastbegriff zu »Weltfürst« etwa »Geistesfürst« evozieren. – Z. 111: *thinks* Prospero wechselt vom erzählenden Imperfekt ins dramatisch vergegenwärtigende Präsens. – Z. 112: *dry* eigentlich »trocken«, hier: »durstig«; ungewöhnlicher Gebrauch des Wortes.

22 Z. 118ff: *I should sin* … Prosperos Frage: »… ob das ein Bruder ist«, wird von Miranda so verstanden, als hätte Prosperos Mutter (also ihre Großmutter) ehebrecherisch ein Kind von einem anderen Mann bekommen; dies weist sie zurück: *Good wombs* … eigentlich wörtl. »gute Gebärmütter (Schöße) haben schon schlechte Söhne geboren«. – Z. 127ff: *whereon …/Wonach* der Vorgang, dass Antonio dem Feind die Tore Mailands geöffnet hat, wird in dramatisch darstellender Rede geschildert: die Satzteile, fast ohne syntaktische Fügung hart nebeneinander gestellt, scheinen übereinander zu stolpern; Prosperos innere Erregung schwingt in seiner atemlosen Sprache. Die deutsche Syntax ist noch etwas zerfetzter als die englische. – Z. 132: *crying self* berühmtes Beispiel für die dicht gedrängte Sprache des Stückes und ihre Fähigkeit, plastische Bilder zu evozieren. Der romantische Dichter Coleridge zu dieser Stelle: »Die Macht der Poesie liegt darin, dass sie – vielleicht nur durch ein einziges Wort – dem Geist jene Energie einflößen kann, die die Phantasie zwingt, ein Bild zu erschaffen« (*Lectures on Shakespeare and Milton*). – Z. 134: *hint* wurde noch nicht im modernen Sinn »Hinweis« gebraucht. – Z. 138: *impertinent* im ursprünglichen Sinn: »nicht zweckdienlich, irrelevant«. – Z. 144: *bark* Mailand liegt natürlich nicht am Meer; geographische »Fehler« sind bei Shakespeare häufig und bedeutungslos: es geht nicht um Geographieunterricht, sondern um äußerliche Distanzierung von England (wo letztlich alle Shakespeare-Stücke spielen).

24 Z. 149ff: *to cry to th' sea* … das Meer schreit zurück, der Wind seufzt – Prosperos Sprache wandelt sich: an die Stelle realistischer Beschreibung von zurückliegenden Vorgängen tritt nun die bildhafte, metaphorische Sprache der elisabethanischen Lyrik, die die Erzählung ins Unwirkliche transponiert; die personifizierten, mitfühlenden Elemente werden Mitspieler bei

der wundersamen Rettung in einem seeuntüchtigen Kahn. – Z. 152: *cherubin* im Alten Testament Engel aus der nächsten Umgebung Gottes. – Z. 155: *deck'd/Tränenteppich* »deck'd« = »bedeckt« oder »geschmückt«, eine sehr preziöse, artifizielle Formulierung, die von manchen Herausgebern als unangemessen angesehen und verbessert wird; der etwas merkwürdige »Tränenteppich« der Übersetzung soll der Künstlichkeit des Originals Rechnung tragen. – Z. 157: *undergoing stomach* etwa »erduldende Haltung«; »stomach« hieß nicht nur »Magen« und »Appetit«, sondern auch »Mut«, »Tapferkeit«, »Temperament« etc. – Z. 166f: *books ... volumes* seine Bücher mit magischem Wissen. – Z. 169: *Now I arise/Nun geh ich's an* vieldeutig: 1. kann einfach wörtlich heißen, dass er aufsteht und seinen Mantel wieder anzieht; 2. er »steht auf« im abstrakten Sinn: er wendet sich jetzt gegen seine Gegner; 3. seine »Wiederauferstehung« nach überwundenem Tiefpunkt des Lebens etc. – Z. 170: *sea-sorrow* das »Meer« ist bei Shakespeare eine vielfältige Metapher: es hat die Kraft der proteischen Verwandlung (wie Proteus, der sich ewig verwandelnde Meeresgott); es kann vernichten und Neues gebären, es kann reinigen und strafen.

26 Z. 178: *Fortune* die allegorische Gestalt der Fortuna, die wankelmütige Schicksalsgöttin; zu Shakespeares Zeiten ein geläufiger Begriff – hier mit »Schicksal« übersetzt, um im Wundermärchenstück etwas konkreter zu bleiben. – Z. 181: *zenith* astrologisch-astronomische Metapher: 1. der höchste Punkt eines Sterns am Firmament; 2. der Höhepunkt eines Lebens, den der Mensch nutzen muss. – Z. 188: *Ariel* »Löwe Gottes«; in Jesaja 29,1 Name der Stadt Jerusalem; ein Name, der in vielen Büchern über Geister auftaucht. – Z. 189: *hail* eigentlich »Heil!«, ein Begriff, gegen den der Übersetzer eine unüberwindliche Abneigung hat. – Z. 193: *quality* die schwächeren Geister, über die Ariel herrscht. – Z. 198: *flam'd amazement* vermutlich ist die Erscheinung des Elmsfeuers gemeint: büschelförmige elektrische Gasentladungen an aufragenden Gegenständen bei Gewittern; sie wurden auf der historischen Bermuda-Expedition beobachtet. – Z. 201: *Jove/Zeus* Jupiter, höchster Gott der röm. Mythologie, dem griech. Zeus gleichgesetzt.

28 Z. 204: *Neptune* röm. Gott der Gewässer, meist mit Dreizack dargestellt. – Z. 218: *sustaining* soll vermutlich heißen, dass sie

von ihren Kleidern über Wasser gehalten wurden wie Ophelia (Hamlet, IV, 7,175). – Z. 224: *in this sad knot* Ariel demonstriert vermutlich Ferdinands Armhaltung.

30 Z. 229: *the still-vex'd Bermoothes* der Begriff »Bermudas« wurde synonym verwendet für gefährliche Stürme und unheimliche Erscheinungen. – Z. 240: *two glasses/zwei Glas* nautischer Zeitbegriff: zwei Stunden nach Mittag. Ausdrücklicher Hinweis auf die Uhrzeit: das Stück spielt etwa zwischen zwei und sechs Uhr nachmittags; kein anderes Shakespeare-Stück gehorcht dermaßen der aristotelischen »Einheit der Zeit«. Vgl. *Essay*, S. 225. – Z. 242: *pains* Arbeit, Mühsal; die Beschwerde gleicht der späteren Klage Calibans. – Z. 244: *moody* gemäß den elisabethanischen Magier-Büchern erforderte die Beherrschung der widerborstigen, rebellischen Geister ständige Anstrengung. – Z. 245: *My liberty* Prosperos Regiment über die Insel, sein Zivilisationsentwurf, ist auf Autorität und Zwang gebaut.

32 Z. 255f: *veins o' th' earth* dem Analogiedenken der Zeit entsprechend sind die »Adern« konkret gemeint: unterirdische Ströme durchziehen das Erdreich wie die Adern den Körper. – Z. 258: *Sycorax* die Bedeutung des Namens ist nicht genau geklärt: evtl. eine Zusammensetzung der griech. Wörter für »Sau« und »Rabe« oder eine Anspielung auf Circe; jedenfalls ein Wesen, das der Naturmagie verhaftet ist. Nach elisabethanischer Idealvorstellung drückt sich ein moralisch »schönes« inneres Wesen in einem schönen Äußeren aus; hier gilt der Umkehrschluss: Sycorax' hässliches Äußeres verweist auf ihr bösartiges Wesen. – Z. 266f: *for one thing she did* nicht genau geklärt, entweder: 1. Algier wurde 1541 nach einer Legende durch eine Hexe vor dem Untergang gerettet; oder 2. weil Sycorax schwanger war, konnte sie nicht hingerichtet werden. Die Übersetzung entscheidet sich für eine unbestimmte »Wohltat« in der Vergangenheit. – Z. 269: *blue-ey'd hag* eigentlich »blauäugige Hexe«; gemeint ist nicht die Augenfarbe, sondern die Farbe der Augenlider; blaue Augenlider galten als Zeichen der Schwangerschaft. – Z.272f: *a spirit too delicate* die Geister wurden in Hierarchien analog zur Hierarchie der Elemente eingeteilt: Ariel ist ein Luftgeist, während Caliban »erdig« ist.

34 Z. 284: *Caliban* schon bei der ersten Erwähnung als (nur halb menschliches) Ungeheuer apostrophiert: vom Teufel gezeugt

(Z. 321), von einer Hexe geboren etc.; die animalische Gegenfigur zu Prospero und Miranda.

36 Z. 319: *quaint* hat vielfältige Bedeutungen: »kunstfertig«, »geschickt«, »zierlich«, »elegant« etc. – Z. 324: *raven* der Rabe war ein wichtiges Requisit der Zauberei; der lat. Name *corax* stellt assoziativ die Verbindung zu »Sycorax« her. – Z. 325: *south-west* der feuchtwarme Südwestwind galt als ungesund und als Überträger der Beulenpest. – Z. 328: *urchins* Kobolde, die als Igel bzw. Stachelschweine erscheinen.

38 Z. 336: *Water with berries* vermutlich Anspielung auf die historische Bermuda-Expedition: die Überlebenden ernährten sich von »cedarberries«. – Z. 337: *bigger light* ... zitiert die bibl. Schöpfungsgeschichte 1. Mose 1,16: »Und Gott machte zwei große Lichter: ein großes Licht, das den Tag regiere, und ein kleines Licht, das die Nacht regiere...« – Z. 340: *springs, brine-pits* d.h., er zeigt ihm, was auf der Insel brauchbar und was nutzlos ist. – Z. 342: *toads, beetles, bats* eigentlich »Kröten, Käfer, Fledermäuse«. – Z. 343f: *subjects* ... *King* eine Spiegelung des »Umsturz«-Themas; Caliban hat durch Prospero seine Autonomie verloren. – Z. 347: *stripes* eigentlich »den nur Prügel rühren können, nicht Güte«. – Z. 351: *would 't had been done* Caliban wird als sexuelles Triebwesen eingeführt und damit als Gegenfigur zur jungfräulich keuschen und reinen Miranda. – Z. 353ff: *Abhorred slave* diese Passage wird in manchen Ausgaben an Prospero gegeben mit der Begründung, der Text sei zu philosophisch für Miranda und im Ton zu herrisch; außerdem könne die sehr junge Miranda nicht viel mit Calibans Erziehung zu tun gehabt haben. – Z. 354: *print* die sittliche »Prägung«, die der rohen Natur zur Verbesserung aufgedrückt wurde wie das Siegel dem Wachs. – Z. 357ff: *when thou didst not* ... Sprache wird zur Grundlage der Menschwerdung, des Denkens, der Selbsterkenntnis und der Selbstbestimmung erklärt. *savage/ wilder Mann* der »Wilde« war in elisabethanischer Zeit eine legendenumwobene Gestalt.

40 Z. 366: *The red plague rid you* eigentlich »die rote Pest bring dich um!«; sprachlich phantasievolle Alliteration Calibans: »red ... rid«; man unterschied in elisabethanischer Zeit zwischen der schwarzen, gelben und roten Pest. – Z. 369: *malice* eigentlich »Bosheit, Niedertracht«. – Z. 371: *old cramps* eigentlich »das

Gliederreißen alter Leute«. – Z. 375: *Setebos* in den Berichten über Magellans Seereisen wird »Setebos« als Gott der Patagonier erwähnt. – Regieanweisung: *invisible/unsichtbar* vermutlich trug Ariel ein Kleidungsstück, das »Unsichtbarkeit« symbolisierte, eine in elisabethanischer Zeit übliche Theatertradition: eine Requisitenliste der Lord Admiral's Men verzeichnet »a robe for to goo invisibell«. *playing* Ariel spielt hier vermutlich Laute; in III,2 spielt er Flöte und Tamburin. – Z. 377ff: *Come unto* ... die Gliederung des Textes ist unsicher; die Übersetzung folgt der rhythmischsten Lesart (Pope nach Dryden): *Foot* ... *there/And sweet sprites, the burthen bear* ... und der Gliederung des *New Penguin Shakespeare*, hg. von Anne Barton. – Z. 380: *wild waves whist* eigentlich »die wilden Wogen schweigen«. – Z. 383: *burthen* eigentlich »Refrain, Kehrreim«.

42 Z. 392ff: *Sitting on a bank* ... die Syntax ist sehr seltsam: nach *wrack* müsste es weitergehen etwa mit »I heard this music...«; stattdessen wird »music« das Subjekt des Satzes. Die Übersetzung versucht nicht zu normalisieren (»Als ich weinend ... dasaß, schlich sich Musik ...«), sondern löst die Syntax weiter auf, als würde Ferdinand erinnernd Bilder heraufbeschwören. – Z. 395: *Allaying both their fury and my passion* »Musik« wird fast immer als Ausdruck vollendeter, göttlicher Harmonie verstanden, wie sie sich in der Musik der Sphärenkreise realisiert: hier beschwichtigt Musik nicht nur den disharmonischen Aufruhr der Elemente, sondern auch den Aufruhr des Schmerzes in Ferdinands Seele. – Z. 399: *Full fadom five* ... das Lied beschreibt eine »Metamorphose«, ein »sea-change«: das Meer als Verwandler; Ferdinands Vater erscheint zu einer höheren Daseinsform gebracht. Das Meer als Element der Läuterung ist ein Zentralmotiv des Textes. *fadom* ein »Faden« = 6 Fuß; Ferdinands Vater »ruht« also etwa in zehn Meter Tiefe. – Z. 411: *fringed curtains/Schleiervorhang* eigentlich »der befranste Vorhang«: gemeint sind die Wimpern als »Fransen« des Augenlider-Vorhangs; der künstliche, bedeutungsschwanger-zeremonielle Ausdruck lässt an einen sich öffnenden Theatervorhang denken, der eine Schauspielszene enthüllt (wie der »arras« auf der Hinterbühne der elisabethanischen Theater).

44 Z. 418: *canker* vielfache Bedeutung, auch im Sinne von »Mehltau«, »Rost«, »Wurm«, »Pflanzenkrankheit« etc.; alles, was all-

mählich auffrisst, zerstört, zersetzt. – Z. 422ff: *It goes on* … Prospero kann durch seine magischen Künste die beiden zusammenführen; aber dass »Liebe auf den ersten Blick« sich ereignet, kann er nur hoffen und ahnen. – Z. 425: *airs* hier: »Weisen, Lieder«. *Vouchsafe* … eine überhöflich-höfische, gedrechselte Anrede. – Z. 429: *you wonder* ohne es zu wissen, nennt Ferdinand ihren Namen: »Miranda« = die »Wunderbare«. – Z. 430: *maid* Mädchen, im Gegensatz zu »Göttin«. – Z. 435: *single* spielt mit mehreren Bedeutungen: 1. einsam; 2. einzeln; 3. hilflos. – Z. 436f: *He does hear me* wortspielerische Passage: »ich höre mich selbst«. Ferdinand nimmt natürlich an, dass er nach seines Vaters Tod nunmehr König von Neapel ist, und genau dies bringt ihn zum Weinen: *And that he does I weep.*

46 Z. 441: *brave son* von diesem Sohn ist nie wieder die Rede; man spekuliert, dass Shakespeare ursprünglich eine solche Figur einbeziehen wollte (parallel zu Ferdinand), diesen Plan dann aber aufgab. – Z. 442: *control* hier etwa im Sinne von »widerlegen«. – Z. 444ff: *chang'd eyes* die »Liebe auf den ersten Blick« lässt sie ineinander versinken; Prospero kann kaum noch Ferdinands Aufmerksamkeit erwecken (»Ein Wort!«). – Z. 446: *some wrong* ironischer Kommentar Prosperos: Sie irren sich, wenn Sie behaupten, Neapels König zu sein. – Z.460ff: *temple* der menschliche Leib, in dem Gott anwesend ist. Miranda variiert den elisabethanischen-platonischen Glaubenssatz, dass äußere Schönheit innerem sittlichem Wert entsprechen müsse; ebenso entspricht Calibans hässliches Äußere seiner inneren Verworfenheit.

48 Z. 472: *My foot my tutor* eigentlich »soll mein Fuß mein Lehrmeister sein?«; im elisabethanischen Denken, das in allen Bereichen Analogien zur Hierarchie des Kosmos entdeckte, war der Fuß ein Diener und der Kopf der Herr in der Hierarchie des Leibes. Die Übersetzung verwendet eine gewohnte Redewendung. – Z. 474: *come from thy ward/Lass doch die Parade* Fechtausdruck.

50 Z. 490: *My father's loss* … die Syntax dieser Passage ist reichlich konfus – ebenso wie der Sprecher.

II,1:

Die Szene wurde schon als eine der ödesten im ganzen Shakespeare-Kanon bezeichnet, »voller fader Scherze und endloser Komplotte« –

eine Fehleinschätzung, die allzu schlicht davon ausgeht, dass Scherze witzig und zum Lachen sein müssen. Die absichtsvoll ekelhaften und unkomischen Blödeleien dieser Szene sollen kein Zuschauerlachen wecken, sondern sind Mittel zur Charakterisierung der zynisch blödelnden Personen!

Zu Anfang finden zwei Spielszenen simultan statt – ineinander geschnitten wie z. B. heute eine Filmsequenz aus einem Wirtshaus, in der man die Gespräche an zwei Tischen parallel verfolgen kann: Gonzalos gut gemeinte Versuche, den um seinen Sohn trauernden König Alonso aufzuheitern, werden von Sebastian und Antonio mit miesen Witzen und dümmlichen Kalauern zynisch kommentiert und nihilistisch in den Schmutz gezogen – der »Adel« dieser zivilisierten Adligen ist pervertiert, ihre humanistische Bildung dient in der Folge nur noch dazu, moralische Bedenken aus der Welt zu reden. Hingegen erscheint Alonso, der ehemals Prosperos unrechtmäßige Vertreibung unterstützt hat und somit aus Prosperos Sicht zu den »Bösen« gehört, hier eher mitleidswürdig in seiner tiefen Verstörung über den Tod seines Sohnes. Die »Realisten« Antonio und Sebastian bemühen sich noch obendrein nach Kräften, ihm die Heirat Claribels als Fehlentscheidung und als Folter für das arme Mädchen darzustellen und ihm die Schuld am Tod seines Sohnes zu geben. – Ein Diskurs über Staatsutopie: Des guten Gonzalo (naiver) Entwurf einer idealen Gesellschaft, in der die Menschen wie in einem Schlaraffenland ohne Zwänge, ohne Arbeit, Hierarchien, Ordnungen und Bindungen in natürlicher Unschuld im Guten miteinander leben, wird von den kritischen »Realpolitikern« Sebastian und Antonio schnell und überzeugend, aber im Ton hämisch und destruktiv ad absurdum geführt (der seriöse, »gute«, naiv idealistische Gonzalo erscheint nunmehr lächerlich, die »bösen« Widersacher als Realisten mit vernünftigem Blick auf die Wirklichkeit). – Mord und Königsmord werden geplant, also Rebellion und Umsturz. Durch Ariels Zaubermusik, die keiner auf der Bühne hört, fallen alle in seltsamen Schlaf, bis auf Sebastian und Antonio – eine Versuchungs-Situation, die das Schlimmste in deren Charakter an die Oberfläche treibt: Antonio, der seinerzeit seinen Bruder Prospero entmachtet und dem Tode preisgegeben hat, verführt Sebastian zum Mord an seinem eigenen Bruder Alonso; machiavellistisch stellt er den Schiffbruch als Werk der himmlischen Vorsehung (»gottgewollt«) dar, die Mord und Machtwechsel herbeiführen will; Moral und Gewissen gelten ihm nichts, er vertritt die pragmatische Philosophie des Rechts des Stärkeren. Gewalt, Machtgier und Egoismus explodieren – da alle gerade gemeinsam dem Tod des Ertrinkens entronnen sind und auf einer einsamen Insel ohne Hoffnung auf Rettung und Zukunft festsitzen, eine besonders absurde und perverse Situation. Die Ausführung des Mordes, der durch Ariels Musik geradezu provoziert wurde, wird wiederum durch Ariel verhindert, der im letzten Moment die Schläfer erwachen lässt.

52 Z. 3: *hint* eigentlich »Anlass«. – Z. 5: *masters of some merchant* nicht ganz geklärt, bedeutet evtl. auch: »die Besatzung eines Kauffahrtsschiffes und der Kaufmann selbst«. – Z. 10ff: *He receives* ... Sebastian und Antonio kommentieren hämisch und boshaft die Versuche der anderen Figuren, mit ihrer Situation zurechtzukommen: ihre »Witze« sind plump, niederträchtig und zynisch und betonen immer den negativsten Aspekt; insbesondere »moralische« Überlegungen werden niedergemacht. Inwieweit die anderen Personen die beleidigenden Kommentare Sebastians und Antonios mitbekommen, ist nicht mit Sicherheit zu entscheiden. *cold porridge* ein Wortspiel: »peace« (= »Friede« in der vorhergehenden Zeile) war nahezu homophon mit »pease« = »Erbsen«, die ein Bestandteil von »porridge« waren. Alonsos Aufforderung: »Prithee, peace«, wird von Sebastian absichtlich missverstanden, als hätte Alonso »Bitte, Erbsen« gesagt – Gonzalos Trostworte werden mit unverdaulichem kaltem Erbsbrei verglichen und lächerlich gemacht. In der Übersetzung verdreht Sebastian »Still« (= »ruhig!«) zu »stillen« (= einem Säugling die Brust geben); »kalter Brei« im übertragenen Sinn für »hohle Worte«. – Z. 12: *visitor* wörtl. »Der Besucher wird ihn nicht so leicht loslassen«; gemeint ist der »Kirchendiener« einer Gemeinde, der Kranke und Trauernde aufsuchte, um ihnen Trost zu bringen. – Z. 15: *watch of his wit* wörtl.: »Er zieht die Uhr seines Witzes auf; sie wird gleich schlagen«; bezieht sich auf die Taschenuhren mit Schlagwerk, die Anfang des 17. Jahrhunderts modisch wurden. In der Übersetzung verändert. – Z. 18ff: *When every grief* ... Gonzalo redet moralisch erbaulich; Sebastian aber will *entertainer* (hier = »der, der sich einem Leid hingibt«) plump wortspielerisch miss-verstehen als »Kneipenwirt« bzw. »Unterhaltungskünstler«, der für die »Bewirtung« bzw. »Unterhaltung« eines Leids einen »Dollar«

kassiert. Gonzalo kontert nicht ungeschickt, indem er aus *dollar* wortspielerisch das ähnlich klingende *dolour* (= poet. »Schmerz, Leid, Gram«) macht. Da wörtlich unübersetzbar, spielt die Übersetzung mit »Kelch«, »trinken«, »Kater« und »Katzenjammer«.

54 Z. 26: *Fie, what a spendthrift* ... sprichwörtlich: »Pfui, was für ein Verschwender sein Mund ist«. – Z. 35ff: *A laughter* komplizierte Dialogstelle; »laughter« doppeldeutig: 1. »Gelächter«; 2. »das Gelege der Eier, die ein Vogel ins Nest legt«. Nach »Gockel« und »junger Hahn« schlägt Antonio ganz passend als Wettgewinn ein Nest voller Eier vor; Antonio gewinnt, weil Adrian zuerst spricht; daraufhin lacht Antonio spontan auf, erfreut über seinen Sieg. Sebastian, der ihm eigentlich das Nest voller Eier schuldet, versteht nun plötzlich »laughter« im üblichen Sinne von »Lachen« und behauptet, Antonio sei bereits bezahlt, weil er soeben gelacht habe. Die Übersetzung muss inhaltlich verkürzen. – Z. 45f: *temperance/Klima* Antonio verwandelt »temperance« (=»Mäßigkeit«) in einen Frauennamen, wie ihn die Puritaner gern ihren Frauen gaben. Deren erotische »Mäßigkeit« wird selbstverständlich ins Obszöne verdreht: *delicate* wird von Antonio in der Bedeutung »ausschweifend« verwendet (»Das Mädchen ›Mäßigkeit‹ war ein ausschweifendes Luder«), und Sebastian versteht *subtle* im Sinne von »(sexuell) durchtrieben, raffiniert«. – Z. 50: *perfum'd by a fen* eigentlich »von einem Sumpf parfümiert«. – Z. 55: *tawny* eigentlich »von der Sonne verbrannt«. – Z. 56: *eye of green/Das einzig Grüne hier ist sein Star* nicht genau geklärt, vermutlich ein Spiel mit »eye« als »Auge« und als »Fleck«; könnte bedeuten: 1. »eine Schattierung, ein Hauch von Grün«; 2. »ein Fleckchen Grün«; 3. Gonzalos Auge, das die Welt »grün« sehen will. Dieser Bedeutung versucht die Übersetzung wortspielerisch gerecht zu werden, im Sinne der Interpretation dieser Stelle in der *Übersetzerwerkstatt*, S. 173.

56 Z. 66ff: *pockets could speak* ... nicht genau geklärte, etwas rätselhafte Passage: Ariel hat gesagt, dass ihren Kleidern nichts geschehen ist (I,2,218); nun behauptet Antonio implizit, die Taschen wären schmutzig o. Ä. Der Tenor scheint zu sein, dass Sebastian und Antonio behaupten, Gonzalo mache sich selbst etwas vor (in diesem Sinn übersetzt). *to pocket up* eigentlich »verbergen, unterdrücken«. – Z. 76ff: *widow Dido's time* Hinter-

grund: der Troer Äneas wird nach dem Fall Troias mit seiner Flotte durch einen Sturm an die nordafrikanische Küste verschlagen; Dido, die verwitwete Königin Karthagos, nimmt die Schiffbrüchigen auf und verliebt sich in Äneas; dieser erwidert ihre Liebe. Als er auf Befehl Jupiters aber seine Reise fortsetzt und Dido verlässt, verflucht sie ihn und bringt sich um. – Worauf der Shakespeare-Dialog genau anspielt, ist unklar; nahezu alle Kommentatoren sind sich darin einig, dass die gesamte Passage unverständlich ist; es empfiehlt sich daher, diesen Dialog bei Aufführungen zu streichen. (Im *Oxford Shakespeare* wird die Hypothese vertreten, Gonzalo beziehe sich auf eine andere Dido-Legende als die des Vergil. Nach dieser älteren Überlieferung war Dido eine Prinzessin aus Tyros, mit dem reichen Sychaeus vermählt; als ihr Bruder, der Herrscher von Tyros, aus Habgier ihren Mann ermordete, floh sie nach Nordafrika und gründete auf Land, das ihr der Numiderkönig Iarbas gegeben hatte, die Stadt Karthago. Als Iarbas sie zur Ehe zwingen wollte, verbrannte sie sich selbst. Aufgrund dieser Überlieferung galt Dido als Inbegriff heroischer Keuschheit – und darauf spiele Gonzalo an; im Gegensatz dazu Vergils Variante, die der zynische Antonio boshaft ins Gespräch bringe, in welcher Dido ihre Keuschheit lüstern aufgibt und haltlos dem ebenso unkeuschen Äneas verfällt. Auch diese Interpretation scheint den Mini-Dialog nicht wirklich zu klären.) – Die Übersetzung versucht (willkürlich), über Gonzalo in seiner Eigenschaft als törichter Schussel eine Art Sinn zu stiften: Gonzalo macht irrtümlich aus der karthagischen Königin »Dido« eine »Dito«, was zum dämlichen Heiterkeitsausbruch bei Sebastian und Antonio führt; sie finden – ihrer Charakterisierung entsprechend – wie schon zuvor in der Szene unkomische Witze äußerst komisch. Weiteralbernd erfindet Sebastian nun zur »Witwe Dito« den »verwitweten Anus« Äneas – die Obszönität ist den unanständigen Witzeleien über Dido und Äneas in Middletons *The Roaring Girl* nachempfunden: dort wird über Dido mit *die* (= 1. sterben; 2. einen Orgasmus haben) und *do* (= bumsen) gekalauert, und aus Äneas wird *any ass* (= »jeder Esel« und vermutlich »jeder Hintern« durch die ähnliche Aussprache von *ass* und *arse*). – Z. 80: *how you take it!* unklar; Sebastian scheint über Antonios Reaktion selbst erstaunt zu sein, etwa im Sinne von:

»Was regst du dich darüber so auf?« – Z. 83ff: *This Tunis, sir, was Carthage* ein langatmiges und reichlich dröges Wortgeplänkel: Gonzalo hatte in Z. 76 (irrigerweise) behauptet, dass Dido in Tunis gelebt hat; Adrian weiß es besser und korrigiert ihn in Z. 82: Dido war aus Karthago. Gonzalo besteht aber auf seiner Behauptung (und hat sogar nicht ganz Unrecht: nach der Zerstörung Karthagos übernahm die schon zuvor bestehende Stadt Tunis die zentrale politische und wirtschaftliche Funktion Karthagos). Antonio und Sebastian haben erneut Grund, sich lustig zu machen: mit *miraculous harp/Simsalabim* spielen sie auf Amphion an, einen Sohn des Zeus, der mit dem Spiel seiner Leier Steine bewegt und damit Thebens Mauern errichtet hat. In Sebastians spöttischem Kommentar hat Gonzalo soeben nicht nur Mauern, sondern gleich eine ganze Stadt errichtet. Die Übersetzung verkürzt den gesamten, ohne Fußnoten unverständlichen Komplex darauf, dass Gonzalo die zwei Städte Tunis und Karthago verwechselt hat: »Simsalabim verpflanzt er zwei Städte.«

58 Z. 94ff: *Ay* dichte Verschränkung beider Spielsituationen: *ay* ist als eine Fortsetzung von Gonzalos Satz in Z. 85 – »Glauben Sie mir, Karthago.« – zu verstehen. *Why, in good time/Da siehst du* Antonio interpretiert sarkastisch Gonzalos »Ay« als Bestätigung seiner eigenen Bemerkung über die nachwachsenden »Apfelkern-Inseln«. – Z. 100: *Bate* = »ausgenommen«. – Z. 106f: *against/The stomach of my sense* d. h., »meine Sinne haben keinen ›Appetit‹ auf diese Worte«, er wird zwangsernährt mit Geschwätz. – Z. 113: *Sir, he may live* ein hochrhetorischer Text voller pathetischer Bilder: als sollte schon der Ton Alonso über seine Verzweiflung hinweghelfen. Bis auf einen kurzen Einwurf in III,3,40 ist dies Franciscos einziger Text; manche Ausgaben ordnen ihn Gonzalo zu.

60 Z. 130: *Weigh'd between* etwas diffus das Bild einer Waage, deren eine Schale Claribels Gehorsamspflicht gegen ihren Vater trug, die andere ihren Abscheu vor dem Afrikaner. – Z. 141f: *foul weather – fowl weather – very foul* offenbar handelt es sich um Wortspiele, die aber bis heute nicht geklärt sind, evtl. um ein Spiel *foul-fowl-fool* (= »übel-Wildgeflügel-Narr«); der tiefere Sinn bleibt dunkel.

62 Z. 143: *plantation* Gonzalo meint »kolonialisieren«; Antonio

und Sebastian unterschieben wieder absichtsvoll die simpelste Verstehensart: den Boden kultivieren, bepflanzen, aber mit Unkräutern. – Z. 145: *And were the King …* der folgende Text basiert auf Montaignes *Des Cannibales*; es geht dabei um den elisabethanischen Diskurs über die ideale Gesellschaft und um das Wesen des »natürlichen« Menschen. Gonzalo entwirft eine Utopie, die im Stück durch das Wesen des »natürlichen« Wilden Caliban widerlegt wird; gleichzeitig widerlegt Gonzalo sich selbst, indem er zwar eine herrschaftsfreie Gesellschaft erträumt, in ihr selbst aber der Herrscher sein will, wie Sebastian durchaus scharfsinnig beobachtet. – Z. 150: *Letters / Wissenschaft* der Begriff »letters« könnte genauso gut auch »Bildung«, »Gelehrsamkeit«, »Literatur« oder auch »Schrift« bedeuten. Die Übersetzung benutzt »Wissenschaft« als plakativsten Symbolbegriff menschlicher Geistesarbeit. – Z. 160f: *Without sweat or endeavour* vgl. 1. Mose 3,19: »Im Schweiße deines Angesichts sollst du dein Brot essen …« – Z. 161: *engine* eigentlich »Kriegsmaschine, Kriegsgerät«.

64 Z. 179: *flat-long* d. h. mit der Breitseite des Schwerts – und daher wirkungslos. – Z. 180ff: *you would lift the moon … bat-fowling* eigentlich »Sie würden den Mond aus seiner Sphäre holen, wenn er fünf Wochen ohne zu wechseln darin verbleiben würde« (soll heißen: niemals); »Jawohl, und dann würden wir auf Vogeljagd gehen.« »Bat-fowling« meint die Jagd auf Vögel mittels einer Laterne (hier: mit Hilfe des Mondes): die Vögel werden vom Licht der Laterne angezogen und dann mit Knüppeln erschlagen; gleichzeitig eine Metapher für: »einen Tölpel leimen«. – Z. 185f: *adventure my discretion* »die Sticheleien sind es nicht wert, dass man die Fassung verliert«.

68 Z. 219: *standing water* eigentlich »stehendes Wasser«, zwischen Ebbe und Flut: unklar, ob es steigen oder sinken wird. – Z. 221: *Hereditary sloth / erbbedingte Trägheit* 1. »angeborene Trägheit«; 2. das durch seine Stellung als jüngerer Sohn »ererbte« Schicksal, untätig sein zu müssen. – Z. 222ff: *If you but knew …* implizierter Sinn der verschlüsselten, metaphorischen Rede: das Hindernis Alonso muss aus dem Weg geräumt werden. – Z. 228f: *a birth …* »eine Geburt, die viel Schmerz bereitet«; auszusprechen, was er meint, fällt ihm schwer.

70 Z. 245: *beyond man's life / hundert Jahre weg* etwa »so weit weg,

dass es ein Leben lang dauert, dorthin zu kommen«; Antonio häuft in dieser rhetorischen Passage unwahrscheinliche, höchst übertriebene Vergleiche. – Z. 246f: *sun ... moon* der Mond braucht vier Wochen für seine Reise, die Sonne nur einen Tag. – Z. 249: *cast* Wortspiel: 1. »(an Land) geworfen«; 2. »Theaterrolle«: von hier aus entwickeln sich weitere Theatermetaphern, wie prologue und discharge. – Z. 250: *to perform an act* Wortspiel: 1. »eine Tat vollbringen«; 2. »eine Theaternummer aufführen«. – Z. 252ff: *What stuff is this! ...* Sebastian fasst in schlichten, allgemein verständlichen Worten den Inhalt von Antonios aufgeblähter Spracharie zusammen. – Z. 255: *cubit* altes Längenmaß: »Elle«, etwa 45 cm.

72 Z. 264f: *A chough of as deep chat/'ne Drossel schwatzen lehren* könnte auch heißen: »ich könnte selbst genauso gut wie der die tiefsinnige Schwatzdrossel (bei Hof) abgeben«. – Z. 270: *garments* eine Kleidermetapher, wie sie häufig bei Shakespeare vorkommt; dass Kleidung (als Symbol für sozialen Rang) passt oder nicht passt, ist ein Leitmotiv in Macbeth. – Z. 274: *kibe* eigentlich »Blase, Frostbeule«. – Z. 277: *candied* könnte statt »gezuckert« u. U. auch »gefroren« bedeuten. – Z. 282: *doing thus* Antonio markiert das Erstechen. – Z. 286: *suggestion* eigentlich »üble Einflüsterungen«.

74 Z. 287: *tell the clock* etwa »zustimmen«. – Z. 297: *project* eigentlich »Unternehmen, Wagnis«; aber auch Bezeichnung einer bestimmten Phase des alchemistischen Experiments.

II,2:

Caliban, der gewalttätige, vergewaltigende Untermensch, der sich gegen Prosperos doch so positiv gemeinte Erziehungsversuche stemmt, erscheint als Opfer Prosperos, das unter den versklavenden und terroristischen Foltermethoden seines Herrn leidet. Der potentielle Vergewaltiger wird konfrontiert mit den beiden albernen Säufern Trinculo und Stephano. Caliban, der die Knechtschaft des weisen, klugen, um seine humane Erziehung sich mühenden Prospero loswerden will, verfällt unter Alkoholeinfluss in naivem Staunen den beiden dümmlichen Kerlen, die sich einen Spaß mit ihm machen: Wie er ehemals Prospero die Wunder der Insel offenbarte, will er sie nun Trinculo und Stephano zu Füßen legen; der ehemalige König der Insel, der nach Freiheit strebt, erniedrigt sich freiwillig zum bewundernden Untertan zweier offensichtlicher Hohlköpfe. Caliban macht Stephano staunend zum Gott, während Stephano Caliban als Tier und Teufel betrachtet – eine Travestie des religiösen Glaubens, wenn Caliban die Flasche wie die Bibel küssen soll. Caliban erscheint mitleidswürdig in seiner naiven Verkennung der Erbärmlichkeit seiner neuen Herrn. – Dem unflätigen Umgangston der beiden »zivilisierten« Stadtmenschen steht die zauberhafte Sprache des Naturwesens Caliban entgegen, der in poetischen Bildern die natürliche, naturhafte Harmonie seiner Insel schildert – er, der Gut und Böse nicht unterscheiden kann, weiß zwischen Nützlichem und Unbrauchbarem zu differenzieren. Caliban, der sich in die Knechtschaft von Leuten begibt, die ihn auf dem Jahrmarkt ausstellen wollen, fühlt sich dadurch aus der Sklaverei Prosperos erlöst und besingt sein Untertanentum als neu erlangte »Freiheit«.

78 Z. 21: *bombard* Ledersack, mit dem man Flüssigkeiten transportierte. – Z. 26: *Poor-John* getrockneter Fisch (Seehecht); Arme-Leute-Essen.

80 Z. 30: *makes a man* doppelsinnig: 1.»als Mensch dastehen«; 2. »sein Glück machen«. – Z. 31: *doit* kleine Münze. – Z. 32: *dead Indian* Indianer wurden in elisabethanischer Zeit sehr profitabel auf Jahrmärkten etc. zur Schau gestellt; sie überlebten die Prozedur meist nicht sehr lange. – Z. 39: *dregs* Bodensatz in einer Weinflasche; die »Weinschlauch«-Metapher wird fortgesetzt. – Z. 48: *tang* etwa »Biss«, wie die Zunge einer Schlange.

82 Z. 58f: *As proper a man* … ironische Verdrehung einer idiomatischen Redewendung: »As good a man as ever went on two legs.« Die Übersetzung spielt frei mit den »Beinen«. – Z. 68: *neat's-leather* sprichwörtliche Redewendung. – Z. 77: *Thou dost me* … Caliban spricht Trinculo an, der vor Angst zittert: nach Calibans Ansicht eine Auswirkung von Prosperos Behexungen. – Z. 81: *cat* Sprichwort: »Ale will make a cat speak« (»Bier bringt eine Katze zum Reden«); die Übersetzung variiert Luthers Übersetzung: »Wes das Herz voll ist, des gehet der Mund über.«

84 Z. 95f: *I have no long spoon* »Ich habe keinen langen Löffel«; bezieht sich auf das Sprichwort: »Wer mit dem Teufel essen will, muss einen langen Löffel haben.« – Z. 103: *siege* eigentlich »Exkrement«. *moon-calf* eine Missgeburt, hervorgerufen durch den Mondeinfluss. – Z. 110: *do not turn me about* Trinculo soll

offenbar Stephano in einem Freudentanz herumwirbeln.

86 Z. 125: *kiss the book* bezieht sich auf das Brauchtum, die Bibel zu küssen als Bestätigung für einen Schwur, und auf die sprichwörtl. Redensart »kiss the cup« = »Küß den Becher«. – Z. 135: *thy dog, and thy bush* der Legende zufolge wurde der »Mann im Mond« auf den Mond verbannt, weil er am Feiertag Reisig zum Feuermachen gesammelt hatte.

88 Z. 142 und 154ff: *every fertile inch* dies hatte Caliban auch Prospero bei dessen Ankunft versprochen; der unzivilisierte Caliban macht sich freiwillig zum Diener der beiden zivilisierten, brutalen Trunkenbolde – in einer Sprache, wie sie schöner im Stück nirgends vorkommt. – Z. 166: *scamels* ein heiß diskutierter, aber bislang ungeklärter Begriff: vermutlich irgendein Vogel, der an Felswänden nistet.

III,1:

Ferdinand muss Holz stapeln – die gleiche Arbeit, die für Caliban Qual, Last, Zwang und Knechtschaft bedeutet, wird für Ferdinand zum Genuss, seine Demütigung beantwortet er mit Demut; sein erster Kommentar dazu ließe sich verkürzen zu: »Freiheit ist Einsicht in die Notwendigkeit.« – Während Gonzalo Bindungslosigkeit als Ideal phantasiert hatte, wird Bindung an einen geliebten Menschen für Ferdinand zum Lebenssinn – »Knechtschaft« für die geliebte Frau wird ihm zur wahren menschlichen Freiheit. Umgekehrt möchte Miranda aus Liebe Ferdinand die Arbeit abnehmen – ein gegenseitiges Dienen nicht aus Zwang, sondern als selbstverständliche, freiwillige Hingabe an einen anderen. Miranda übertritt zudem Ferdinand zuliebe die strengen Gebote ihres Vaters – zu dessen großer Genugtuung: Prospero beobachtet die Szene und kommentiert freudig das innere Zusammenwachsen der beiden »geknechteten« Verliebten, für die die Liebe des anderen gleichbedeutend mit Freiheit ist – und bleibt bei aller Freude ein Ausgeschlossener.

92 Z. 14f: *But these sweet thoughts* ... unklare Stelle, vielfach deutbar; könnte z.B. auch »Most busy lest when I do it« heißen: seine Gedanken sind dann am meisten beschäftigt, wenn er gar nichts tut. – Z. 18f: *when this burns, / 'Twill weep* ... verbrennendes Holz lässt Harz austropfen.

94 Z. 32f: *visitation* doppelsinnig: 1. »Besuch«; 2. etwa »Heimsuchung durch die Pest«. – Z. 37f: *Admir'd Miranda* Ferdinand

spielt mit dem Namen »Miranda« = »die Bewundernswerte«. – Z. 46: *put it to the foil* entweder 1. »Niederlage« (ihr Reiz wurde zuschanden vor ihren Makeln); oder 2. der Makel wurde zur (herausfordernden) Kontrast»folie«, vor der ihr Reiz fragwürdig wurde.

96 Z. 63: *flesh-fly* eigentlich eine Fliege, die ihre Eier in Aas ablegt.

98 Z. 77ff: *dare not offer* ... Miranda möchte sich in aller Keuschheit Ferdinand als Frau anbieten und verheddert sich dabei in Sätzen, die sexuelle Untertöne haben. – Z. 84: *maid* 1. »Jungfrau«, »Unverheiratete«; 2. »Magd, Dienerin«.

III,2:

Eine Staatsgründung – und eine Szene über das Thema: wo zweie noch Freunde sein können, muss bei dreien einer König werden. Caliban macht sich zum 1. Untertan und Stephano zum König, der daraufhin Trinculo zum 2. Untertan oder Hofnarren macht – eine Travestie aller Autoritäts- und Hierarchiebildung *in nuce* als Slapstick-Komödienszene. Das zutrauliche Monster, das vor Stephano hingebungsvoll zu Kreuze kriecht, kämpft um seinen Rang als 2. Häuptling und wird zur Bedrohung für Trinculo, den Schwächsten im Dreierbund. Ariel fördert mit seinen Einwürfen die Spannungen in diesem »Gesellschaftsmodell«. Stephano errichtet eine Diktatur. – Ein Staatsstreich: Caliban, der von Prospero geknechtete Naive, der sich selbst mitleidswürdig zum Knecht von ordinären Tölpeln macht, stachelt auf zum hinterhältigen Mord am Inselherrscher Prospero; der nicht zum Zug gekommene Vergewaltiger bietet Miranda seinem neuen König als Beute fürs Bett an; der Knecht verführt seinen Herrn zum Verbrechen. »Gut und Böse« sind keine Kategorien in Calibans Denken. Dieser zweite Mordplan im Stück wirkt wie eine Parodie des ersten: ein besoffener Kellner möchte König werden – eine Karikatur des monarchischen, hierarchischen Staates, wie ihn Prospero vertritt. – Ariels Musik greift ein; er führt die Verschwörer in die Irre. Caliban, das verbrecherische, mordgierige Monster, beschreibt empfindsam Ariels Musik in poetischen Bildern: Musik als eine trancehafte, himmlische Macht, die Träume und Sehnsüchte schafft.

100 Z. 2f: *bear up, and board 'em* nautischer Ausdruck aus dem Seekrieg, etwa »Entern!«; hier als Trinkspruch im Sinne von »ex und hopp«. – Z. 12: *sack* eigentlich jede Art von Weißwein. –

Z. 16f: *he's no standard* Wortspiel: 1. »Standartenträger«; 2.»er kann nicht mehr stehen«. – Z. 17ff: *We'll not run* Wortspiel: 1. »vor dem Feind davonlaufen«; 2. in Fortsetzung von »standard« ein obszönes Wortspiel: »Standard« hieß ein Abwasserkanal in Cheapside; »run« bedeutet hier außerdem also »Wasser lassen, pissen«. *go … lie* unklar, vermutlich ähnlich zu verstehen wie »run« in Z. 17; aber »to lie like a dog« (= wie ein Hund lügen) war sprichwörtlich. Die Übersetzung erfindet für die ganze Sequenz neue Wortspiele. – Z. 25: *justle a constable* eigentlich »einen Konstabler anrempeln«.

102 Z. 32: *natural* Wortwitz: ein »natural« ist eigentlich ein (natürlicher) »Narr, Idiot«; ein Ungeheuer ist aber »unnatürlich«; »a natural monster« ist also ein Widerspruch in sich. – Z. 36: *indignity* eigentlich »er soll keine Schmach erleiden«. – Z. 50f: … *nothing./Mum, then* … sprichwörtlich: »I will say nothing but mum« (etwa: »Ich leg den Finger auf den Mund«).

104 Z. 70f: *stock-fish/Hackfleisch* Stockfisch wird vor dem Kochen geklopft. – Z. 80f: *murrain/Masern* eigentlich »die rote Pest«, nach dem Ausschlag benannt. – Z. 83f: *stand further off* er meint Trinculo, der seiner Ansicht nach den Gang von Calibans Erzählung unterbrochen hat.

106 Z. 100: *nonpareil* franz. »ohnegleichen«. *I never saw a woman* Caliban und Miranda sind komplementäre Figuren: beide staunen gleichermaßen naiv über die ankommenden Menschen; Caliban kennt keine Frau außer seiner Mutter, Miranda keinen Mann außer ihrem Vater. – Z. 109: *plot* außer »Plan« auch die elisabethanische Bedeutung: »Ablaufplan einer Theatervorstellung bzw. eines Maskenspiels«.

108 Z. 117: *troll the catch* eine Liedform für drei oder vier Stimmen, bei der jeder Sänger einfällt, wenn der vorherige seine erste Zeile beendet hat: jeder muss seinen Einsatz rechtzeitig »fangen«. – Z. 119f: *I will do reason* etwa »ich tu ja alles für dich«. – Z. 121f: *Flout … cout … scout* etwa »verspotten«, »piesacken«. – Z. 127: *Nobody* evtl. Anspielung auf ein zeitgenössisches Bild von einem Mann ohne Rumpf (»no body«), das auf dem Titelblatt einer anonymen Komödie *No-body and Some-body* (1606) abgedruckt war. – Z. 128f: *If thou beest a man* … der betrunkene Stephano meint natürlich: »wenn du ein Teufel bist, zeig dich in deiner wahren Gestalt, und wenn du ein Mensch bist …«

take 't as thou list spielt mit »The devil take it!« = »Hol's der Teufel!«.

110 Z. 145f: *my music for nothing* evtl. zeitgenössische Anspielung: Die Kosten für Musiker am Hof waren immens gestiegen durch die vielen Maskenspiele und Bälle, die es seit der Thronbesteigung von James I gab.

III,3:

Die Gruppe um König Alonso im Labyrinth der Insel – der Mordplan schwelt weiter, die Attentäter warten auf eine Gelegenheit. Prospero lässt zaubernd durch »seltsame Gestalten« eine reich gedeckte Tafel auftragen – ein schockhaftes Erlebnis für die Gruppe, die sich allein auf der Insel glaubte und nun annimmt, dass es hier Eingeborene gibt – erneut das Thema »edle Wilde versus barbarische Zivilisierte« in Gonzalos Einwurf. Der Versuch, von den Speisen zu essen, scheitert, die Tafel verschwindet durch Zauberei: ein begehrtes Ziel erweist sich als Illusion. Ariel erscheint; seine dramatisch-theatralische Offenbarung, dass die Mächte des Schicksals wegen des Verbrechens an Prospero all dies bewirken und den Schuldspruch über die Täter fällen, wird für Alonso zum Spiegel seiner Sünde und zum Moment der Selbsterkenntnis; für ihn scheint die Natur selbst sich zu erheben, um Klage gegen ihn zu schreien (während es in Wirklichkeit nur eine therapeutische Theaterei des Regisseurs Prospero war – und auch nicht, wie Ariel behauptet, ein Werk der Vorsehung). Alonso stürzt im Wahnsinn davon, um Selbstmord zu begehen. Antonio und Sebastian, ebenfalls vom Fieberwahn befallen, aber unbeeindruckt von Ariels Offenbarung, wollen die »Teufel« hingegen gleich in Legionenstärke und mit Waffengewalt bekämpfen …

110 Z. 1: *By 'r lakin* = Ladykin = »by our Lady« (»Maria, hilf!«). – Z. 3: *Through forth-rights and meanders* Wege wie in einem künstlichen Irrgarten, die manchmal geradeaus, manchmal geschlängelt verlaufen.

112 Z. 22f: *unicorns … phœnix* »Einhorn« und »Phönix« tauchen als Fabelwesen in vielen zeitgenössischen Schriften und Reiseberichten auf; Sebastian verwendet sie als die abenteuerlichsten Beispiele, die ihm einfallen.

114 Z. 39: *Praise in departing* sprichwörtl. Redensart: »Lobe den Gastgeber erst nach dem Essen«. – Z. 40: *They vanish'd strangely*

der zweite und letzte Satz des Francisco; wird in Aufführungen häufig Gonzalo oder Antonio gegeben, wodurch Francisco entbehrlich wird. – Z. 45: *Dew-lapp'd* mit Hautsäcken am Hals, die den Tau vom Gras abstreifen, vgl. *Sommernachtstraum*, IV,1, 118f. – Z. 46f: *men/Whose heads stood in their breasts* die Antropophagen, die auch schon in Othello erwähnt werden (I,3, 143ff) und aus phantasievollen fiktiven Reiseberichten um 1500 stammen. – Z. 48: *putter-out of five for one* Reisende wollten zu Shakespeares Zeiten ihre Unkosten gern wieder hereinbringen und ließen sich dazu auf ein Spekulationsgeschäft ein: sie setzten dafür in London eine Summe ein, die ihnen bei glücklicher Rückkehr (und dem erbrachten Beweis für den Vollzug ihrer Reise) fünffach zurückgezahlt wurde; sollten sie nicht zurückkommen, verfiel die Summe.

116 Z. 52, Regieanweisung: *Harpy* die Harpyien aus Vergils Äneis sind gemeint: der Troer Äneas suchte mit seinen Gefährten Schutz auf der griech. Insel der Strophaden, wo die Harpyien lebten, grässliche Gestalten mit den Gesichtern und Brüsten von jungen Frauen und den Krallen und Flügeln und Körpern von Vögeln. Als die Troier ein Festmahl bereiteten, erschienen die Harpyien, stürzten sich auf die Tafel und verschlangen das ganze Essen. Ariel könnte also wohl fliegend aufgetreten sein. – Z. 53f: *Destiny … lower world* die Vorsehung benutzt die Elemente dieser Welt als Werkzeuge. – Z. 77: *Ling'ring perdition* für das »zähschleppende Verderben« ist das Auftragen der Speisen vor den Hungernden und das Verschwindenlassen, bevor sie essen können, ein Symbol. »Ling'ring perdition« ist syntaktisch Objekt für »sprechen dir« und gleichzeitig Subjekt für »soll Schritt für Schritt«: eine rhetorische Figur, die zu Shakespeares Zeiten beliebt war.

118 Z. 83ff: *Bravely …* Prospero lobt Ariel wie ein Regisseur die Schauspieler nach der Aufführung: die metaphysische Geistererscheinung, die die Hofleute erstarrt mit ansehen, wird zur Theaternummer. – Z. 99: *bass my trespass* die Harmonie der Naturkräfte (häufig im Bild der harmonischen Musik beschworen) wird von Alonso als dramatisches Konzert verstanden, das seine Schuld deutlich macht.

IV,1:
Ferdinand hat die Probe der demütigen Unterordnung bestanden, ihm ist Bindung zur Freiheit geworden. Prospero übergibt ihm Miranda – allerdings mit der strengen Auflage, bis zur Hochzeit keusch zu bleiben; Selbstdisziplin und vernunftmäßige Beherrschung der animalischen Triebe und Leidenschaften als kulturelle Leistung des »veredelten« Menschen: das Tierische des »alten Adam« abzustreifen, war ein hohes Ziel des auf humanistische Vollendung abzielenden elisabethanischen Erziehungsideals. (Der Kult der Jungfräulichkeit zu Shakespeares Zeiten ist auch in Zusammenhang mit dem Kult um die »jungfräuliche« Königin Elisabeth zu sehen: Jungfräulichkeit als Attribut königlicher Macht war ein Pokerpfand bei dynastischen Allianzen.) In einem allegorischen Verlobungs-Erntedank-Zauberspiel zur Feier der (ehelich sanktionierten) Liebe, die in Keuschheit den lüsternen Anschlägen der Venus widersteht, wird dem liebenden Brautpaar die ganze Segensfülle der (mit Arbeit, Ackerbau und Viehzucht kultivierten) Natur versprochen: ohne Not und Entbehrung sollen die beiden leben, keinen Winter soll es mehr für sie geben – der Eheritus, also gesellschaftlicher Vertrag und Einbindung in die Ordnung, ist Voraussetzung, und das Ziel ist Fruchtbarkeit in Kindern – ein Kernaspekt der elisabethanischen Liebesauffassung. – Prosperos idealische und zugleich ermahnende Zauberphantasmagorie zerfällt vor der plötzlichen Erinnerung an den realen Mordplan, den Caliban, Stephano und Trinculo schmieden – der zauberische, idealische »Tand« hat ihn die konkrete Wirklichkeit vergessen lassen (wie er ehemals in Mailand vor lauter Studieren das Regieren vergaß). Angesichts seines hoffnungslos gescheiterten Erziehungsprojektes an Caliban, der für all das steht, was im allegorischen Spiel ausgeklammert war (Unkeuschheit, Geilheit, Vergewaltigung, Mord – das »Böse«), vefällt Prospero in plötzliche und für Miranda unbegreifliche Wut und Erregung und vergleicht die eben gezeigte idealische Zauberillusion mit dem Weltganzen und der Menschheit: Alles (auch sein Ideal) ist wesenlos wie der flüchtige theatralische Augenblick und wird spurlos zergehen – ein Moment der Schwäche und Bitterkeit eines Desillusionierten. – Ariel hat bereits mit seiner Musik die drei Verschwörer in einen Jauchepfuhl gelockt; auf Prosperos Geheiß schafft er wertlosen glitzernden Kleiderfirlefanz als Köder herbei, auf den Stephano und Trinculo, die Zivilisationsmenschen, sofort hereinfallen, während

Caliban, der »Wilde«, den Schein durchschaut. Geister in Hundegestalt jagen die Verschwörer davon.

122 Z. 3: *a third of mine own life* was sind die anderen beiden Drittel? Es gibt verschiedenste Erklärungen und Korrekturen: 1. statt *third* wird *thread* (= Faden) angegeben (Theobald; ihm folgend übersetzt Schlegel: »Ich gab Euch einen Faden meines eigenen Lebens«); 2. das Drittel könnte Miranda sein; 3. ein Drittel seiner Lebenszeit, in dem Prospero sich um Miranda gekümmert hat etc. – Z. 14: *purchas'd* der merkantile Sinn »kaufen« steht hier nicht im Vordergrund. – Z.15: *virgin-knot* bezieht sich vermutlich auf eine Formulierung Catulls: *sonam soluere virgineam* (»den Jungfraungürtel lösen«), klingt hier aber gewalttätiger. – Z. 18: *sweet aspersion* eigentlich »süßer Sprühregen«, der das Wachstum der Pflanzen fördert. – Z. 20f: *bestrew … weeds* bezieht sich auf die Sitte, das Hochzeitsbett mit Blumen zu bestreuen; hier wird mit Unkraut gedroht. – Z. 23: *Hymen's lamps* Hymen war der antike Gott der Hochzeit und der ehelichen Liebe, der eine Lampe (Fackel) trug: brannte sie hell, galt dies als gutes Zeichen.

124 Z. 27: *genius* bezieht sich auf die Vorstellung, dass jedem Menschen ein guter und ein böser Engel beigesellt ist. – Z. 29: *edge* hier: »sexueller Genuss«. – Z. 30f: *Phœbus' steeds …* Phöbus ist der griech. Sonnengott, der täglich auf seinem Sonnenwagen erscheint; wenn seine Pferde lahmen, dauert der Tag länger als sonst, und die ersehnte (Hochzeits-)Nacht tritt nicht ein. – Z. 37: *trick* durchaus im heutigen Sinn zu verstehen, insbesondere als theatralischer Bühnentrick. *rabble* gemeint sind die kleineren Geister. – Z. 47: *mop and mow* eigtl. »mit Grimassen«.

126 Z. 51: *dalliance* etwa »Flirt«, »Geschäker«; eine so genannte »implizite Regieanweisung«: Ferdinand und Miranda scheinen sich trotz Warnung näher zu kommen. – Z. 55f: *virgin snow* vermutlich sind seine keuschen Gedanken an Miranda gemeint; »keusch wie Eis« war eine sprichwörtl. Redensart; ansonsten (falls er und Miranda sich hinter Prosperos Rücken umarmt haben, was Z. 51 anzudeuten scheint) könnte Ferdinand die konkrete keusch-kühl-jungfräuliche Miranda in seinen Armen meinen. *liver* die Leber galt in der elisabethanischen Physiologie als Sitz der Leidenschaften. – Z. 59: *No tongue! all eyes!* bei Beschwörungen und magischen Ritualen hatten alle Anwesenden

tiefstes Schweigen zu bewahren, damit der Zauber gelang; die Aufforderung »Ganz Auge!« verweist darauf, dass die höfischen »masques« in erster Linie optische Genüsse boten. – Z. 60: *Iris* die griech. Göttin des Regenbogens und Götterbotin. *Ceres* röm. Göttin der Erde und Schutzherrin des Ackerbaus (wahrscheinlich von Ariel dargestellt). – Z. 64: *pioned and twilled* Bedeutung unklar; zumeist erklärt als entweder 1. »ausgegraben und mit Zweigen befestigt«, um das Bachufer vor Erosion zu schützen; oder 2. »mit Päonien und Lilien bewachsen«. – Z. 66: *cold nymphs chaste crowns* eigentlich »um keuschen Nymphen keusche Kränze zu machen«; Nymphen waren die Begleiterinnen der Keuschheitsgöttin Diana. – Z. 67f.: *Whose shadow* eigentlich »deren Schatten der verstoßene Junggeselle liebt, den seine Liebste verlassen hat«. – Z. 68: *poll-clipt* eigentlich »gestutzt, gepflegt«. – Z. 72, Regieanweisung: *Juno* röm. Göttin der Frauen, Beschützerin der Hochzeit, Ehe und Geburt, gleichgesetzt mit der griech. Hera. *descends* kann auch bedeuten, dass Juno mit dem Flugwerk »fliegend« herabsteigt bzw. herabfährt. – Z. 74: *peacocks* Pfauen waren die heiligen Tiere der Juno.

128 Z. 77: *Jovis* = Jupiter, höchster röm. Gott, Ehemann der Juno. – Z. 83: *short-grass'd green* eigentlich »kurz geschnittener Rasenfleck«; verweist auf eine zivilisierte Ecke in der wilden Natur. – Z. 87ff.: *Venus or her son* Venus, röm. Göttin der Liebe; ihr Sohn ist Cupido (Amor), der mit Pfeil und Bogen dargestellt wird. *dusky Dis* gemeint ist der dunkle Pluto, der Gott der Unterwelt. Venus und Cupido wollten auch in der Unterwelt wirksam werden und hatten deshalb Pluto in Liebe zu Proserpina (Persephone) entbrennen lassen, der Tochter der Ceres (Ovid, *Metamorphosen* 5,365ff.). – Z. 93: *Paphos* auf Zypern, dem Zentrum der Venus-Verehrung. – Z. 96: *bed-right* das »Bett-Recht« setzte die vorherige symbolische Anbetung des Ehegottes Hymen voraus, der daraufhin seine Lampe entzündet. – Z. 98: *Mars's hot minion* Mars war der griech. Kriegsgott; Venus hatte mit ihm ein heimliches Liebesverhältnis. – Z. 99: *waspish-headed* eigentlich »wespisch gesinnt«: reizbar und »stechend«.

130 Z. 114f.: *Spring … harvest* die Winterzeit wird übersprungen: auf den Herbst folgt gleich der Frühling. – Z. 129: *sedg'd crowns* eigentlich »Kränze aus Riedgras«.

132 Z. 138, Regieanweisung: *confused noise* die Harmonie der Musik, bei Shakespeare immer ein Symbol der harmonischen kosmischen Ordnung, löst sich disharmonisch auf. – Z. 148: *revels* eigentlich »Unterhaltung, fröhliche Feiern, Tänze, Maskenspiele«. – Z. 151: *baseless / körperlose* eigentlich »ohne Fundament«.

134 Z. 156: *rack / Spur* eigentlich »Wölkchen«. – Z. 172: *full of valour / heldenstark* eigentlich »so voll Mutes«; Ariels Bericht ist sehr ironisch: die Hofleute werden mit Tieren verglichen. Die Übersetzung verwendet andere Tiere als das Original. – Z. 176: *unback'd colts / Hasen* eigentlich »noch nie gerittene Fohlen«.

136 Z. 179: *calf-like / wie Schafe* eigentlich »kälbergleich«. – Z. 182: *filthy-mantled* eigentlich »schmutzüberzogen«. – Z. 183: *chins / Kragen* eigentlich »bis zum Kinn«. – Z. 187: *stale* etwa »Lockvogel«, wie man sie auf der Jagd verwendet. – Z. 188ff: *nature … Nurture …* die beiden sehr ähnlich klingenden, aber konträren Begriffe bilden ein zentrales Thema des Stückes (Vgl. a. *Essay*, 224f): *nature* steht für die rohe, unvollkommene Natur, die mit *nurture* (= »Bildung« im weitesten Sinne) zu zivilisieren und zu veredeln ist. Prosperos bemühtes Erziehungsprogramm, das bei Miranda ideal gelungen ist, ist an Caliban gescheitert: der Fehler liegt nicht im Programm, sondern im Wesen der Menschen, die von Natur aus zum Guten oder Bösen vorgeprägt sind. »Nature passes nurture« (»Die Natur ist stärker als alle Erziehung«) war ein elisabethanisches Sprichwort. – Aus dem originalen Sprachbild (*nurture* kann auf Calibans *nature* nicht »haften«) entwickelt die Übersetzung das gärtnerische Bild des veredelnden »Pfropfreises«, das die Natur nicht »adeln« kann. Dass hohe »adlige« Geburt nicht ausreicht, um »edel« zu sein, wird an der Verderbtheit der adligen Personen demonstriert. Erziehung wurde im kosmologischen Weltbild der Shakespearezeit immer auch als sittliche »Veredelung« des Zwitterwesens Mensch verstanden, der – auf der hierarchischen Stufenleiter des Seins zwischen Tieren und Engeln stehend – zur Vollendung im religiös-metaphysischen Sinn zu streben hatte. – Z. 191f: *body uglier grows …* äußerliche Schönheit bzw. Hässlichkeit sollte aus neuplatonischer Sicht analog zur inneren sittlichen Verfassung eines Menschen sein: Gestalt und Gesinnung sollen sich entsprechen. – Z. 193: *line* es besteht ein Disput darüber, ob es sich hier um eine »Wäscheleine« handelt

oder um einen *lime-tree* (= »Linde«). Die Übersetzung entscheidet sich für »Leine«, da für die späteren Wortspiele das Wortfeld »Leine« einige Möglichkeiten bietet.

138 Z. 206: *Shall hoodwink this mischance* aus der Falknersprache: das Unglück soll eine die Sicht nehmende Haube bekommen wie ein Jagdfalke und somit keinen Schaden mehr stiften können. Die Übersetzung verändert, da der Fachterminus nicht mehr verständlich ist. – Z. 223: *des Königs neue Kleider* eine Zutat der Übersetzung, nicht im Original: ein Versuch, den Zitatcharakter von Trinculos Text zu kompensieren, der sich auf eine Ballade mit dem Titel »Take thy old cloak about thee« bezieht (die auch in *Othello* II,3,82 vorkommt): »King Stephan was a worthy peer/His breeches cost him but a crown ...« – Z. 226: *frippery* eine Art »second-hand«-Altkleiderladen. – Z. 230: *dropsy / Suff* eigentlich etwa »Wassersucht«.

140 Z. 231: *luggage* unnützer, behindernder Kram. – Z. 235ff: *Mistress line* ... eine Abfolge von nicht ganz geklärten (und nicht besonders witzigen) Witzen: *jerkin* war eine kurze, eng geschnittene Jacke; *under the line* bezieht sich auf die Äquatorlinie: bei deren Überquerung wurden den Passagieren von den Matrosen die Haare abgeschnitten bzw. fielen sie den Seeleuten wegen Skorbut auf solch langen Reisen meist aus; wenn die Jacke also nun (südlich) unter die Äquatorlinie gerät, wird sie die Haare verlieren und bald (kahl) werden. Anzunehmen sind zotige Unterbedeutungen, z. B. Haarausfall wegen Geschlechtskrankheit etc. Die Übersetzung spielt mit deutschen idiomatischen Begriffen und der Tatsache, dass Stephano einen Diebstahl begeht. *by line and level* sprichwörtl. für »ganz nach der Regel, systematisch«, und wieder ein Spiel mit line. – Z. 242f: *pass of pate* etwa »witziger Geistesblitz«. – Z. 244: *lime* Leim, den man zum Vogelfangen auf Ruten strich; synonym für »stehlen«. – Z. 247: *barnacles* schott. Folklore: eine bestimmte Muschel, die auf Bäumen wächst und, wenn sie ins Wasser fällt, sich in eine Gans verwandelt; Caliban befürchtet eine Metamorphose.

142 Z. 258: *dry convulsions* eigentlich »trockene Krämpfe«; unklare Bedeutung: bezieht sich evtl. auf die medizinische Säftelehre, derzufolge ein Mangel an bestimmten Körpersäften zu Erkrankungen und Schmerzen führt.

V,1:
Prosperos Feinde sind ihm nun »auf Gnad und Ungnad« ausgeliefert. Sein alchemistisches Unterfangen der Seelenverwandlung nähert sich dem entscheidenden Punkt: die drei adligen Frevler gefangen und hilflos in den Klauen des Wahnsinns, ihre Begleiter zutiefst verstört und in Panik – leidende Menschen, nach Ariels Schilderung. Dessen menschliches Empfinden bewegt Prospero dazu, der »besseren Vernunft« zu folgen, auf seine Rachepläne zu verzichten, den Zauber zu lösen und die ihrer Vernunft beraubten, in einem Alptraum befangenen Gestrandeten wieder zu Herren ihrer selbst zu machen. Seinem »groben Zauber« schwört Prospero ab, versenkt sein Buch, zerbricht seinen Zauberstab und kleidet sich wieder in seinen Herzogsmantel als Fürst Mailands. Erwachende Vernunft, Einsicht, Umkehr, Gnade und Vergebung sind die Themen von Prosperos großer beschwörender Rede an die noch blinden und tauben Verwirrten, die, von Entsetzen und Staunen gepackt, nur allmählich und zögerlich die Realität Prosperos erfassen können – ein langsames Auftauchen aus einer unerklärlichen Mischung aus Wirklichkeit und Wahn, Traum und Zauber. Während Alonso für sich subjektiv den »Sinn« des Inselerlebnisses zwischen Sturm, Todesnähe und Wahnsinn begreift, daraufhin bereut, eigene Schuld erkennt, zur Einsicht gelangt und Prospero sein Herzogtum Mailand zurückgibt, bleiben Sebastian und Antonio unverändert und verstockt. Indem Prospero das Schach spielende Liebespaar Ferdinand und Miranda erscheinen lässt, offenbart er seinen hoffnungsvollen Zukunftsentwurf: die beiden in Liebe vereinten, an der Vergangenheit schuldlosen, im Dienst am anderen idealischen »Königskinder« als ein harmonisch versöhnendes Tableau – die Vertreter der neuen Menschen. – Miranda, vom zwischen Illusion und Realität noch hilflos herumtaumelnden Alonso als »Göttin« bezeichnet, begeistert sich angesichts der zivilisierten Schurken naiv an der »schönen Menschheit« in der »schönen neuen Welt« – Prospero kommentiert pessimistisch ihre ahnungslose Freude. – Gonzalo liefert eine Sinndeutung der Vorkommnisse (und des Stückes?): er meint, im Geschehen das Wirken der gütigen Vorsehung zu erkennen (was der unberührt gebliebene Antonio sicher eher als Machenschaft des Satans bezeichnen würde: mit der Wiedereinsetzung Prosperos ist Antonios eigene Weltkarriere ja nun beendet). – Die Bootsleute treten auf, von Ariel herbeigeführt. Ihnen ist alles nur wie ein betäu-

bender Schlaf erschienen, wie ein wirrer Traum, aus dem sie rätselhafterweise unversehrt erwacht sind – auf ihrer Wahrnehmungsebene haben sie nichts von den magischen Geschehnissen mitbekommen, ein »Sinn« der Insel entgeht ihnen. – Der Verschwörertrupp Caliban, Stephano und Trinculo, kaum noch zu erkennen nach dem Bad in der Jauche, wird von Ariel herangeführt: Caliban, desillusioniert von seinem »Gott« Stephano, begeistert sich an der äußeren Pracht seines nunmehr als Herzog gekleideten alten Herrn Prospero und kehrt gezwungenermaßen in dessen Dienste zurück – dass der Mordplan misslang, führt ihn nur zur Einsicht in seine Dummheit, einen Säufer angebetet zu haben, aber nicht zur Einsicht in die moralische Verwerflichkeit des Vorhabens. Prospero erkennt dieses »Ding der Finsternis« an als »sein Eigen« (sein eigener Knecht? ein Teil seiner selbst?). Caliban kehrt zurück in eine Knechtschaft, die übrigens durchaus zum persönlichen Vorteil Prosperos gereicht. Stephano und Trinculo, mit einem schweren Kater aus dem betrunkenen Traum von Königsmacht erwacht, werden wieder zu Dienern; Sebastian und Antonio kommentieren unverändert wie bei ihrer Ankunft zynisch und mit dünnen Witzen das Geschehen. – Ariel erlangt seine Freiheit in ewigem Sommer. – Prospero erklärt sein Ziel als erreicht: die Missetäter hätten bereut (der einzig Reuige ist aber Alonso). Prospero stiftet anscheinend eine Versöhnung und bewirkt die Wiedererrichtung der vorgegebenen Ordnung: Er wird nach Mailand zurückkehren und die alten Machtverhältnisse wieder einführen. Dass dort jeder »dritte Gedanke sein Grab« sein soll, spiegelt das Unbehagen am angeblichen »guten Ausgang«: Prospero scheint allzu selbstbetrügerisch über die fortbestehenden Abgründe den Deckmantel der Versöhnung zu ziehen; das Unveränderliche an Caliban, Antonio und Stephano widerspricht beunruhigend der Harmonie des Schlusses …

144 Z. 1: *project gather to a head* eigentlich »Unterfangen«; hier aber alchemistische Terminologie: eine Bezeichnung für eine Phase des »großen Experiments«, das zum Siedepunkt hinstrebt. »Projection« ist die Verwandlung eines Metalls in Gold mittels des Steins der Weisen. Die Übersetzung versucht, diesem metaphorischen Bezug Rechnung zu tragen. – Z. 2f: *crack* alchemistischer Bezug: das Explodieren der Retorten beim gescheiterten Experiment. *time/Goes upright with his carriage* d. h., es ist nicht mehr viel zu tun, und die Zeit trägt daher leicht an ihrer

Bürde. *carriage* = »what is carried«.

146 Z. 24: *kindlier* doppeldeutig: 1. »freundlicher«; 2. kind = »Art, Verwandtschaft«: »mehr in Übereinstimmung mit meinen menschlichen Artgenossen«. – Z. 27f: *the rarer action* … eine berühmte Stelle; ein elisabethanisches Sprichwort lautet: »To be able to do harm and not do it is noble« (»Schaden zufügen zu können und es nicht zu tun ist edel«). *virtue* ist ein schillernder Begriff, je nachdem, ob man ihn als christliche »Tugend« verstehen will oder z. B. als machiavellistische *virtù,* welcher Nützlichkeit über Ethik ging. Die Alternative *virtue – vengeance* ist seltsam: »Rache« würde als Komplementärbegriff eigentlich »Vergebung« erfordern. Es scheint sich auch hier um ein Echo auf Montaigne zu handeln, wie John Florio 1603 übersetzt hat: »He that through a natural facility and genuine mildness should neglect or contemn injuries received should no doubt perform a rare action … But he who, being touched and stung to the quick with any wrong or offence received, should arm himself with reason against this furiously-blind desire of revenge, and in the end, after a great conflict, yield himself master over it, should doubtless do much more. The first should do well, the other virtuously: the one action might be termed goodness, the other virtue« (zit. nach *The Oxford Shakespeare The Tempest*, hg. von Stephen Orgel). Die Übersetzung vermeidet die zur Leerformel gewordene »Tugend« und entscheidet sich für den Begriff »Sittlichkeit«. – Z. 33: *Ye elves of hills* … diese Passage ist der Anrufung der Zauberin Medea in Ovids *Metamorphosen* (VII,197) nachgebildet. – Z. 36: *demi-puppets* puppengroße Elfen oder Trolle. – Z. 39: *midnight mushrooms* Folklore: weil Pilze über Nacht wachsen, werden sie hier als Produkte des Elfenzaubers beschrieben. – Z. 39f: *rejoice* … *curfew* sie freuen sich, weil mit dem Abendläuten (21 Uhr zu Shakespeares Zeiten) die Nachtzeit beginnt, in der sie umgehen dürfen. – Z. 42f: *mutinous winds* eigentlich »aufrührerische, rebellische Winde«. Prospero beschreibt den Kampf der Elemente, wie ihn die Schiffsbesatzung in I,1 erlebt hat. – Z. 45: *Jove's stout oak* die Eiche war der heilige Baum Jupiters. – Z. 47: *pluck'd up* eigentlich »ausgerissen«. – Z. 50: *rough magic* sein Zauber beherrscht nur die grobe Materie.

148 Z. 58f: *A solemn air* Musik als Ausdruck vollendeter (kosmischer) Harmonie galt als Therapeutikum für den gestörten, disharmonisch gewordenen Geist. – Z. 63: *sociable/Brüder* eigentlich etwa »in Sympathie mit deinen«.

150 Z. 96: *so, so, so* vermutlich ein gemurmelter Kommentar Prosperos in Bezug auf seine Umkleidung. – Z. 102: *drink the air* vermutlich dem lateinischen Ausdruck *viam vorare* (= »den Weg verschlingen«) nachgeformt.

152 Z. 124: *subtleties* doppeldeutig: 1. »Täuschungen, Raffinesse«; 2. eine besondere Art von fein gearbeitetem Konfekt und Gelee in Form allegorischer Figuren etc., das auf Banketten der Zeit gereicht wurde; das Wort *taste* ist daher sowohl wörtlich wie metaphorisch gemeint. Die Übersetzung benutzt das Idiom »an etwas zu beißen haben«. – Z. 129: *No* entweder eine nochmalige Bestätigung seines letzten Satzes: »Nein, ich werde nichts erzählen«, oder eine kalte Antwort auf Sebastians Behauptung, der Teufel würde aus ihm sprechen. – Z. 130ff: *you … Thou* Prospero wechselt im Original die Anredeform: *thou* und *thy* drücken in diesem Fall Verachtung aus. – Z. 131f: *I do forgive* Prosperos Vergebung kann durchaus christlich motiviert sein – genauso gut aber auch Ausdruck tiefster Verachtung, die den Schuldigen der Vergeltung nicht für würdig hält.

154 Z. 155: *devour* evoziert das Bild des Staunens mit offenem Mund. – Z. 156f: *Their eyes do offices …* eigentlich »und kaum glauben, dass ihre Augen die Wahrheit erkennen, ihre Worte aus dem eigenen Atem kommen«.

156 Z. 171f, Regieanweisung: *Prospero discovers …* die Verbindung Ferdinands und Mirandas wird als ein Wunder angekündigt (Prospero spielt mit Mirandas Namen!) und als theatralischer Akt auf der Bühne realisiert. Schach spielende Verliebte waren seit dem Mittelalter ein häufiges Motiv: das Schachspiel war Vorwand, damit Verliebte sich züchtig begegnen durften. – Z. 172ff: *you play me false* einigermaßen unklarer Dialog, vielfältig interpretierbar. Beim Schach kann man nicht betrügen; Mirandas Vorwurf kann sich also nur auf einen bedrohlichen Zug Ferdinands beziehen. Ferdinand bestreitet dies übertrieben (»nicht um die Welt«), und Miranda korrigiert spielerisch die Übertreibung: doch, er täte es um zwanzig Königreiche und

dürfte es auch mit ihrer Zustimmung: so groß sei ihre Liebe (diese Erklärung und die Übersetzung folgen A. Bartons Kommentar im *New Penguin Shakespeare*). Es könnte auch bedeuten: »Doch, das tätest du, für ein Dutzend Königreiche würdest du es bestreiten, und ich würde es trotzdem ehrliches Spiel nennen.« – Z. 174: *score* entweder 1. »ausgesetzter Preis« oder 2. »zwanzig«. *wrangle* eigentlich »streiten, bestreiten«. – Z. 176: *vision/Traum* hier eigentlich »Illusion, Täuschung«. – Z. 184: *'Tis new to thee* Prospero kann Mirandas naive Bewunderung nicht teilen.

158 Z. 187: *Is she the goddess* so hatte Ferdinand bei der ersten Begegnung Miranda genannt: I,2,424. – Z. 202: *blessed crown* eigentlich »gesegnete Krone«: wörtlich gemeint, denn beide werden Herrscher sein über Mailand und Neapel.

160 Z. 213: *no man was his own* d. h., als keiner Herr seiner selbst war; so beschreiben sich auch Olivia, Viola und Sebastian in *Was ihr wollt*. – Z. 219: *swear'st grace o'erboard* d. h., der du so fluchst, dass die Gnade Gottes vom Schiff genommen wird.– Z. 229ff: *If I did think* … der Bericht des Bootsmanns ist gekennzeichnet durch gedrängte Syntax: beim Bemühen, alles zu erzählen, kommt ihm immer ein zusätzlicher Gedanke in die Quere. Die Übersetzung übernimmt diese Charakteristik und betont sie noch.

162 Z. 256: *Every man shift for all the rest* Stephano in seinem Suff verdreht die übliche egoistische Aussage (»Every man shift for himself«) ins menschenfreundliche Gegenteil. – Z. 259: *true spies* eigentlich »ehrliche Spione«, d. h., »wenn ich meinen Augen trauen kann«. – Z. 261: *Setebos* der Inselgott, den Calibans Mutter Sycorax angebetet hat; vgl. Kommentar zu I,2, 375.

164 Z. 267: *badges* eigentlich »Wappenzeichen«, wie sie auch Bediente als Zeichen ihrer Zugehörigkeit zu einem Herrn trugen. Worauf Prospero genau anspielt, ist unklar: vermutlich darauf, dass sie als Alonsos Diener die von Prospero gestohlene Kleidung tragen. – Z. 271: *her power* die Macht des Mondes: »moon« ist im Engl. weiblich. Die Passage ist unklar und vieldeutig lesbar, etwa: Sycorax konnte die Befehlsgewalt des Mondes ausüben, ohne seine Kraft zu haben, was immer dies heißen mag; vermutlich der engl. Hexenfolklore entnommen. Die Übersetzung verkürzt etwas. – Z. 275: *this thing of darkness* soll

vermutlich heißen, dass Prospero die Verantwortung für Caliban übernimmt: sein gescheitertes Experiment. – Z. 279: *reeling ripe* d. h., »so betrunken, dass er schwankt«. – Z. 280: *grand liquor … gilded 'em* meint einerseits den »Alkohol, der sie erhitzt hat«; ist andererseits eine Anspielung auf das alchemistische Große Experiment. – Z. 281ff: *pickle* doppeldeutig: 1. »Patsche«, wie »in der Patsche sitzen«: dies meint Alonso. Trinculo versteht es in der 2. Bedeutung »Konservierungsstoff für Lebensmittel«: er ist so mit dem Konservierungsmittel (Alkohol) getränkt/hat so in der Patsche des Jauchepfuhls gesessen, dass die Fliegen nie mehr an ihn gehen werden. *fly-blowing* man nahm an, dass Aas aufschwillt, weil die Fliegen darin nisten; das wird Trinculo nicht mehr passieren. Die Übersetzung versucht, mit der konservierenden »Sülze« zu spielen. – Z. 289: *sore* dreifache Bedeutung: 1. »ungeeignet, jämmerlich«; 2. »hart«; 3. »wund«.

166 Z. 291f: *disproportion'd* äußerliches Aussehen und inneres Wesen sollen nach neoplatonischem Denken übereinstimmen: Caliban ist hässlich von Gestalt wie von Wesen.

Epilog:
Ein Text, der sich endlos interpretieren lässt (vgl. a. *Essay, S. 225f*). In der elisabethanischen Theaterkonvention trat gewöhnlich am Ende des Stückes ein Schauspieler aus seiner Rolle heraus (wodurch das gerade gesehene Stück deutlich als Fiktion von der Realität *abgegrenzt* wurde), kam nach vorn und bat um Nachsicht für die Schwächen des Stückes und um Applaus für die Darsteller. Mit dieser Konvention treibt der *Sturm*-Epilog ein verwirrendes Spiel; er ist eine vielfach verschlungene Metapher, in der die Grenze zwischen Theater und Wirklichkeit bewusst *verwischt* wird. Da eine Metapher bekanntlich ein Weltphänomen erfasst, das anders nicht ausdrückbar ist, ist jede Beschreibung einer Metapher nur plumpes Stückwerk – so wie der folgende Versuch einer Beschreibung des Epilogs, der zwischen mehreren Bedeutungsebenen changiert:

Der *Schauspieler* des Prospero tritt als *Prospero* nach vorn – d. h., Prospero verlässt die Welt des fiktiven Stückes und betritt die reale Welt der Zuschauer: Prospero wird real auf der kahlen Bretterbühne, die Geschichte geht weiter, geht hinaus über Theater und Text. Die übliche Bitte des Schauspielers um Beifall für die Aufführung transformiert sich und mischt sich mit der Bitte Prosperos um

Befreiung von seiner kahlen Insel: den Zuschauern wird die magische Macht (*by your spell*) zugeschrieben, ihn auf der Insel festbannen oder ihn von dort befreien zu können. Dies ist nicht konkret gemeint – Prospero kann ja (wie er gerade gesagt hatte) die Insel problemlos verlassen. Prospero, der real wurde, möchte durch die Zuschauer von der »kahlen Insel«/von der kahlen Bretterwelt des *Theaters* befreit werden: Der Atem/das Wort/das Lob der Zuschauer muss ihm die Segel füllen, um von der Insel zurück nach Mailand zu kommen/um vom fiktiven Theater in die wirkliche Welt zu kommen mit seinem »Projekt« … das Projekt nämlich des vom Erfolg abhängigen Schauspielers, zu unterhalten und zu gefallen (*to please*) – und das magisch-alchemistisch-veredelnde Zivilisations- und Erziehungsprojekt des Prospero, das die Verwandlung der Seelen zum Ziel hatte (*Now does my project gather to a head*, V,1,1) und damit die Einrichtung einer idealen Ordnung menschlichen Zusammenlebens. An Zauberkraft fehlt es ihm nun – nach seinen übermenschlichen, gescheiterten Anmaßungen wieder zum schwachen Menschen geworden, sieht er ein Ende in Verzweiflung vor sich, aus der nur das hilflose Gebet (an Gott) erretten kann … Oder: seiner theatralischen Zauberkraft entkleidet und wieder zum einfachen Schauspieler geworden, bleibt ihm nur die flehentliche Bitte an die Gnade der Zuschauer angesichts einer fehlerhaften Theatervorstellung …

168 Z. 17: *Which pierces so* … wörtl.: »… durch Gebet, das so durchdringend ist, dass es die Gnade in Person bestürmt und alle Fehltritte/Sünden auslöscht.«

Supermans Stürme

Essay von Günter Walch

Die Handlung dieses späten Stücks von William Shakespeare könnte, so möchte es auf den ersten Blick scheinen, einfacher nicht sein: Der fürstliche Zauberer Prospero wird von seinem intriganten Bruder Antonio um den rechtmäßigen Thron gebracht. Zusammen mit Tochter Miranda wird er in einem Boot ausgesetzt. Es verschlägt die beiden auf eine einsame Insel, in deren Nähe das Schicksal zwölf Jahre später Prosperos Feinde treibt. Hier setzt die Handlung auf der Bühne ein. Dank magischer Beherrschung der Kräfte der Natur macht Prospero die Feinde zu ohnmächtigen Objekten seines Willens, der auf gerechte Wiederherstellung und dynastische Festigung seiner legitimen Herrschaft gerichtet ist. Er wird den Thron wieder in Besitz nehmen.

Zu keinem Zeitpunkt muss das Publikum befürchten, dass der Plan misslingt, so turmhoch erscheint der Shakespeare'sche »Superman«, wie ihn G. Wilson Knight genannt hat, seinen bis zur Verstrickung in den Wahnsinn (III,3,89f) hilflosen Feinden überlegen. Spätestens zu Beginn des zweiten Akts wird das Stück den Zuschauern die Zuversicht vermittelt haben, dass Prospero seinen Thron wieder in Besitz nimmt, Miranda und Ferdinand ein Paar mit glücklicher dynastischer Zukunft werden, Ariels Freiheitssehnsucht gestillt und die üblen Machtzyniker bestraft werden und bereuen. Ein dramatischer Konflikt wird eigentlich nicht ausgetragen. Die Handlung strebt anscheinend so zielsicher und mühelos ihrem Ziel entgegen wie im Märchen.

Tatsächlich ist diese Märchenhaftigkeit in dem Material angelegt, auf das Shakespeare für die Prosperogeschichte zurückgriff. Es handelt sich im Gegensatz zu den meisten seiner Stücke im Falle des *Tempest* nicht um einen oder mehrere benennbare Texte, sondern um uralte, in Sagen, Balladen und eben Märchen überlieferte Motive. Daher sind im Laufe der Zeit viele dem *Tempest* ähnliche Geschichten zusammengetragen worden, die indessen alle auf denselben Archetypus zurückgehen und Analogien darstellen, nicht Quellen. Prospero hat beispielsweise mit anderen Märchenvätern eine gewisse Reizbarkeit gemeinsam, die sich schon in der Figur des übel gelaunten Riesen mit Zauberkraft findet. Ebenso uralt ist das Motiv der Prinzessin, die dem gefangenen Prinzen ihre Liebe eingesteht und ihm hilft, bestimmte Aufgaben zu erfüllen. Das Holzschleppen ist übrig geblieben von einer komplexeren Märchenaufgabe, die im Roden und anschließenden Pflügen und Ernten bestand, alles an einem Tag zu leisten.

Mit dieser den Tatsachen wohl entsprechenden, aber unspezifischen Quellenlage hat sich die Shakespearewissenschaft nicht zufrieden gegeben, aus verständlichem Grund, denn aus der Art und Weise des Gebrauchs, den Shakespeare von nachweislichen Quellen macht, ist stets etwas über die Funktionsweise seiner Texte zu erfahren. Man gab also die Suche nicht auf und wurde immerhin auf Motivgemeinsamkeiten einiger Texte aufmerksam. Zu nennen ist vor allem ein deutsches Stück, die *Comedia von der schönen Sidea, Wie es ihr biss zu ihrer Verheüratung ergangen* des Nürnbergers Jakob Ayrer (ca. 1543–1605), nach Hans Sachs letzter bedeutender Verfasser von Fastnachtsspielen. Es ereignet sich in der *Sidea* zwar kein Schiffbruch, aber ansonsten sind die Gemeinsamkeiten beträchtlich. Allerdings ist das deutsche Stück bedeutend weniger dicht komponiert; ein direkter Zusammenhang ist eher unwahrscheinlich. Beide Stücke könnten durch gemeinsame Herkunft verwandt sein. Englische Schauspieler waren zur Shakespearezeit und auch später auf dem Kontinent beliebt, exportierten englische Stücke und Stoffe und führten solche vom Kontinent auf dem Rückweg nach England ein. Fabelparallelen sind ferner in zwei spanischen Erzählwerken auszumachen, Antonio de Eslavas *Noches de Invierno* (1609) und Diego Ortunez de Calahorras *Espejo de Principes y Caballeros* (1562, ins Englische übersetzt zwischen 1578 und 1601).

Dass die Motive des *Tempest* international verbreitet waren, wird auch durch ihre besonders starke Ähnlichkeit mit bestimmten *scenari,* im 16. Jahrhundert *sogetti* geheißen, der *Commedia dell' arte* belegt, also Fabelskizzen, nach denen hochspezialisierte professionelle Truppen ihre populären Aufführungen improvisierten. Die *Commedia dell'arte* war durch Besuche italienischer Komödianten in England und durch Berichte englischer Italienreisender im Inselreich bekannt. Ihr formender Einfluss lässt sich bei Shakespeares Zeitgenossen Ben Jonson nachweisen und ebenso bei Shakespeare – in *The Comedy of Errors* etwa, in *Love's Labour's Lost, The Merry Wives of Windsor* und eben *The Tempest.* Vor allem die Nebenhandlung um die betrunkenen Clowns Stephano und Trinculo enthält Parallelen zu den *lazzi,* den Bühnengags schiffbrüchiger Matrosen in der *Commedia dell'arte* – bis hin zu einer Szene ähnlich der, in welcher Trinculo Caliban unter dem »gaberdine« entdeckt, einem Bankett, das aus dem Boden wächst und plötzlich von Geistern weggeschnappt wird, oder einem Zauberer, der am Ende seinen Zauberstab zerbricht und mitsamt dem Buch von sich wirft. Auch hier handelt es sich um verbreitete Motivparallelen. Unmittelbarer Einfluss ist nicht nachweisbar, wohl aber der offenbare Dialog zwischen unterschiedlichsten Texten. Diese mit einem Grundbestand fester Typen arbeitenden Komödien gehörten zu dem als »pastorale Tragikomödie« bekannten dramatischen Genre.

War bisher davon die Rede, was Shakespeares Zeitalter an diesem Stück durchaus geläufig sein musste, von seiner Einbettung in allgegenwärtige Diskurse, so nähern wir uns jetzt sozusagen vom Rande her dem Ungewöhnlichen und schließlich Außergewöhnlichen, das den *Tempest* zu einem der am intensivsten rezipierten und umstrittenen Stücke unserer Zeit macht. Da ist erstens die bei den Shakespearewerken oft so problematische Qualität der Textüberlieferung außergewöhnlich günstig. *The Tempest* steht in der von den beiden Theaterkollegen Shakespeares, John Heminge und Henry Condell, besorgten ersten Gesamtausgabe der Shakespearedramen, der *First Folio* von 1623, an erster Stelle. Es gibt keine früheren Quartotexte (»Quarto« und »Folio« werden nach dem kleineren oder größeren Format so genannt), oft mit erheblichen Abweichungen oder Lücken wie etwa bei *Hamlet* oder *King Lear,* sondern nur diesen einen Text. Und der ist von so überdurchschnittlicher Qualität, dass man ihm deutlich seine sorgfältige Druckvorbereitung ansieht. Textexperten gehen in diesem Fall von einer speziellen Transkription als Druckvorlage aus, hergestellt von dem Schreiber Ralph Crane, dessen Vorliebe für Klammern bekannt ist. Sie sind im Text reichlich vorhanden. Der Text zeichnet sich ferner durch überdurchschnittlich akkurate Interpunktion und durch eine recht genaue Akt- und Szeneneinteilung aus, durch die überaus ungewöhnliche Angabe des Handlungsortes (»An vn–inhabited Island«), durch eine nirgendwo sonst bei Shakespeare so große Zahl expliziter Regieanweisungen und durch eine Liste der handelnden Personen, von denen es im Shakespeare'schen Œuvre überhaupt nur vier gibt. Ein bis dato ungedrucktes, wiewohl erfolgreich aufgeführtes

Stück Shakespeares in herausgehobener Druckqualität an die erste Position der Folio zu setzen, war vermutlich ein wirksames Werbemittel, um Käufer anzulocken.

Zweitens wurzelt dieser Text tief in damals aufregend neuen Zeitereignissen. Theorien, wonach es sich beim *Tempest* um ein frühes, später überarbeitetes Stück handele, haben aus Gründen des sprachlichen, auch des verssprachlichen, und dramatischen Stils, welche eindeutig in Shakespeares späte Schaffensphase weisen, sowie äußerer Anhaltspunkte für die Datierung auf Dauer kaum Anhänger gefunden. Den ersten Hinweis auf das Stück entnehmen wir den *Revels Accounts*, dem Verzeichnis der Veranstaltungen bei Hofe. Zu Allerheiligen 1611, am 1. November, heißt es da, sei vor Ihrer Majestät in Whitehall ein Stück namens *The Tempest* aufgeführt worden. Daraus folgt nicht notwendig, dass es sich um die Uraufführung gehandelt haben muss. Wohl aber war es jedenfalls eine frühe Inszenierung, denn das Stück benutzt Reiseberichte, von denen der erste, ein Brief, vom 15. Juli 1610 aus Virginia datiert und so frühestens Anfang September jenes Jahres in England eingegangen sein konnte. Sein Verfasser war William Strachey, die vermutliche Adressatin die Gattin des Schatzmeisters der Virginia Company in London, Sir Thomas Smith, und er beschreibt sehr anschaulich das Schicksal einer von Sir Thomas Gates und Sir William Somers seit Sommer 1609 geleiteten Expedition zur Unterstützung der Kolonie in Virginia. Sie legte am 2. Juni 1609 in Plymouth ab, und am 24. Juli kam Somers Schiff vom Kurs ab und ging vor Bermuda zu Bruch. Das war eine Sensation. Der Brief wurde erst 1625 gedruckt, aber Shakespeare war mit mehreren Mitgliedern der Virginia Company bekannt und bekam ihn wahrscheinlich so zur Kenntnis. Im Jahr 1611 erschienen zwei Schriften, die sich nun öffentlich mit der Virginia Company, gegründet 1606 und 1609 als Aktiengesellschaft neu gegründet für den Handel mit Englands erster Kolonie, und Somers' Expedition beschäftigten. *A True Declaration of the Estate of the Colony of Virginia* war ein Bericht der Gesellschaft über ihre Lage, und ein Mitreisender auf Somers' Schiff, Sylvester Jourdain, beschrieb seine Erlebnisse in *A Discovery of the Bermudas, Otherwise called the Ile of Divels*, die Shakespeare gut als Anregung für seine Gestaltung des Sturms und der Atmosphäre auf Prosperos Insel gedient haben kann. Dokumentarisch ist schließlich überliefert, dass *The Tempest* als eines von vierzehn Stücken bei den

Festlichkeiten zu Ehren der Vermählung der Prinzessin Elizabeth mit dem Kurfürsten von der Pfalz im Winter 1612–13 gezeigt wurde. Vor allem in der Zeit zwischen der Verlobung und dem Tag der Hochzeit am 14. Februar 1613 wurde das junge Paar mit viel Aufwand unterhalten, und *The Tempest* mit seinem hochzeitlichen Maskenspiel in IV,1 war dafür offensichtlich hervorragend geeignet. Dennoch gibt es ebenso wenig Anhaltspunkte dafür, dass das Stück bei dieser Gelegenheit eine Sonderrolle gespielt hätte, wie für eine spätere Einpflanzung jenes Stücks-im-Stück speziell für diesen Anlass, ebenfalls eine frühere Hypothese.

Nehmen wir alle diese Umstände und Anhaltspunkte zusammen, so ergibt sich zwar keine lückenlose Beweiskette, aber doch ein viel deutlicheres Bild zur Entstehung als bei den meisten anderen Shakespearestücken. Wir können davon ausgehen, dass der Dramatiker frühestens Ende 1610 am *Tempest* arbeiten konnte und dass das Stück spätestens im November 1611 uraufgeführt wurde, nach der sorgfältigen Textüberlieferung zu urteilen etwa so, wie wir es kennen. Wurde einerseits gelegentlich versucht, *The Tempest* als sehr frühes Stück zu beweisen, so haben wir es andererseits mit dem Kuriosum zu tun, dass das Stück seit dem 19. Jahrhundert für Shakespeares letztes gehalten worden ist. Die bekannten Tatsachen allerdings sprechen dagegen. Wir wissen, dass *Henry VIII* bei seiner Uraufführung 1613 im Globetheater ein neues Stück war, dass es also mindestens zwei Jahre nach *The Tempest* herauskam. Auch die beiden zusammen mit John Fletcher geschriebenen Stücke, *The Two Noble Kinsmen* und das verloren gegangene *Cardenio*, sind nachweislich nach *The Tempest* verfasst. Auch *The Winter's Tale*, etwa gleichzeitig mit *The Tempest* geschrieben, könnte das später abgeschlossene Stück sein. Die Vorstellung vom *Tempest* als Shakespeares letztem Stück hat also kaum etwas mit den Tatsachen, dafür umso mehr mit dem Helden und der besonderen Struktur des Stücks zu tun.

Zu denken ist hier allzumal an die nachhaltig wirkende Vorstellungswelt des 19. Jahrhunderts, in der das große, oft einsame romantische Individuum eine prominente Rolle spielte. Das Stück wurde so als autobiographische Entäußerung der wahren Ansichten und Gefühle Shakespeares selbst verstanden, Prospero, der »the story of my life« (V,1,305) erzählt, als Selbstporträt des Bühnenzauberers. Folglich wurde das Stück zum Sinnbild der Karriere des Dramatikers und sogar menschlicher Existenz schlechthin; als angeblich letztes

Stück dann auch Sinnbild seines Abschieds von der Zauberwelt des Theaters:

> ... I'll break my staff,
> Bury it certain fadoms in the earth,
> And deeper than did ever plummet sound
> I'll drown my book. (V,1,54–57)

Das Bild des Genies, das am Ende seinen Zauberstab zerbricht, wirkte überwältigend suggestiv. Und noch weitere Besonderheiten dieses Stücks haben die Phantasie der Interpreten angeregt: von allen Epilogen des Œuvres wird allein dieser von einer Figur in der Fiktion gesprochen und nicht von einem Schauspieler, der aus der Geschichte heraustritt. Wendet sich also der, der die Vorgänge vor den Augen des Publikums auf der Bühne veranlasst und kontrolliert, am Ende auf durchaus übliche Weise Beifall heischend ans Publikum, so scheint er sich doch von »seiner Geschichte« nicht lösen zu können. Das lädt zur Identifikation ein: Es erzeugt jedenfalls nicht die in Epilogen übliche Distanz.

Prosperos entscheidendes Machtmittel auf der Insel ist die Magie. Die Magie der Insel wird durch Prosperos »art« zustande gebracht, eine Verbindung von neoplatonischer Philosophie und der neuen Wissenschaft Francis Bacons, welche radikal mit der mittelalterlichen Scholastik brach und sich lebensweltlicher Praxis zuwandte. Als Prospero sich in Mailand in das Studium der »liberal Arts« (I,2,73) versenkte, lernte er, die Kräfte der Natur zu verstehen und damit zu kontrollieren. Prosperos wundersame Taten, die Entfesselung des Zaubersturms zu Beginn, das Maskenspiel oder seine Herrschaft über die Inselgeister, sind zwar erstaunlich, aber durchaus nicht unvernünftig oder unsittlich. Es handelt sich um weiße Magie, die mit den Naturkräften harmoniert und keineswegs in der Art schwarzer Magier böse Geister beschwört oder einen Pakt mit dem Teufel schließt wie Christopher Marlowes Dr. Faustus in der gleichnamigen Tragödie. Zum Studium der »liberal Arts« bedarf es äußerster Hingabe, der Kontemplation und Enthaltsamkeit. Damit sind im weiteren Sinne die zivilisierenden Kräfte der »nurture«, der Kultur gemeint, für die Prospero somit im Gegensatz zur »nature«, deren roher Teil Caliban ist, steht. »Art« und »nature« sind im Stück als Kontrastpaare organisiert. Mit »natürlichem« Verhalten assoziierte die Renaissance unter anderem sexuelle Promiskuität, und daher spielt auch im Stück sexuelle Keuschheit als wichtigste Form kulturbedingender Enthaltsamkeit eine große Rolle. Deshalb die beiden Ermahnungen Prosperos an Ferdinand, die von Iris bekräftigt werden (IV,1,14–23; 51–54; 94–97). Wie der Magier war der Herrscher der Renaissance in den Schriften der Humanisten zur Selbstbeherrschung und zu moralischer Vorbildlichkeit für sein Volk verpflichtet, zu welchem Zweck es mit eifrigem Bemühen Gelehrsamkeit zu erwerben galt. Auch in dieser Hinsicht steht Prospero also als Vorbild vor unseren Augen.

Prosperos gewaltige Überlegenheit findet aber auch Ausdruck in der Stückstruktur selbst. Die neoklassischen Literaturtheoretiker der Renaissance, wie in England Sir Philip Sidney und auch Ben Jonson, forderten die Respektierung der dramatischen »Einheiten« der Handlung, des Ortes und der Zeit, wiewohl mit unterschiedlicher Gewichtung. Shakespeare hatte sich in seinem Schaffen über solche Gebote, die erst im neoklassizistischen 18. Jahrhundert der Aufklärung zum Dogma erstarrten, fast immer souverän hinweggesetzt. *The Winter's Tale* beispielsweise, etwa gleichzeitig mit *The Tempest* entstanden, beginnt vor der Geburt Perditas und endet zur Zeit ihrer Hochzeit. Doch war sich Shakespeare der »Einheiten« wohl bewusst, wie er ausnahmsweise in der frühen *Comedy of Errors* (1591) stringent vorgeführt hatte. *The Tempest* aber folgt noch einmal sehr exakt der Einheit jedenfalls des Orts (andere Handlungsorte erscheinen außerhalb der Handlung in der Erzählung) und der Zeit. Wissenschaftler haben gemeint, Shakespeare habe das aus Übermut getan, um seinen neoklassischen Kritikern eine Lektion zu erteilen. Aber die Entscheidung ist alles andere als willkürlich. Sie stützt formal die Souveränität, mit welcher der Magier über seinen präzis umgrenzten Wirkungskreis in einer ganz bestimmten kurzen Zeit verfügt und sein Werk ohne Fehl vollbringt. Die Zeitstruktur des *Tempest* entspricht der neoklassischen Idealforderung: die Spieldauer des Stücks beläuft sich auf drei Stunden und ist identisch mit der Dauer der gezeigten Handlung.

Ein großer Fürst und anscheinend allmächtiger Magier in einem klassisch konzipierten Stück – auf den ersten Blick ein unproblematischer Fall. Und dennoch (oder gerade deshalb?) hat das Stück in erstaunlichem Maße immer wieder Deutungen und Allegorisierungen auch in der kritischen Literatur provoziert. Die oben bereits erwähnte autobiographische Auslegung ist von allen vergleichbaren Versuchen wohl die übergreifendste, weil ihr zufolge Shakespeare als Superman Prospero über eine Geschichte herrscht, welche noch dazu fast alle früheren wichtigen Figuren und Geschichten des Dramatikers einschließt. Repräsentiert werde die ganze Shakespeare-Welt schlechthin, Prospero wird daher automatisch zu Shakespeare. So hat es G. Wilson Knight vor einem halben Jahrhundert einflussreich dargestellt. Wie fast alle Lesarten, so fußt auch diese auf etwas Richtigem und Wichtigem: wir erleben Momente der Tragödie, die wir seit *Titus Andronicus*, solche des Historienstücks, die wir seit *Henry VI* kennen, und etwa das Handlungsmuster durch Schiffbruch getrennter und später wieder vereinigter Personen finden wir schon in *The Comedy of Errors* und *Twelfth Night*. Eine solche groß angelegte Allegorisierung gelingt indessen nur durch großzügiges Ausblenden unpassenden Materials, aber auch von Strukturen, welche uns von früheren Stücken ebenfalls vertraut sind, die aber wegen Knights Konzentration auf Einzelmotive in seiner Argumentation keine Kontur gewinnen. Beispielsweise begegnen wir in *The Tempest* der Welt der Renaissancepolitik in konzentrierter Form wieder, von der Shakespeares Stücke, und nicht nur *Hamlet* und *King Lear*, leben. Alonso, Gonzalo, Antonio und Sebastian befinden sich auf der Rückreise von der Hochzeit Claribels, Alonsos Tochter, mit dem König von Tunis. Im Gegensatz zur Verbindung Ferdinands und Mirandas ist jene im Hintergrund, und beide spiegeln sich auf stücktypische Weise sinnerzeugend ineinander. Claribels Heirat war kein glückliches Ereignis. Die Braut ging ungern mit, es gab Widerstand bei Hofe, vermutlich, weil der Bräutigam kein Christ ist. Entscheidend aber ist, dass schon die Claribel-Geschichte deutlich signalisiert, beide Verbindungen sind vor allem Staatsangelegenheiten. Mit Heiraten wurden, in der Konvention der Renaissancepolitik wie in der Renaissancekomödie, Feindschaften befriedet und Bündnisse besiegelt, ganz wie 1613 durch die Hochzeit Prinzessin Elizabeth' mit dem Kurpfälzer, bei der *The Tempest* aufgeführt wurde, oder bei vielen anderen geschlossenen oder geplanten Ehebündnissen der Tudors, Elizabeth eingeschlossen, und der Stuarts sowie natürlich anderer europäischer Dynastien.

Unter Ausblendungen vielerlei Art ist *The Tempest* außerdem gelesen worden als Hofsatire, in welcher Prospero nun nicht zu Shakespeare, sondern zu James I wird; als politisches Stück mit rebellischem republikanischem Subtext; als Rachedrama; als Stück über die Regeneration der Macht; über das ewige Thema von Chaos und Ordnung; als pastorales Drama mit utopischer Evozierung des Goldenen Zeitalters; als romantische Liebesgeschichte; als philosophisches Drama; als metaphysisches Metamorphosegedicht; als Kolonialdrama und psychoanalytisches Fallstück Prosperos. In jüngster Zeit war Prospero weiterhin als edler Herrscher zu sehen, aber auch als größenwahnsinniger Tyrann, als neoplatonischer Wissenschaftler und als kolonialer Imperialist. Jeder dieser Lesarten bietet das Stück Anhaltspunkte, fast alle werden dem Stück punktuell gerecht. Tatsächlich ist eine umfassende, erschöpfende Deutung dieses schillernden Stücks schwer vorstellbar. Gerade aufgrund der beschriebenen, anscheinend so geradlinigen Struktur des *Tempest* wurden und werden solche Deutungen immer wieder unternommen. Shakespeares Texte sind jedoch offene Texte, welche ihren Interpreten statt festgefügter Wahrheiten jeweils eine Fülle von Möglichkeiten anbieten, die sich noch dazu oft gegenseitig widersprechen und die darauf drängen, plausible Geschichten zur Klärung von Ungereimtheiten und zur Füllung von Lücken zu erfinden. Interpretationen sind daher nicht nur legitim, sondern sie sind notwendig, um aus der Fülle des Materials eine kohärente Lesart insbesondere für eine Theaterinszenierung herzustellen. Doch kann eine solche in sich stimmige Lesart nur unter der Bedingung gewonnen werden, dass das jeweils »Unpassende« ausgeblendet oder unterdrückt wird.

Nachdem nun die wichtigsten Grundinformationen über das Stück geliefert wurden, möchte dieser Essay daher nicht etwa eine weitere geschlossene Interpretation liefern oder die Widersprüche des Stücks in abstrakte Gegensatzpaare wie Kultur und Natur auflösen, sondern vielmehr versuchen, wichtigste Diskurse, Situationen und Momente des *Tempest* bewusst zu machen, welche in diesem Text – wie übrigens auch im *Hamlet* – in überdurchschnittlichem Maße miteinander und gegeneinander arbeiten, sich ineinander spiegeln, bekräftigen und in Frage stellen und so unablässig Bedeutungen produzieren.

Bis in unsere Zeit hat der mächtige Schatten der Prosperofigur verdeckt, dass *The Tempest* keineswegs jenes monolithische Supermanstück ist, dass es sich eigentlich nicht um ein Stück, sondern um deren zwei handelt. Das eine zeigt uns den fürstlichen Magier angestrengt bei seiner Arbeit als Regisseur seines Inseldramas, nicht nur im übertragenen Sinne, als politischen Drahtzieher, sondern auch im buchstäblichen und eben deshalb so suggestiven, denn die verspielte Inszenierung des theatralischen Banketts (III,3) und des Maskenspiels als »Some vanity of mine Art« (IV,1,41) sind Teile seines Gesamtprojekts. Das ist Prosperos Stück. Das andere Stück ist darauf angelegt, Abstand zum Urheber des Projekts zu schaffen, indem es die Schwierigkeiten inszeniert, welche ihm dabei zu schaffen machen. Es zeigt also mehr als Prosperos Stück. Dieses Stück ist *The Tempest*.

Die Differenz zwischen den beiden Stücken wird nicht ausschließlich, aber hauptsächlich durch die Calibanhandlung erzeugt. Auch andere Figuren, selbst Miranda, zeigen gelegentlich Abstand zu Prospero. Aber Caliban ist die zentrale Figur einer Nebenhandlung, die dazu dient, ein Gegengewicht zur Haupthandlung aufzubauen. Die Differenz ist also in der Struktur des *Tempest* angelegt. So gesehen erscheint das, was die Haupthandlung inszeniert, als Prosperos nervös angespannter Versuch, die Nebenhandlung seines Stücks unter Kontrolle zu halten. Es gibt Momente im Stück, da scheint die Nebenhandlung zur Hauptsache zu werden. Wie groß die Anstrengung, der Druck sind, die auch daraus entstehen, zeigt beispielsweise Prosperos Besessenheit vom Verrinnen der Zeit: »The time 'twixt six and now/Must by us both be spent most preciously«, sagt er zum eifrigen Ariel (I,2,240–241). Das Wort »now« erscheint neunundsiebzigmal im Text, und Prospero ist auf Minuten fixiert in einem Zeitalter, dessen Uhren noch keine Minutenzeiger kannten (vgl. I,2,37). Die Einheit der Zeit dient also in diesem Zusammenhang keineswegs nur der Darstellung klassischer Harmonie, sondern erzeugt durch Bewusstmachen drängender Zeitknappheit eher das Gegenteil, nämlich nervöse Irritation, alles andere als souveräne Gelassenheit.

Ein Blick auf einige der signifikantesten Deutungen Calibans soll veranschaulichen, in welchem selbst für Shakespeares Dramen außergewöhnlichen Maße gerade diese Figur im Verlauf der Rezeptionsgeschichte des Stücks Sinnbildungen provoziert hat. Vorab ist allerdings anzumerken, dass die editorische und die theatralische Rezeptionsgeschichte des *Tempest* beinahe bis zur Mitte des 19. Jahrhunderts, bis in die frühe Regierungszeit Victorias, fast ohne Berührungspunkte auseinander klafften. Im 18.Jahrhundert bereits gab es sehr ernsthafte wissenschaftliche Bemühungen um einen authentischen Shakespearetext. In der Aufführungspraxis aber beherrschten, angeregt durch jene märchenhafte Zauberatmosphäre und mit der einzigen Ausnahme einer von 1757 bis 1776 immer wieder gezeigten, dem großen Schauspieler und Prinzipal Garrick im Drury Lane Theatre geschuldeten Inszenierung des lediglich leicht gekürzten Originals, opernhafte Musikfassungen die Bühne. Der Geist der Restaurationszeit und ihrer recht frivolen Komödienkultur bestimmte die Richtung. Am 7. November 1667 kam das Stück als *The Tempest, or the Enchanted Island* heraus, von Davenant auf etwa ein Drittel des Shakespearetexts zusammengestrichen. Prosperos und Antonios Rollen wurden stark dezimiert, Sebastians Rolle eliminiert, ebenso Prosperos Maskenspiel. Der resultierende Verlust an politischem Gehalt wurde in Restaurationsmanier ausgeglichen durch Musik und Tanz und auch durch Zusatzfiguren, welche das erotische Potential des Stücks verstärkten: Miranda, dem Mädchen, welches außer dem Vater und dem Diener und Vergewaltiger noch nie einen Mann sah, wurde Hippolito gegenübergestellt, ein Jüngling, der noch nie eine Frau erblickte. Miranda und Caliban wurden, ebenfalls zur Spiegelbildverstärkung, Schwestern beigegeben, Dorinda und Sycorax. Allgemein wurden die komischen Szenen überproportional in den Vordergrund gespielt. Samuel Pepys (1633–1703), der hohe Marinebeamte, dessen geheimem *Diary* wir u. a. so lebendige Eindrücke vom Theaterleben seiner Zeit verdanken, sah die Aufführung fünfmal in vier Monaten und hielt das Stück für höchst amüsant und »the most innocent play that ever I saw«. Dazu passt, dass ihn lediglich die Seeleute ein wenig langweilten.

Am Bühnencaliban des 18. Jahrhunderts wurde weniger das Böse, Monströse und Gefährliche betont, welches in der Literaturkritik freilich immer vermerkt worden war, als das Burleske und Komische, ergänzt durch das burleske Treiben Trinculos und Stephanos. Erst zu Beginn des 19. Jahrhunderts entdeckte man in ihm das Abgründige, das Leidende, das potentiell Tragische wieder. In Deutschland wurde *The Tempest* nicht unähnlich rezipiert, über Bearbeitungen und mehrere Opern- bzw. Singspielversionen.

Bis ins 19. Jahrhundert, und vielfach noch danach, wurden Elemente der Calibanfigur unterdrückt oder reduziert, die zweifelsfrei im Text vorhanden und für ein heutiges Stückverständnis unentbehrlich sind. Es ist ein ganzes Spektrum von Beziehungen und Kontrasten, in dem die Figur sich bewegt. Während Shakespeare für den androgynen Luftgeist Ariel, der als Gegensatz zu dem erdigen Monster (Prospero nennt ihn I,2,316 »earth«) gilt, wie bei Puck auf die einheimische phantastische Märchen- und Feenwelt und die klassische Mythologie zurückgriff, ist Caliban zwar wie eine Märchenfigur angelegt, aber doch ein beinahe schockierend neuzeitliches Geschöpf. Sein Name ist sehr wahrscheinlich ein Anagramm auf »canibal«, auch wenn er nirgendwo im Stück als solcher zu erkennen ist, wie überhaupt das Wort zunächst mit »Carib« und erst später mit Anthropophagie in Zusammenhang gebracht wurde. Aber es ordnet ihn der Neuen Welt zu, wofür auch die (allerdings mehrdeutige) geographische Lage der Insel spricht: Sie liegt einerseits im Mittelmeer irgendwo zwischen Tunis und Neapel, wohin der Hofstaat zurückzukehren im Begriff war; es handelt sich andererseits um die Bermudas, über die u.a. jene aktuellen von Shakespeare rezipierten Berichte zirkulierten. Ariel erinnert an Prosperos Auftrag, »the still-vex'd Bermoothes« (I,2,227–229) betreffend, die immer stürmischen Bermudas. In den Berichten werden auch Dido und Äneas als frühe Kolonisatoren erwähnt, und das könnte, ebenso wie das bis heute unbefriedigend erklärte Wortspiel um »widow Dido« (II,1,76–101), zur Vermischung der mediterranen Atmosphäre mit derjenigen der Neuen Welt geführt haben.

Mit Bestimmtheit können wir sagen, dass Shakespeare auch Montaignes Essai »Of the Cannibals« in Florios Übersetzung von 1603 las, der im Text zahlreiche Spuren hinterlassen hat. Es ist Montaignes Loblied auf die urtümliche indianische Gesellschaft Amerikas, wie sie von zeitgenössischen Entdeckern beschrieben worden war. Montaigne erblickte hier einen idealen, Platos Republik überlegenen Staat. Gonzalos Beschreibung seines idealen Gemeinwohls, mit welcher er II,1,147–164 die mit ihm gestrandeten, abgebrühten Gefährten Sebastian und Antonio thematisch passend unterhält, ist beinahe wörtlich Montaignes Essai entnommen. Auch dies assoziiert *The Tempest* mit der Neuen Welt, wie weiterhin der von Caliban verehrte Setebos, die in Magellans frühen Reiseberichten figurierende patagonische Gottheit »Sebetos«.

Die Gemeinwesen der Neuen Welt werden in diesen Berichten immer wiederkehrend definiert durch Kannibalismus, freie Liebe und Gesellschaftsutopie. Die beiden Realpolitiker in der benannten Szene legen schnell den Finger auf die Widersprüche Gonzalos, dessen Utopie zugleich herrschaftsfrei und von ihm regiert sein soll.

Das Stück gibt ihnen in diesem Punkt mit der typischen dramatischen Objektivität Shakespeares Recht. Wichtig ist, dass sich in Gonzalos Utopie das durchgängige Grundthema des Dramatikers, das der Macht, spiegelt, von dem sowohl Prospero als auch die Machiavellisten Antonio und Sebastian besessen sind, und ebenso – im Brennspiegel komischer, damit aber umso relevanterer Szenen der Nebenhandlung – Trinculo und Stephano und natürlich Caliban. Die Promiskuität der »Kannibalen« wurde in den Berichten allerdings regelmäßig keineswegs als ungezügelte Triebbefriedigung dargestellt, sondern, wie es in Gonzalos »innocent people« (II,1,164) anklingt, als Ausweis paradiesischer Unschuld. Hieraus mag sich erklären, warum Caliban so überhaupt nichts Verwerfliches und zu Bereuendes in seinem Versuch sieht, Miranda zu vergewaltigen.

Ansonsten aber hat Caliban wenig mit Montaignes unschuldigen Wilden gemein. Montaigne kehrt das Erwartungsmuster um, bei ihm sind die Europäer ohne humane Kultur und skrupellos raubgierig. Shakespeares schlimme Höflinge sind das auch, aber sein Bewohner der Neuen Welt folgt in offensichtlicher Umkehrung des Montaigne'schen Verhaltensmodells mehr den Beschreibungen »natürlicher« Verderbtheit, wie sie von anderen Reisenden wie Purchas oder Captain John Smith bereitgestellt worden waren. Der Gegensatz von Alter Welt und Neuer Welt wird damit ungeheuer kompliziert, ohne dass die entstehenden Widersprüche aufgelöst würden.

Im zentralen Thema der Macht konzentrieren sich die Widersprüche am dichtesten. Bereits die Eröffnungsszene unterstellt das ganze Stück paradigmatisch diesem Thema. In einer der bewegtesten Theaterszenen der Weltliteratur erlebt das Publikum zunächst die Zerstörungswut des rasenden Sturms und die Hilflosigkeit der ihr ausgelieferten Menschen. Erst später, in der nachfolgenden, als gewollter Kontrast äußerlich ruhigen Szene zwischen Prospero und Miranda erfährt der Zuschauer, dass es sich um eine Illusion gehandelt hat: der Sturm war durch Prosperos magische Macht über die Naturgewalten entfacht worden. Später kommt die Hofgesellschaft nicht nur wohlbehalten, sondern sogar mit trockenen, frischen Kleidern an Land. Die Illusion wird jedoch als Illusion in der Illusion des Theaters völlig akzeptiert. Sie weist uns wie so viele metatheatralische Elemente im *Tempest* ausdrücklich darauf hin, dass hier mit Theatermitteln Bedeutung erzeugt wird. Und gerade in dem so geschaffenen Kontext äußerster existentieller Bedrohung wird neben der Exposition der aristokratischen Figuren – Antonio und Sebastian zeigen sich bereits als die uneinsichtig skrupellosen Charaktere, die sie im Stück bleiben werden – auch das Thema der Macht (»use your authority«; I,1,22), der Insubordination, der Usurpation entfaltet. Erst in einer solchen Ausnahmesituation wird überhaupt vorstellbar, dass der entnervte Bootsmann die in der starr gefügten Feudalhierarchie unendlich hoch über ihm Stehenden, die mit ihrer arroganten Inkompetenz alle Schiffsinsassen gefährden, zurechtweist: »What cares these roarers for the name of King?« (I,1,15f) Gonzalo, der sich später als weiser, gütiger und heiterer Ratgeber erweist, verhält sich in dieser Szene nur wenig besser als seine Standesgenossen – auch ein Widerspruch, den das Stück nicht auflöst.

The Tempest beginnt am Ende von Prosperos Geschichte: »what's past is prologue« (II,1,251). Kein anderes Shakespearestück ist so von Erinnerungen bestimmt. In der nachfolgenden zweiten Szene von über fünfhundert Zeilen Länge, die vom klassizistischen Kritikpapst des 18. Jahrhunderts, Dr. Samuel Johnson, wegen ihres angeblich dem Drama nicht geziemenden epischen Charakters gescholten wurde, ist für den Magier der günstige Moment für seinen Vergangenheitsbericht gekommen. Zur Zeit der Renaissance wurde Gedächtniskunst als Teil der Rhetorik immer auch mit der – oft schwarzen – Magie assoziiert. Prospero aber legt seinen Zaubermantel zeremoniell ab und wird der ahnungslosen Tochter – auch durch das Wecken unterbewusster Erinnerungsdetails – ein angemessenes Gedächtnis einpflanzen. Aber nicht nur für Miranda und ihres Vaters Verhältnis zu ihr ist die Geschichte von größter Bedeutung, sie ist es auch für Prospero selbst. Wie es dem anthropologischen Sinn des Erzählens entspricht, formt er seine Geschichte, um Kontrolle über seine Vergangenheit zu gewinnen. Und spätestens an diesem Punkt, denn auch des Bootsmanns Unbotmäßigkeit ereignet sich zwar innerhalb der Fiktion des Magiers, aber außerhalb seines Herrschaftsdiskurses, treten Prosperos Stück und *The Tempest* Distanz schaffend auseinander. Hatte Prospero eingangs der Szene mit unangestrengter, souveräner Ruhe Mirandas menschenliebende Furcht beruhigt, so wird er nun rückschauend von starken Emotionen ergriffen, von Ärger und Zorn über die Usurpation seines Bruders, er spricht irritiert, zeiht Miranda fälschlicherweise der Unaufmerksamkeit, seine Syntax wird fahrig. Es ist eingewendet worden, das Stück beziehe seinen Titel zu Unrecht von der ersten Szene. Es müsse *The Island* heißen. Aber *The Tempest* bezieht sich mindestens im gleichen Maße auf den Aufruhr in Prosperos Seele wie auf sein Naturspektakel.

Das Publikum erfährt, dass Prospero nicht nur Unrecht widerfuhr, sondern er auch selbst Schuld auf sich geladen hat. Wie König Lear hat er die Staatsgeschäfte vernachlässigt, somit Antonios Verrat ermutigend und erst ermöglichend. Eines Fürsten Studium der »liberal Arts« verdient Lob, wie unzählige Humanistenschriften unermüdlich betonen, aber nicht im Übermaß, nicht, wenn die Bibliothek den Platz des Throns usurpiert (vgl. I,2,109f). Auch James I warnt seinen Sohn in seinem Buch *Basilicon Doron* vor exzessiver Hingabe an die »liberal Arts«.

Die Magie ist also keineswegs nur die Quelle benevolenter Macht, sie ist auch Mittel der Flucht aus königlicher Verantwortung. Damit ist auch sie im Stück vieldeutig, wie sie es zur Shakespearezeit ebenfalls war. Die Theaterliteratur vor allem der späten achtziger und neunziger Jahre, und keineswegs nur in Gestalt von Marlowes *Dr. Faustus*, bezeugt und reflektiert das brennende zeitgenössische Interesse an dem Gegenstand. In der umfangreichen einschlägigen theoretischen Literatur wird großer Wert auf die Feststellung gelegt, dass Fürsten zwar immun gegen die bösen Wirkungen der Magie sind, dass sich aber unabdingbares Charisma des Fürstseins und das des Magiers prinzipiell ausschließen. Und so scheint Prospero zwar kraft seiner Magie absolute Macht auszuüben, aber ganz deutlich nur im magischen Zirkel seiner fernen Insel. In Mailand hatte sie ihm bei der Machterhaltung nicht nur nicht genützt, sondern fatal geschadet, indem er faktisch schuldhaft abdankte und so seiner Entthronung Vorschub leistete. Auf seinen Thron nach Mailand zurückkehrend, schwört er folglich in aller Form der Magie ab. Das berühmte, so oft autobiographisch reklamierte Ritual stellt die Rückkehr zur politischen Normalität fürstlichen Charismas dar.

The Tempest legt großen Wert darauf, dass sich Prospero in seinem Stück an die rituellen Regeln hält. Folglich muss Prospero seinen Zaubermantel ablegen, um von seiner fürstlichen Vergangenheit erzählen zu können (I,2,24), und wieder anlegen, wenn der Zauberer erneut in Aktion tritt (I,2,169). Auf der Insel herrscht und inszeniert und diszipliniert und straft Prospero absolut allein durch die

Magie. Aber das magische Charisma ist begrenzt, auch in seinen Wirkungen. So perfekt Prosperos Sturmbeschwörung ist, so unvollkommen bleiben seine Bemühungen, die negativen Triebkräfte der menschlichen Natur zu bessern. Antonio verhält sich in Prosperos simuliertem Usurpationsplan wie eh und je, sofort bereit, Gonzalo zu ermorden, wenn Sebastian Alonso tötet, und muss am Ende zur verdienten Abdankung gezwungen werden, ohne das geringste Anzeichen von Reue oder innerer Einkehr. Insbesondere Caliban muss am Ende von Prospero als unverbesserlich akzeptiert werden: ein »demi-devil« (V,1,272) und »thing of darkness« (275). Im Zerrspiegel der Parodie werden die Grenzen und illusionären Gefahren der Magie, von denen auch Prospero nicht verschont bleibt, zusätzlich verdeutlicht. Stephano, in Calibans Augen autorisiert durch den zauberhaften »celestial liquor« (II,2,113), wird für ihn zu einem »brave god«, »dropp'd from heaven« (113,131). Stephano, vom Alkohol verzaubert oder besser verhext, hat eine trunkene Vision von sich und Miranda als Königspaar.

An der Figur der Sycorax wird die schwärzeste, dem Teufel verbündete Seite der Magie abgebildet. Ihr Name ist zwar etymologisch nicht endgültig erklärt, scheint aber im Kontext der Circe-Legende zu stehen und »sus«, Schwein, und »korax«, Rabe, den traditionellen Hexenvogel, zu assoziieren. Ganz deutlich ist ihre Herkunft von der Medea in Buch 7 der im England der Renaissance weit verbreiteten *Metamorphosen* Ovids in Arthur Goldings Übersetzung von 1567: ein weiterer Beleg für das kulturelle Verfahren der Renaissance auch in England, sich europäische und wie selbstverständlich auch die erregenden Phänomene der Neuen Welt mit Hilfe klassischer Beschreibungs- und Deutungsmodelle anzueignen.

Erstaunlich an Sycorax, dieser Konstruktion eines bösen, irrationalen, gewalttätigen und rachsüchtigen Prinzips, ist, dass sie trotz rein verbaler, von Prospero evozierter Existenz und noch dazu postum das Stück so allgegenwärtig zu beherrschen scheint. Es war bereits davon die Rede, welche Bedeutung das Gedächtnis und die gesteuerte Nutzung und Ausweitung seines Funktionspotentials für die Renaissancekultur besaß. Sycorax lebt in Prosperos Gedächtnis lebendiger als seine ein einziges Mal (I,2,56) erwähnte Frau, und sie beunruhigt ihn so extrem, weil sich trotz ihrer behaupteten Gegensätzlichkeit beängstigende Parallelen zwischen beiden ergeben, beide Verbannte, beide Herrscher über den dort wie hier widerstrebenden Ariel und die Naturgeister der Zufluchtsinsel, so dass auch ihrer beider Zaubermacht in unheimliche Nähe zueinander gerückt wird. Noch verdächtiger: Nicht nur bei der Beschreibung der Hexe, sondern auch in seiner großen Rede, in welcher er »this rough magic« entsagt, spricht er zudem mit Ovids Medea aus dem nämlichen 7. Buch der *Metamorphosen* (V,1,33–57). *The Tempest* kompliziert also und verunsichert, wie auch hier sichtbar wird, scheinbar klare Auskünfte und Unterscheidungen, wie wir sie vorwiegend von Prospero geliefert bekommen. Von Prospero vernehmen wir auch jene stets mit Wut vorgetragene verheerende Meinung über Caliban, den er als »Filth« (I,2,348), »the beast« (IV,1,140) bezeichnet oder als

> A devil, a born devil, on whose nature
> Nurture can never stick; on whom my pains,
> Humanely taken, all, all lost, quite lost ... (IV,1,188–190)

Caliban selbst scheint Prosperos und die nachfolgende Meinung Mirandas (I,2,353–364) zu bestätigen, an ihn seien alle ihre Mühen, ihm Sprache und Kultur zu vermitteln, verschwendet, behauptet er doch, von den Europäern lediglich das Fluchen gelernt zu haben (I,2,366). Wie immer man seinen Satz deutet, etwa als Ausfluss prinzipieller Verweigerung oder bewusster Provokation, auf der Bühne ist später etwas ganz anderes zu hören. Zu vernehmen sind nämlich Blankverszeilen von höchster poetischer Kraft und erfüllt von ästhetischem Naturerleben, die zu den schönsten Passagen Shakespeares nicht nur in diesem Stück gehören:

> Be not afeard; the isle is full of noises,
> Sounds and sweet airs, that give delight, and hurt not.
> Sometimes a thousand twangling instruments
> Will hum about mine ears; and sometime voices,
> That, if I then had wak'd after long sleep,
> Will make me sleep again: and then, in dreaming,
> The clouds methought would open, and show riches
> Ready to drop upon me; that, when I wak'd,
> I cried to dream again. (III,2,135–143)

Prosperos Inszenierung und *The Tempest* treten auch hier wieder deutlich, aber auf vieldeutige Weise auseinander, dem Publikum Schlussfolgerung und Urteil überlassend. Ähnlich ist es mit Calibans Herrschaftsanspruch auf die Insel. Wenn er ihn gleich zu Beginn seiner ersten Konfrontation mit Prospero im Stück behauptet (I,2, 333–346), repliziert Prospero lediglich mit einer Beschimpfung (»Thou most lying slave«) und der Gegenanschuldigung versuchter Vergewaltigung. Er geht auch nicht auf Calibans juristische Begründung ein, sein Recht gehe auf »Sycorax, my mother« zurück. Das aber war für Engländer um 1610 eine politisch heikle Beweisführung. Zusammen mit Prosperos früherer Behauptung, die Brut der Sycorax sei eine ganz und gar illegitime, weil unnatürliche, Ausgeburt des Teufels (I,2,321f), die freilich vom Stück wiederum weder bestätigt noch widerlegt wird, würde sich Caliban selbst um sein Erbrecht reden, ließe sich Prospero auf das geschenkte Argument ein. Geschähe das aber, so hätte das bei den Zeitgenossen zu Assoziationen geführt sowohl mit Elizabeth, deren Legitimität von Henry VIII bis zu seinem Tode nicht bestätigt wurde, als auch, schlimmer, mit James I, dessen Legitimation durch den Vater, den Earl of Dornley, *und* noch mehr durch die Mutter, Mary Stuart, in der öffentlichen Meinung Englands höchst zweifelhaft war. Aber dazu lässt das Stück Prospero Anhaltspunkte liefern und schweigt sich ansonsten aus. Eindeutig erzählt *The Tempest* indessen, dass Caliban vor Prospero auf der Insel war, dass der durch Usurpation vertriebene Fürst sie usurpierte und den enteigneten Inselbewohner in seinen Dienst zwang. Das ist die Grundlage für alle modernen Lesarten im Kontext des europäischen Kolonialismus. Alles in allem ist Calibans Besitzanspruch auf die Insel wohlbegründbar, auch wenn er sich allzu willig seinen neuen Herren in Gestalt der Trunkenbolde Stephano und Trinculo unterwirft und damit Prosperos Urteil über ihn als natürlichen Diener zu bestätigen scheint. Andererseits ist seine mit unerfahrener Blindheit geschlagene Suche nach Bundesgenossen nur zu verständlich, und er erweist sich ihnen bald als überlegen, indem er im Gegensatz zu ihnen dem glitzernden »trash« (IV,1,224) zielgerichtet widersteht. Das Stück liefert ständig neue Argumente, und gerade darin besteht das Erstaunliche insbesondere im Hinblick auf Caliban. Wo der europäische Diskurs des Fremden, des Anderen, seit der Renaissance bis in die jüngste Zeit danach gestrebt hat, das Andere entweder nach seinen eigenen europäischen

Normen und Maßen zu vereinnahmen oder aber auszuschließen, bleibt *The Tempest* offen für eine abwägende Erörterung dieses unerhörten Neuen.

Damit ist dieser fremde Mensch aus der Neuen Welt mit Zügen bald eines Monsters, bald eines Fischs, ganz und gar kein edler Wilder, aber seine Lebensäußerung und seine politische Forderung kommen zur Geltung. Seine Aufsässigkeit, ob ihrer Bosheit oft als anderes, dunkles, unterbewusstes Ich Prosperos gedeutet, das dieser schließlich akzeptiert, verfolgt den Magier in seinen Gedanken und noch in Augenblicken glücklichen Feierns, beim Maskenspiel. Mit der »masque« wird eine Form höfischer Unterhaltung in das Stück hereingenommen, die schon lange unter den Tudors gepflegt, unter James zur festen Konvention eines Hoftheaters wurde. Keineswegs handelt es sich um eine bloße Zutat zur Verlobungsfeier der historischen Prinzessin Elizabeth. Solches Hoftheater, bei dem die Shakespearetruppe, als die »King's Men« königliche Beamte, wiederholt mitgewirkt hatten, wurde nun in dem ganz anders gearteten öffentlichen Berufstheaterstück repräsentiert und sinnschaffend in dieses integriert – auch hier einen Dialog von Formunterschieden veranlassend, einen Widerstreit zwischen den Formen des professionellen öffentlichen Volkstheaters und des streng elitären Hoftheaters.

Im höfischen Maskenspiel waren Hocharistokraten nicht repräsentiert, sondern aktiv beteiligt. An seinem Anfang stand eine so genannte »anti-masque«, deren groteske, mitunter derbe, von rhetorisch versierten Berufsschauspielern ausgeführte Handlung Unordnung stiftete. Aufgabe der Haupthandlung war es, diese Störung aus dem sozialen »Unten« durch das bedrohliche Andere, Fremde, durch erhabenes Handeln nunmehr aristokratischer Akteure auszutreiben und die angestammte Ordnung wiederherzustellen. Die Haupthandlung kam mit wenig Text aus. Ihr Ziel wurde sozusagen allein durch das Auftreten der Hocharistokraten erreicht. Durch ihr Erscheinen, ihre Präsenz erfüllte sich der Sinn des Maskenspiels. Ihr Auftreten genügte, um die Wogen des Aufruhrs zu glätten. Aristokratische Akteure und aristokratisches Publikum vereinigten sich schließlich im Geiste adeliger Gemeinschaftlichkeit zu ausgiebigem Tanz als Feier der wiederhergestellten harmonischen Ordnung. Es handelte sich in der Wirklichkeit des Hoftheaters seit eh und je um eine immens politische Veranstaltung zur Bestärkung der Königsmacht. Unter dem Druck der komplizierten Kräfteverhältnisse unter den Stuarts konzentrierte es sich auf die Schaffung einer Illusion von Macht.

Prosperos »Art« hat zum Zeitpunkt des Maskenspiels bereits einen furiosen Sturm entfesselt und die Feinde durch ominöse Erscheinungen mit dem »fever of the mad« (I,2,209) geschlagen; auf dem Weg zu Versöhnung und einer guten Zukunft zelebriert sie nunmehr die gelungene dynastische Vereinigung mit des Magiers kostbarster Inszenierung. Es zeigt sich aber, dass auch dieser zeremonielle Höhepunkt von Prosperos Stück in das Geschehen des *Tempest* keineswegs lediglich einmontiert ist, sondern wiederum vom Gesamtstück kritisch-sinnbildend abgewandelt wird. Als Gegenstück zu Gonzalos Utopie präsentiert Prosperos Maskenspiel in geziemend mythologischer Sprache eine Vision vollendet gehegter harmonischer Natur und, überaus passend zum Verlöbnis, überquellender Fruchtbarkeit. Entscheidend wird nun die Form des Spiels. Es wird eröffnet durch die guten Göttinnen Iris und Ceres, nicht durch die obligatorische »antimasque«. In der Kritik ist wiederholt auf das gesamte Stück, insbesondere seine erste Szene verwiesen worden, durch welche diese Aufgabe der »Störung« wahrgenommen werde. Indessen muss nicht unbedingt in der Ferne gesucht werden. Das Maskenspiel enthält nämlich nicht nur eine »anti-masque«, sondern gleich deren zwei. Nur erscheinen sie in ungewohnter Gestalt.

Die erste wird wenige Zeilen voraus vorbereitet, als Prospero dem Bräutigam für den Fall unkeuschen vorehelichen Verhaltens

> If thou dost break her virgin-knot before
> All sanctimonious ceremonies may
> With full and holy rite be minister'd ... (IV,1,15–17)

mit den sinistren allegorischen Furien droht:

> ... barren hate,
> Sour-ey'd disdain and discord ... (IV, 1,19–20)

Ferdinands feierliches Versprechen (23–31) verscheucht die Gespenster, und die »masque« kann beginnen. Und alsbald ereignet sich eine strukturell vergleichbare Szene, indem nach entsprechender Thematisierung Iris der Ceres versichern kann, dass der von Venus und Cupido geplante Skandal, ihre Tochter Proserpine zu vergewaltigen, vereitelt ist. Die Parallele liegt auf der Hand: Das keusche Gelübde Ferdinands und Mirandas hat die Furien bedrohlicher Sexualität vertrieben, die in *The Tempest* immer wieder, offensichtlich auf Caliban, aber auch auf Prospero bezogen, motivbildend erscheinen.

Ist die erste »anti-masque« schwer erkennbar, weil sie gegen die Tradition strukturell völlig integriert, zwischen dem Dialog und dem Stück-im-Stück aufgeteilt und rein verbal angelegt ist, so ist die zweite zwar szenisch genregerecht explizit, aber womöglich noch unkonventioneller. Das jakobäische Publikum, von kultureller Kenntnis des Genres geleitet, erwartet die zweite »antimasque« am Anfang. Sie erscheint aber genau entgegengesetzt, am Ende der Aufführung des Stücks-im-Stück. Wir haben es mit einer Umkehrung, einer Inversion des Maskenspiels zu tun. Da drehen sich gegen Ende »certain Reapers, properly habited« mit den Nymphen in einem »graceful dance«, als Prospero plötzlich wie vom Blitz getroffen zusammenfährt, ein »strange, hollow, and confused noise« zu vernehmen ist und die Geistertänzer »heavily«, soll sagen »sorgenvoll«, verschwinden. Auf dem Gipfel der paradiesischen Feier wiedergewonnener Harmonie erzwingt »the beast Caliban« den Abbruch des Maskenspiels. Caliban befindet sich zu diesem Zeitpunkt nicht auf der Bühne. Der Unruhestifter nistet vielmehr in Prosperos Gedächtnis, und wie noch der Gedanke an die tote Sycorax den Magier unfehlbar zu Zornesausbrüchen hinreißt, so ergreift ihn auch jetzt eine seltsam vibrierende Wut:

FERDINAND:
This is strange: your father's in some passion
That works him strongly.
MIRANDA: Never till this day
Saw I him touch'd with anger, so distemper'd.
(IV,1,143–145)

Es ist dies der Punkt im *Tempest,* an dem sogar die ansonsten so vollkommen von Prospero dirigierten Brautleute aus dessen Stück heraustreten und sein seltsames Verhalten gewissermaßen von außen verwundert kommentieren. Prosperos Macht ist begrenzt und unvollkommen, das zeigt sich gerade hier. Die strukturelle Inversion des Maskenspiels erzählt uns, dass der sein eigenes Stück so souverän inszenierende Magier die Kräfte der Natur elegant beherrscht und seine Feinde einigermaßen, dass es da aber noch diesen Anderen gibt, diese seltsame Kreatur Caliban, die sich am Ende seiner Kontrolle entzieht und die er, schlimmer noch, nicht aus seinem Gedächtnis verbannen kann, auch nicht durch seine Rückreise nach Europa. Es scheint so, als ob das, was sich im Gehirn des Protagonisten abspielt, ein größeres Gefahrenpotential darstellt als die sichtbaren Bühnenvorgänge. Dieser Text impliziert eine unklar empfundene Zukunft, eine gewalttätige Zukunft.

Die Inversion des Maskenspiels hat eine weitere Konsequenz für die Stückstruktur. Das Maskenspiel findet zwar mit vollem histrionischem Geisteraufgebot, aber im engsten Familienkreis statt. Als Höhepunkt des Stücks müsste, auch durch ihre Platzierung im V. Akt, die Szene figurieren, in welcher Prospero, nun wieder Fürst, Ferdinand und Miranda beim Schachspiel enthüllt, nachdem er soeben der »rough magic« abgeschworen (V,1,50f) und mit seinen Feinden abgerechnet hat. Jedoch erweist sich diese Szene nur als *politischer* Höhepunkt von Prosperos Stück. Die unerwartete Inversion mit Calibans ebenso unsichtbarem wie wirkungsstarkem Auftritt macht die »masque« zum *dramatischen* Höhepunkt des *Tempest* und verhilft Caliban selbst, einer zunächst untergeordneten Figur in der Nebenhandlung, zu erstaunlicher Prominenz.

Mit der Doppelstruktur des Stücks korrespondieren die in ihm angelegten Strategien der Rezeptionslenkung. Einerseits beobachtet ein Theaterpublikum, wie ein Superregisseur mit Zauberkraft durch seine Inszenierung ein Bühnenpublikum manipuliert – und zwar unterwirft er es teils wie Marionetten seinem Willen, teils aber, im Falle Mirandas, handelt er im Widerspruch zwischen Disziplinierungsabsicht und dem Wunsch, seine Tochter sich zu einem unabhängigen, selbstverantwortlichen Menschen entwickeln zu sehen. Auf der anderen Seite gewährt *The Tempest* seinem Theaterpublikum viel größere Freiheiten, desorientiert es und verunsichert seine Erwartungshaltung, wie am Beispiel der *masque* gezeigt wurde. Indem das Stück immer wieder auf die Theaterhaftigkeit des Geschauten und somit auf seine eigene Fiktionalität verweist, schafft es Distanz und fördert die Anstrengung aktiver Zuschauer, aus seinen Widersprüchen, Vieldeutigkeiten und Unklarheiten, aus seinen verzerrenden Repräsentationen und vielfältigen Echos, aus seinem ungewöhnlichen dichten Gewebe von Ähnlichkeiten und Differenzen kohärenten Sinn zu machen.

Calibans potentielle Gefährlichkeit scheint nicht nur Prospero aufs äußerste zu beunruhigen, sondern auch das Stück. Das Gesamtstück kooperiert letztlich mit Prosperos Stück, indem es Calibans Verschwörung in der burlesken Komik seiner betrunkenen Bundesgenossen Stephano und Trinculo auffängt und dadurch entschärft. Das berührt die Frage, welchem dramatischen Genre *The Tempest* zugehört. In der Ersten Folioausgabe ist das Genre unzweideutig als Komödie gekennzeichnet. Ein gewisser eindringlicher Ernst und die nichtrealistischen Züge, die dem Stück wie auch drei weiteren Spätstücken, *The Winter's Tale, Cymbeline* und *Pericles*, eignen, haben zur Erfindung der Bezeichnung Romanze (»romance«) durch den Gelehrten Edward Dowden (1843–1913) geführt. Bestimmend war ein unbehagliches Gefühl der Unvereinbarkeit solcher Elemente mit einem von Shakespeares früheren Komödien maßgeblich bestimmten Komödienbegriff. *The Tempest* und die anderen aufgeführten Spätstücke widmen sich gleichermaßen tragischen wie komischen Themen, sind also tragikomisch, was mit dem weiteren Komödienbegriff der Renaissance durchaus vereinbar ist.

Wenngleich die Calibanfigur im Komischen abgefedert wird, ist sie zu einer Art Projektionsfläche für eine erstaunliche Folge unterschiedlichster Deutungen geworden: Wilder Mann der Renaissance; Primitiver; geborener Sklave oder Diener; lüsterner Trunkenbold; Kannibale und unzähmbares Ungeheuer, das europäische Ängste vor der nicht-europäischen Welt widerspiegelte; Edler Wilder des 18. Jahrhunderts; von 1838 an Opfer von Unterdrückung und Ausbeutung, womit der moderne Caliban geboren war; Darwin'scher Anthropoid; unterdrückter irischer Bauer; angelsächsischer Leibeigener; seit 1898 amerikanischer Ureinwohner; am Ende des Ersten Weltkriegs Fritz oder der Boche; und schließlich kolonialisierter schwarzer Nationalist. Die Liste ist weder komplett, noch endet sie hier. Ein abschließender Blick auf Jakob Ayrers bereits erwähnte *Comedia von der schönen Sidea* mag einen Eindruck vermitteln von dem epochalen Unterschied, der letztlich durch die Calibanfigur zwischen der »Comedia« aus der deutschen Provinz und dem Stück aus dem rapide sich entwickelnden England entstand. Die Fabelanalogie ist verblüffend. Es gibt einen großen und einige kleinere

Unterschiede. In Ayrers Stück finden wir nicht einen, sondern zwei Fürsten jeweils in Begleitung einer Tochter, die aus ihren Reichen verbannt sind. Äußerst charakteristisch ihr Zufluchtsort: es sind die tiefen schwarzen Wälder Deutschlands, keine Insel, wie sie in den Berichten beschrieben wurde, die Shakespeares Phantasie anregten. Ansonsten sind die Geschichten mehr oder weniger identisch, bis hin zur Magie als Waffe gegen böse Feinde und zur Gefangennahme des feindlichen Sohns. Wie Miranda hilft Sidea ihrem Prinzen, die schweren Stämme zu schleppen. Ein Riesenunterschied aber klafft zwischen Caliban und seinem Widerpart, einem gewissen Jahn Molitor, einem boshaften Tunichtgut. Der ist nicht viel mehr als ein Provinzclown, ein Müller, der Korn stiehlt, sich weigert, für seine unehelichen Kinder aufzukommen, sich als altes Weib verkleidet und den Teufel schon mal nach seiner Pfeife tanzen lässt. Calibans »I'll be wise hereafter,/And seek for grace« (V,1,295f) ist ebenfalls vorhanden, wird aber ungleich stärker hervorgehoben, indem es im Monolog vorkommt, der Molitor gegeben wird. Zwei Versionen vermutlich ein und derselben Geschichte: aber an der deutschen Provinzfigur gibt es nichts, das der faszinierenden Erfindung der welthaltigen Figur des Anderen, des Fremden ähnelt, welche das Londoner Theater hervorbrachte, als England gerade begann, sich fernen Welten zuzuwenden, sich von exotischen Reisen faszinieren zu lassen und sich dem Empiregedanken zu nähern.

Literaturhinweise

Textausgaben:

The Tempest, hg. v. Frank Kermode. London 1976, [1]1901 (The Arden Shakespeare).

The Tempest, hg. v. Anne Righter. Harmondsworth 1968 (The New Penguin Shakespeare).

The Tempest, hg. v. Arthur Quiller-Couch and J. D. Wilson. Cambridge 1969 (The New Shakespeare).

The Tempest/Der Sturm, hg. v. Gerd Stratmann. Stuttgart 1982.

The Tempest, hg. v. Stephen Orgel. Oxford 1987.

Sekundärliteratur:

Barker, F./Huhne, P.: »Nymphs and reapers heavily vanish: the discursive con-texts of ›The Tempest‹«, in: John Drakakis (Hg.), *Alternative Shakespeares*. London 1985.

Berger, H.: »›Miraculous Harp‹: A Reading of Shakespeare's ›Tempest‹«, in: *Shakespeare Studies* 5 (1969).

Brooks, H. F.: »Annual Shakespeare Lecture: ›The Tempest‹, What Sort of Play«, in: *Proceedings of the British Academy*, Bd. LXIV (1978). London 1980.

Brown, P.: »›This thing of darkness I acknowledge mine‹: ›The Tempest‹ and the discourse of colonialism«, in: Jonathan Dollimore and Alan Sinfield (Hg.), *Political Shakespeare. New Essays in cultural materialism*. Manchester 1985.

Garwin, H. R. (Hg.): *Shakespeare: Contemporary Critical Approaches*. Lewisburg 1980.

Griffiths, T. R.: »›This Island's Mine‹: Caliban and Colonialism«, in: *The Yearbook of English Studies. Colonial and Imperial Themes*. Special Number, vol. 13 (1983).

Howard, J. E.: »Shakespeare's Creation of a Fit Audience for ›The Tempest‹«, in: Harry R. Garwin (Hg.), *Shakespeare: Contemporary Critical Approaches*. Lewisburg 1980.

Hunt, M. (Hg.): *Approaches to Teaching Shakespeare: ›The Tempest‹*. New York: The Modern Language Association of America, 1992.

Keller, A. von (Hg.): *Jakob Ayrers Dramen.* 4 Bde. Tübingen 1865, Bd. IV.

Knight, G. W.: »The Shakespearean Superman«, in: D. J. Palmer (Hg.), *Shakespeare ›The Tempest‹. A Casebook.* London 1984.

Kott, J.: *Shakespeare Our Contemporary.* London ²1967.

Marienstras, R.: *New Perspectives on the Shakespearean World.* Cambridge 1985.

McMullan, G./Hope, J.: *The Politics of Tragicomedy. Shakespeare and After.* London 1992.

Orgel, S.: *The Illusion of Power. Political Theater in the English Renaissance.* Berkeley 1975.

Schwartz, M./Kalm, C. (Hg.): *Representing Shakespeare.* Baltimore 1980.

Skura, M. A.: »Discourse and the Individual: The Case of Colonialism in ›The Tempest‹«, in: *Shakespeare Quarterly* 40 (Spring 1989).

Palmer, D. J. (Hg.): *Shakespeare: ›The Tempest‹. A Casebook.* London 1984.

Tetzeli von Rosador, K.: »The Power of Magic: From ›Endimion‹ to ›The Tempest‹«, in: *Shakespeare Survey* 43 (1991).

Vaughan, A. T.: »Shakespeare's Indian: The Americanization of Caliban«, in: *Shakespeare Quarterly* 39 (Summer 1988).

Vaughan, V. M.: »›Something Rich and Strange‹: Caliban's Theatrical Metamorphoses«, in: *Shakespeare Quarterly* 36 (Winter 1985).

Walch, G.: »Die Inversion des Maskenspiels im ›Sturm‹: Zeitgeschichte, ›Authority‹ und Utopie«, in: *Shakespeare Jahrbuch Weimar* 123 (1987).

Wells, S.: »Shakespeare and Romance«, in: John Russell Brown (Hg.), *Later Shakespeare, Stratford-upon-Avon Studies* 8. London 1966.

Zimbardo, R. A.: »Form and Disorder in ›The Tempest‹«, in: *Shakespeare Quarterly* 14 (1963) [Auch in Casebook].

Der Sturm in der Musik (Auswahl)

Beethoven, Ludwig van: Auf die Frage, wie man sich seinen Klaviersonaten op. 31 sowie der Appassionata annähern solle, soll er geantwortet haben: »Lesen Sie den Sturm von Shakespeare.«

Berlioz, Hector: Le Retour à la Vie, lyrisches Monodrama 1831.

Tschaikowsky, P. Iljitsch: *Buria* (*Der Sturm*), Fantasie für Orchester 1873.

Debussy, Claude: *La Romance d'Ariel*, 1884.

Thomas, Ambroise: *La Tempête*, Ballett 1886.

Humperdinck, Engelbert: *Musik zu William Shakespeares ›Der Sturm‹*, 1906.

Honegger, *Arthur: Prélude pour ›La Tempête‹ de William Shakespeare*, 1923.

Sibelius, Jean: *Musik zu Shakespeares ›Der Sturm‹*, 1925.

Honolka, Kurt: *Die Wunderinsel*, Oper mit Ballett 1958.

Henze, Hans Werner: *Ariel*, In: *Royal Winter Music*, 1976.

Der Sturm im Film (Auswahl)

Forbidden Planet, USA 1956, Science-Fiction-Adaption.

The Tempest, USA 1960, mit Richard Burton als Caliban.

The Tempest, GB 1979, Regie: John Gorrie.

The Tempest, GB 1980, Regie: Derek Jarman.

The Tempest, USA 1982, mod. Bearbeitung, mit John Cassavetes.

The Tempest, USA 1985, mit Efrem Zimbalist Jr.

Prospero's Books, GB 1991, Regie: Peter Greenaway, mit Sir John Gilgud.